Qualitätsoptimierung von Serienprodukten

Ein Beitrag zum Lebenszyklusmanagement von Produkten
der Konsumgüterindustrie

Von der
Fakultät für Maschinenwesen der
Rheinisch-Westfälischen Technischen Hochschule Aachen
zur Erlangung des akademischen Grades eines Doktors der
Ingenieurwissenschaften genehmigte Dissertation

von
Diplom-Ingenieur Hans Kristian Gustav Hermann Kerwat
aus Essen

Berichter: Uni.-Prof. Dr.-Ing. Dipl.-Wirt. Ing. Dr. techn. h.c. (N). W. Eversheim
Uni.-Prof. Dr.-Ing. Dr. h.c. (BR) T. Pfeifer

Tag der mündlichen Prüfung: 02. Juli 1999

D 82 (Diss. RWTH Aachen)

Fraunhofer Institut
Produktionstechnologie

Berichte aus der Produktionstechnik

Hans K. Kerwat

Qualitätsoptimierung von Serienprodukten

Ein Beitrag zum Lebenszyklusmanagement
von Produkten der Konsumgüterindustrie

Herausgeber:

Prof. Dr.-Ing. Dr. h. c. Dipl.-Wirt. Ing. W. Eversheim
Prof. Dr.-Ing. F. Klocke
Prof. em. Dr.-Ing. Dr. h. c. mult. W. König
Prof. Dr.-Ing. Dr. h. c. Prof. h. c. T. Pfeifer
Prof. Dr.-Ing. Dr.-Ing. E. h. M. Weck

Band 4/2000
Shaker Verlag
D 82 (Diss. RWTH Aachen)

Die Deutsche Bibliothek - CIP-Einheitsaufnahme

Kerwat, Hans K.:
Qualitätsoptimierung von Serienprodukten : Ein Beitrag zum Lebenszyklusmanagement von Produkten der Konsumgüterindustrie / Hans K. Kerwat.
- Als Ms. gedr. - Aachen : Shaker, 2000
  (Berichte aus der Produktionstechnik ; Bd. 2000,4)
  Zugl.: Aachen, Techn. Hochsch., Diss., 1999
ISBN 3-8265-6943-1

Copyright Shaker Verlag 2000
Alle Rechte, auch das des auszugsweisen Nachdruckes, der auszugsweisen oder vollständigen Wiedergabe, der Speicherung in Datenverarbeitungsanlagen und der Übersetzung, vorbehalten.

Als Manuskript gedruckt. Printed in Germany.

ISBN 3-8265-6943-1
ISSN 0943-1756

Shaker Verlag GmbH • Postfach 1290 • 52013 Aachen
Telefon: 02407 / 95 96 - 0 • Telefax: 02407 / 95 96 - 9
Internet: www.shaker.de • eMail: info@shaker.de

Danksagung

Die vorliegende Dissertation entstand während meiner Tätigkeit als wissenschaftlicher Mitarbeiter am Fraunhofer-Institut für Produktionstechnologie (IPT), Aachen.

Herrn Professor Dr.Ing. Dipl.-Wirt.-Ing. Dr. techn. h.c (N). Walter Eversheim, dem Leiter der Abteilung Planung und Organisation am IPT und Inhaber des Lehrstuhls für Produktionssystematik am Laboratorium für Werkzeugmaschinen und Betriebslehre (WZL) der Rheinisch-Westfälischen Technischen Hochschule Aachen, danke ich für die Gelegenheit zur Promotion und die mir vertrauensvoll gewährten Freiräume für meine Arbeit. Herrn Professor Dr.-Ing. Dr. h.c. (BR) Tilo Pfeifer, dem Leiter des Lehrstuhls für Qualitätsmanagement und Meßtechnik am WZL, bin ich für die Übernahme des Korreferats dankbar.

Besonderer Dank gilt an dieser Stelle meiner Familie, die mich während meiner gesamten Ausbildung unterstützte und mir ein sorgenfreies Leben und Arbeiten ermöglichte.

Die Dissertation entstand in der kollegialen und kreativen Arbeitsatmosphäre, die von den Mitarbeitern der Abteilung am IPT geprägt wird. Besonders hervorheben möchte ich hier meine ehemaligen Kollegen Herrn Dipl.-Ing. Andreas Borrmann, Herrn Dipl.-Ing. Dipl.-Kfm. Gunnar Güthenke und Herrn Dipl.-Ing. Michael Leiters (der jetzige Oberingenieur der Abteilung), die über die berufliche Institutsarbeit zu meinen Freunden geworden sind. Meinem Bürokollegen Herrn Dipl.-Ing. Thorsten Albrecht danke ich für die vierjährige freundschaftliche und angenehme Büroatmosphäre.

Für die Rezension der Arbeit und die stete Bereitschaft zur wissenschaflichen Diskussion der Thematik bin ich Herrn Dipl.-Ing. Sebastian Lahl, Herrn Dr.-Ing. Dipl. Wirt.-Ing. Günter Schweitzer (mein Promotionskollege), Frau Dipl.-Ing. Sandra Scheermesser und insbesondere Herrn Dr.-Ing. Michael Wengler zu Dank verpflichtet.

Einen nicht unerheblichen Teil an der vorliegenden Dissertation haben meine Hiwis Herr Dipl.-Ing. Andreas Borrmann, Herr cand.-Ing. Holger Degen, Frau Dipl.-Ing. Sandra Scheermesser und Frau Dipl.-Kff. Tsion Worku beigetragen. Durch ihre stete Bereitschaft, die entwickelten wissenschaftlichen Ergebnisse in vorzügliche Grafiken umzusetzen, haben sie oft das unmögliche möglich machen müssen.

Besonders hervorheben möchte ich Yvonn, die durch ihre tolerante und zuversichtliche Art und Weise mich immer wieder aufgemuntert hat. Durch die Entlastung von den täglichen Aufgaben hat sie mir die notwendigen Freiräume geschaffen, die zur Fertigstellung dieser Dissertation notwendig waren.

Hans Kerwat

Aachen, im Juli 1999

Inhaltsverzeichnis

0	Verzeichnisse	III
0.1	Abbildungsverzeichnis	III
0.2	Abkürzungsverzeichnis	V

1	**Einleitung**	1
1.1	Ausgangssituation und Problemstellung	1
1.2	Zielsetzung, Aufgabenstellung und Aufbau der Arbeit	4

2	**Grundlagen**	9
2.1	Beschreibung und Eingrenzung des Betrachtungsraums	10
	2.1.1 Definition komplexes Serienprodukt	10
	2.1.2 Definition und Eingrenzung der Funktionalität Optimierung	12
	2.1.3 Einordnung der Funktionalität in das Qualitätsmanagement	16
2.2	Beschreibung und Eingrenzung des Betrachtungsobjektes	19
	2.2.1 Definition Technische Produktqualität	19
	2.2.2 Einflüsse auf die Produktqualität	21
	2.2.3 Wirtschaftlichkeit und Produktqualität	23
2.3	Existierende Ansätze zur Qualitätsoptimierung von Produkten	26
	2.3.1 Methoden der betrieblichen Praxis	26
	2.3.2 Forschungsarbeiten	30
2.4	Zwischenfazit: Forschungsbedarf	34

3	**Grobkonzept der Methodik**	37
3.1	Anforderungen an die Methodik	38
	3.1.1 Inhaltliche Anforderungen	38
	3.1.2 Formale Anforderungen	40
	3.1.3 Anwendungsorientierte Anforderungen	41
3.2	Strukturierung des Grobkonzeptes	42
	3.2.1 Beschreibung der gewählten theoretischen Konzepte	42
	3.2.2 Strukturierung des Grobkonzeptes	45
3.3	Beschreibung eingesetzter Hilfsinstrumente	49
	3.3.1 Entity-Relationship-Diagramm	49
	3.3.2 Ressourcenmodell	50
	3.3.3 SADT-Methode	52
3.4	Zwischenfazit: Grobkonzept	52

4	**Detaillierung der Methodik**	**55**
4.1	Produktmodell	56
	4.1.1 Definition und Beschreibung der allgemeinen Produktstruktur	57
	4.1.2 Modellierung der problemorientierten Produktstruktur	58
4.2	Beschreibungsmodell	59
	4.2.1 Systematisierung des Produktwissens	60
	4.2.2 Strukturierung der benötigten Informationen	60
	4.2.3 Strukturierung der benötigten Daten	61
	4.2.4 Informations- und Datenakquisition	64
4.3	Potentialmodell	65
	4.3.1 Bestimmung der Produktqualität	66
	4.3.2 Bestimmung der Fehlleistungskosten	70
	4.3.3 Abweichungsanalyse	73
4.4	Analysemodell	79
	4.4.1 Auswahl und Reduktion relevanter Entitäten	81
	4.4.2 Bestimmung des Proximitätsmaßes	84
	4.4.3 Fusionierungsalgorithmus und Strukturerkennung	87
	4.4.4 Kausalanalyse	91
4.5	Handlungsmodell	92
	4.5.1 Optimierungszyklus	93
	4.5.2 Handlungsfelder	96
	4.5.3 Unterstützungsinstrumentarium	97
4.6	Bewertungsmodell	99
	4.6.1 Mitlaufende Bewertung	100
	4.6.2 Nachkalkulation	102
4.7	Vorgehensmodell	103
	4.7.1 Handlungsanleitung	105
	4.7.2 Integration der Erklärungs- und Entscheidungsmodelle	107
5	**Evaluierung**	**109**
5.1	Fallbeispiel I (Umwälzpumpe)	109
5.2	Fallbeispiel II (Heizgerät)	117
5.3	Anwendungserfahrungen und Fazit	123
6	**Zusammenfassung**	**127**
7	**Literaturverzeichnis**	**131**
8	**Anhang**	**XI**

0 Verzeichnisse

0.1 Abbildungsverzeichnis

Bild 1-1: Charakterisierung der Aufgabenstellung 3
Bild 1-2: Potentiale durch eine Produktoptimierung 5
Bild 1-3: Forschungsstrategie 6

Bild 2-1: Vorgehensweise zur Beschreibung der Grundlagen 9
Bild 2-2: Ordnungsschema für Industriezweige 11
Bild 2-3: Qualitätskreis 13
Bild 2-4: Regelkreismodelle 14
Bild 2-5: Qualitätsfunktionen 17
Bild 2-6: Begriffsdefinition für die Produktqualität 20
Bild 2-7: Produktqualität und Lebenszyklus 22
Bild 2-8: Qualität und Wirtschaftlichkeit 25
Bild 2-9: Lösungsansätze 27
Bild 2-10: Forschungsarbeiten im Kontext 32

Bild 3-1: Vorgehensweise 37
Bild 3-2: Inhaltliche Randbedingungen und Anforderungen an die Methodik 39
Bild 3-3: Formale Anforderungen 41
Bild 3-4: Beschreibung der gewählten theoretischen Konzepte 44
Bild 3-5: Vorgehensweise zur Entwicklung der Methodik 46
Bild 3-6: Grobkonzept der Methodik 48
Bild 3-7: Instrumentarium zur Abbildung von Daten 49
Bild 3-8: Ressourcenmodell 51
Bild 3-9: Modellierungssprache für das Vorgehensmodell 52

Bild 4-1: Vorgehensweise 56
Bild 4-2: Allgemeine Produktstruktur 58
Bild 4-3: Produktmodell (PM) 59
Bild 4-4: Informationsmodell (IM) 61
Bild 4-5: Lebenszyklusorientiertes Produktdatenmodell (LPM) 62

Bild 4-6: Datenkomplexe der Phasen Realisierung und Nutzung 63
Bild 4-7: Daten- und Informationsakquisition aus der betrieblichen Umgebung 65
Bild 4-8: Dimensionen des Potentialmodells (PoM) 66
Bild 4-9: Ermittlung der Technischen Produktqualität in der Realisierungsphase 67
Bild 4-10: Ermittlung der Technischen Produktqualität in der Nutzungsphase 69
Bild 4-11: Bestimmung der Fehlleistungskosten 71
Bild 4-12: Zielwertbestimmung 74
Bild 4-13: Betriebswirtschaftliche Abweichungsanalyse 75
Bild 4-14: Technische Abweichungsanalyse für die Realisierungsphase 76
Bild 4-15: Technische Abweichungsanalyse für die Nutzungsphase 77
Bild 4-16: Analysemodell 79
Bild 4-17: Bewertung der Analyseverfahren 80
Bild 4-18: Bestimmung des Stichprobenumfangs 83
Bild 4-19: Phasenrohdatenmatrix 85
Bild 4-20: Ähnlichkeitsrechnungen für Produktstrukturelemente 86
Bild 4-21: Fusionierungsalgorithmus für Produktstrukturelemente 88
Bild 4-22: Dendogramm für Phasendaten 90
Bild 4-23: Zusammenführen von Analyseergebnissen 91
Bild 4-24: Kausalanalyse für Produktstrukturelemente 92
Bild 4-25: Struktur des Handlungsmodells (HM) 93
Bild 4-26: Optimierungszyklus 94
Bild 4-27: Dimensionen des Bewertungsmodells (BM) 99
Bild 4-28: Mitlaufende Bewertung der Maßnahmen (Fehlerabschätzung) 101
Bild 4-29: Betrachtungsfelder für die Nachkalkulation 102
Bild 4-30: Ablaufstruktur der Methodik 104
Bild 4-31: Integrierte Modelle 108

Bild 5-1: Identifizierung von Potentialen (Umwälzpumpe) 111
Bild 5-2: Analyse für Läufer 112
Bild 5-3: Anwendung des Optimierungszyklus (Läufer) 114
Bild 5-4: Bewertung der Maßnahmen (Läufer) 116
Bild 5-5: Identifizierung von Potentialen (Heizgerät) 118
Bild 5-6: Abweichungsanalyse für die Nutzungsphase 119
Bild 5-7: Reduzierung der Entities und Datensätze 120
Bild 5-8: Anwendung des Optimierungszyklus (Heizgerät) 121
Bild 5-9: Bewertung der Maßnahmen (Heizgerät) 122
Bild 5-10: Ergebnisse der Anwendungen 125

0.2 Abkürzungsverzeichnis

A, a

A	Akquisitionsphase, Konstante
AM	Analysemodell
a	Eigenschaft
a_i	Ähnlichkeitsmaß
$a_{n,m}$	Ähnlichkeit der Elemente n und m
$a_{k,l}$	Ähnlichkeit der Elemente k und l
AQL	Acceptable Quality Level

B, b

B	Bindungsphase, Konstante
BG	Bezugsgröße
b	Formparameter, Eigenschaft

C, c

CAD	Computer Aided Design
CAM	Computer Aided Manufacturing
CAP	Computer Aided Planning
CAQ	Computer Aided Quality Assurance
CLCC	Customer Life Cycle Costing
CPM	Critical Path Method
c	konditionelle Assoziation, Eigenschaft
c_{pk}	Prozeßfähigkeitsindex

D, d

D	Distanzmaß oder Ähnlichkeitsmaß
DFR	Decreasing Failure Rate
DIN	Deutsches Institut für Normung
DGQ	Deutsche Gesellschaft für Qualität
DM	Deutsche Mark
DoE	Design of Experiments
d_i	Distanzmaß
$d_{k,l}$	Distanz zwischen den Elementen k und l
dt	inkrementale kleine Zeiteinheit

E, e

E	Einführungsphase
EG	Einflußgröße
E_{ges}	relativer Fehler (für Summenschätzung)
E_i	relativer Fehler (für Einzelschätzung)
EM	Entitätsmenge
E/R	Entity Relationship-Diagramm
ETA	Event Tree Analysis

	EP	Endprüfung
	et al.	et altera
	etc.	et cetera

F, f

	FDS	Ferndiagnosesystem
	FMEA	Failure Mode and Effect Analysis
	F(t)	Ausfallwahrscheinlichkeit
	FTA	Fault Tree Analysis
	ff.	folgende

G, g

	G	Konstante

H, h

	HM	Handlungsmodell
	h(t)	Ausfalldichtefunktion

I, i

	I	Initiierungsphase
	ICAM	Integrated Computer Aided Manufacturing Program
	IFR	Increasing Failure Rate
	IDEF-0	ICAM Definition Language (Information Modelling)
	IDEF-1	ICAM Definition Language (Function Modelling)
	IM	Informationsmodell
	IPS	Instandhaltungsplanungssystem
	IPT	Fraunhofer Institut für Produktionstechnologie
	i. allg.	im allgemeinen
	i.d.R.	in der Regel
	i.e.S.	im engeren Sinne
	i.w.S.	im weiteren Sinne

K, k

	K	Konfidenzintervallbreite
	KA	Kostenanteil
	Kap.	Kapitel
	K_F	Korrekturfaktor
	K_{Ges}	Kosten, Gesamt
	K_{Nut}	Kosten, Nutzungsphase
	K_{Pla}	Kosten, Planungsphase
	K_{Rea}	Kosten, Realisierungsphase
	K_{Proz}	Kosten, Prozeß

L, l

	LPM	Lebenszyklusorientiertes Produktdatenmodell
	LZ	Lebenszyklus

M, m

	MDS	Multidimensionale Skalierung
	MIS	Month in Service

	MOP	Month of Production
	MPM	Metra-Potential-Method
	m	multiple Assoziation

N, n

	N	Nutzungsphase, Nutzung
	NTG	Nutzenteilgewicht
	n	multiple konditionelle Assoziation, Stichprobenumfang

P, p

	P	Prüfprozeß
	PB	Produktbilanz
	PERT	Programm Evaluation and Review Technique
	P_{GES}	Gesamtproximitätsmaß
	P_i	Einzelproximitätsmaß
	PIMS	Profit Impact of Market Strategies
	PLCC	Product Life Cycle Costing
	PM	Produktmodell
	PPS	Produktionsplanung und -steuerung
	PSCM	Product Structure Configuration Management
	PSE	Produktstrukturelement
	p	Anteilswert einer Verteilung
	$p_{y,z}$	Proximitätsmaßstab
	ppm	parts per million
	ppm_{Rea}	parts per million, Realisierungsphase
	ppm_{Nut}	parts per million, Nutzungsphase

Q, q

	QFD	Quality Function Deployment
	QM	Qualitätsmanagement
	q	Anteilswert einer Verteilung

R, r

	R	Reifephase
	RG	Rückgangsphase
	R(t)	Überlebenswahrscheinlichkeit

S, s

	S	Seite
	SADT	Structured Analysis and Design Technique
	SA	Shipping Audit
	SCA	Sneek Circuit Analysis
	SIL	Systematische Integration von Lösungselementen
	SMS	Servicemanagementsoftware
	SPC	Statistical Process Control
	SPI	Strategic Planning Institute
	STEP	Standard for the Exchange of Product Model Data

T, t
- T — charakteristische Lebensdauer
- TILMAG — Transformation idealer Lösungselemente durch Matrizen der Assoziations- und Gemeinsamkeitsbildung
- t — Zeitpunkt
- t_0 — Einsatzbeginn, Lageparameter

U, u
- u.a. — unter anderem
- u. — und
- u.U. — unter Umständen

V, v
- VDMA — Verein Deutscher Maschinen- und Anlagenbau
- VDI — Verein Deutscher Ingenieure
- v. — von
- vgl. — vergleiche

W, w
- W — Wachstumsphase
- WEP — Wareneingangsprüfung
- WGP — Wissenschaftliche Gemeinschaft Produktionstechnik
- WZL — Laboratorium für Werkzeugmaschinen und Betriebslehre an der RWTH Aachen

X, x
- x — Mittelwert der Stichprobe
- $x_{j,n}$; $x_{j,m}$ — Ausprägung der Eigenschaft j bei PSE n (bzw. m)
- $x_{k,j}$; $x_{l,j}$ — Wert der Variablen j bei PSE k (bzw. l)
- $\overline{x_n}$ — Durchschnittswerte für n
- $\overline{x_m}$ — Durchschnittswerte für m

Y, y
- y_{Ges} — Summenschätzung
- y_i — Einzelschätzung

Z, z
- $Z_{Pla, Rea, Nut}$ — Zielwert (Planungs-, Realisierungs- bzw. Nutzungsphase)
- ZP — Zwischenprüfung
- z — Konfidenzkoeffizient
- z.B. — zum Beispiel
- z.Z. — zur Zeit

Sonderzeichen
- α — Gewichtungsfaktor
- β — Gewichtungsfaktor
- γ — Gewichtungsfaktor
- η — Gewichtungsfaktor

$\lambda(t)$	Ausfallrate
$\overline{\lambda(t_n, t_{n-1})}$	Durchschnittliche Ausfallrate
$\lambda_{Kum}(t_n, t_{n-1})$	Kumulierte theoretische Ausfallrate
$\overline{\lambda_{Nut,Ist}(t_n, t_{n-1})}$	Durchschnittliche theoretische Ausfallrate, Nutzungsphase (Ist-Werte)
$\overline{\lambda_{Nut,Soll}(t_n, t_{n-1})}$	Durchschnittliche theoretische Ausfallrate, Nutzungsphase (Soll-Werte)
$\overline{\lambda_{theo}(t_n, t_{n-1})}$	Theoretische durchschnittliche Ausfallrate
$\overline{\lambda^*_{theo}(t_n, t_{n-1})}$	Theoretische durchschnittliche Ausfallrate (auf Basis von empirischen Daten)

1 Einleitung

1.1 Ausgangssituation und Problemstellung

Die zunehmende Globalisierung der Märkte führt bei Serienprodukten der Konsumgüterindustrie zu einer kontinuierlichen Verschärfung der Wettbewerbsbedingungen [vgl. EVERSHEIM ET AL., 1998: S. 723 u. WIENDAHL, 1996: S. 1-5]. Serienprodukte und -produktionen werden an vielen Stellen der Welt entwickelt und realisiert. Weiterhin verfügen Wettbewerber zunehmend über ausreichende Möglichkeiten, neue Produkte in immer kürzer werdenden Abständen in hoher Qualität und oft auch zu niedrigeren Preisen im Wettbewerb zu plazieren [vgl. BOUTELLIER ET AL., 1997: S. 41 u. vgl. WARNECKE, 1997a: S. 3].

Diese Entwicklung führt zu einem kontinuierlichen Preisverfall am Markt [vgl. EVERSHEIM, 1997a: S. 18] sowie einer Angleichung der Funktionalitäten der Produkte [vgl. BOUTELLIER ET AL., 1997: S. 42] bei gleichzeitigem Anwachsen der Kundenanforderungen [vgl. SEGHEZZI, 1993: S. 9 u. WARNECKE, 1997a: S. 3].

Produzierende Unternehmen können daher in diesem turbulenten Umfeld nur bestehen, wenn sie den wachsenden Anforderungen der Endkunden auch für im Markt eingeführte Serienprodukte gerecht werden. Insbesondere für bestehende Produkte ist es daher notwendig, Wettbewerbsvorteile durch eine Differenzierung gegenüber den Wettbewerbern, z.B. über die Qualität der Produkte, zu realisieren [vgl. EVERSHEIM ET AL., 1997b: S. 8 u. WILDEMANN, 1998: S. 882ff.].

Eine Untersuchung von SURGES hat gezeigt, daß eine hohe Langzeitqualität (Zuverlässigkeit und Sicherheit) mittlerweile zum wichtigsten Kaufargument bei Konsumgütern geworden ist [vgl. SURGES, 1993: S. 15]. Diesen Umstand bestätigt auch eine Untersuchung des VDMA, in der nachgewiesen worden ist, daß eine hohe technische Qualität bezüglich der Zuverlässigkeit der Produkte das zentrale Entscheidungskriterium für Endkunden ist [vgl. BÜNTING, 1997: S. 58]. Dieser Sachverhalt kann auch durch den direkt proportionalen Zusammenhang zwischen Fehlraten im Feld und Marktanteilen eines Produktes nachgewiesen werden [BRUNNER, 1992: S. 110]. Die Marktakzeptanz und somit auch die Lebenszyklusdauer von Serienprodukten hängt damit stark von der Qualität der Produkte im Feld ab [vgl. PFEIFER, 1996a: S. 268 u. BRUNNER, 1992: S. 14]. Unternehmensinterne Kosten zur Behebung und

Kompensation von Fehlleistungen (Qualitätskosten)[1] aufgrund einer schlechten Produktqualität reduzieren die Erträge der Produkte. Unter Umständen können die entstehenden Kosten (Garantie, Kulanz etc.) nicht mehr durch die Erlöse des Produkts gedeckt werden [vgl. COENENBERG ET AL., 1996: S. 173]. Niedrige Ausfallraten der Produkte im Feld sowie geringe Ausschuß- und Nacharbeitsraten in der Produktion bei gleichzeitiger Minimierung der hierzu aufgewendeten unternehmensinternen Fehlerbehebungskosten werden daher für deutsche Unternehmen[2] immer mehr zum entscheidenden Wettbewerbsfaktor gegenüber internationalen Wettbewerbern [vgl. WARNECKE, 1997b: S. 30]. Immer mehr Unternehmen der Konsumgüterindustrie nutzen daher gezielt die Möglichkeit, ihre Wettbewerbsfähigkeit bei Produkten aus laufenden Serien durch eine Optimierung der Produktqualität bei gleichzeitiger Reduzierung der Fehlerkosten zu erhalten bzw. zu verbessern.

Eine Studie des VDMA zeigt, daß trotz der wirtschaftlichen und technischen Bedeutung der Thematik derzeit nur 20% der deutschen Unternehmen ein Fehlermanagement zur Verbesserung der Produktqualität von bestehenden Produkten betreiben [vgl. BÜNTING, 1997: S. 47].

Grundsätzlich erschwert werden derzeit qualitätsorientierte Produktoptimierungen durch die folgenden Randbedingungen (vgl. **Bild 1-1**): Der Trend zu immer komplexeren Produkten [vgl. BRUNNER, 1992: S. 1] führt zu vermehrten Wechselwirkungen zwischen Komponenten. Dies behindert eine systematische und strukturierte Analyse von Fehler-Ursache-Zusammenhängen. Der Wunsch der Kunden nach individuell zugeschnittenen Produkten, z. B. Ländervarianten [vgl. BOUTELLIER, 1997: S. 51], erfordert zusätzliche Produktvarianten, die wiederum eine Erhöhung der Produktkomplexität und der Wechselwirkungen bedingen. Neben der Zunahme der Vielfalt von Fehler-Ursache-Zusammenhängen steigt hierdurch auch die Vielfalt der für eine Analyse zur Verfügung stehenden Daten. Eine zielgerichtete Auswertung der relevanten Daten zur Schwachstellenerkennung und -analyse wird hierdurch beeinträchtigt. Verschärfend wirkt sich der Trend zu immer kürzeren Produktlebenszyklen aus [vgl. EVERSHEIM ET AL., 1998: S. 723ff.]. Hierdurch verkürzen sich die potentiellen Beeinflussungszeiten für die Produkte.

---

[1] Der Begriff der Qualitätskosten wird von PFEIFER durch die Fehlerverhütungskosten, die Prüfkosten und die fehlerbezogenen Kosten definiert [vgl. PFEIFER, 1996a: S. 438]. Im Rahmen der weiteren Betrachtungen sollen aber nur die fehlerbezogenen Kosten (Fehlleistungsaufwände) betrachtet werden.
[2] Verschiedene Untersuchungen belegen, daß die Qualitätskosten von deutschen Unternehmen zwischen 5% und 15% vom Gesamtumsatz betragen. Hierbei haben die fehlerbezogenen Kosten i.d.R. den höchsten Anteil an den Gesamtqualitätskosten [IPT, 1993: S. 56; BÜNTING, 1997: S. 20 u. HAUFF ET AL., 1995: S. 1033]

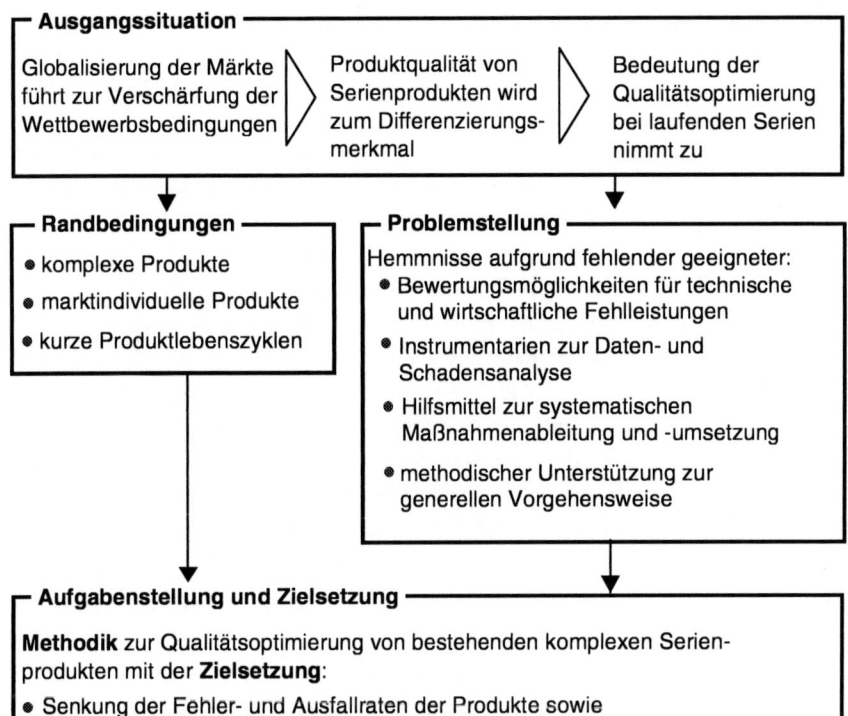

Bild 1-1: Charakterisierung der Aufgabenstellung

Zur qualitätsorientierten Optimierung von Serienprodukten müssen daher nach Serienanlauf Produktänderungen durchgeführt werden, die sich durch eine zielgerichtete Identifizierung, Fehler-Ursache-Analyse von komplexen Zusammenhängen und eine wirksame und zeitoptimale Maßnahmenableitung und -umsetzung auszeichnen. Für eine effiziente und effektive Optimierung von bestehenden Serienprodukten unter den oben angeführten Randbedingungen fehlen derzeit aber noch die geeigneten Hilfsmittel und Methoden: Fehlende Größen zur Bewertung von Abweichungen der Produktqualität [vgl. PFEIFER ET AL., 1998: S. 208] erschweren eine Identifizierung von Fehlerschwerpunkten sowie eine Abweichungsanalyse. Neben der Bewertung technischer Fehlleistungen müssen zusätzlich die wirtschaftlichen Fehlleistungen durch eine schlechte Produktqualität bewertet werden. Auch diese Größen stehen derzeit nicht in geeigneter Detaillierungstiefe zur Verfügung [vgl. EVERSHEIM ET AL.,

1997c: S. 588ff.]. Schwerpunkterkennung und Abweichungsanalysen werden hierdurch erschwert. Die zunehmende Produktkomplexität impliziert direkt auch komplexere Fehler-Ursache-Zusammenhänge. Die in der Praxis üblichen Analysemethoden (z.B. Paretoanalysen etc.) sind hierfür kaum noch einsetzbar. Zusätzliche Probleme entstehen durch häufige Iterationsschleifen bei der Maßnahmenableitung sowie der Maßnahmenbewertung durch fehlende geeignete systematische Hilfsmittel. Optimierungsprojekte werden so oftmals unnötig verlängert.

1.2 Zielsetzung, Aufgabenstellung und Aufbau der Arbeit

Fundamentalziel der vorliegenden Arbeit ist die Entwicklung einer Optimierungsmethodik für bestehende Serienprodukte der Konsumgüterindustrie, bei deren Anwendung eine Reduzierung der Ausfall- und Fehlerraten sowie der fehlerbezogenen Kosten zu erwarten ist. Aus ingenieurwissenschaftlicher Perspektive stehen die funktionale Produktqualität (z.B. Produktzuverlässigkeit) sowie die durch eine mangelhafte Produktqualität verursachten Fehler- bzw. Abweichungskosten im Vordergrund der Betrachtung. Hierbei werden die Lebenszyklusphasen Realisierung und Nutzung betrachtet.

Durch eine Optimierung bestehender Produkte kann der Unternehmenserfolg produzierender Unternehmen der Konsumgüterindustrie durch prinzipiell zwei Effekte nachhaltig gesichert werden. Zum einen können durch eine zielgerichtete Reduzierung der unternehmensinternen Fehlleistungsaufwände die Erträge der Produkte wirkungsvoll verbessert werden. Zum anderen ist es möglich, durch eine Steigerung der Produktqualität eine höhere Kundenzufriedenheit[3] (i.e.S. auch „Qualitätsimage") bei den Endkunden zu erzeugen. Diese Zufriedenheit äußert sich dann direkt in einer höheren Kundentreue und -bindung zum Unternehmen. In der Regel schafft dann das Kunden-Produzenten-Verhältnis zusätzliche Renditen aufgrund von zukünftigen Produkterlösen. Die Auswirkung dieser Umstände auf den Umsatz eines Unternehmens können durch eine lebenszyklusorientierte Analyse sowohl auf Produkt- (PLCC = Product Life Cycle Costing) als auch auf Kundenseite (CLCC = Customer Life Cycle Costing)[4] [vgl. COENENBERG ET AL., 1996: S. 177] nachgewiesen werden.

Die wesentlichen Potentiale im PLCC und CLCC werden in **Bild 1-2** dargestellt.

---

[3] Untersuchungen belegen, daß ein unzufriedener Kunde seinen Unmut bis zu 20 Personen mitteilt [vgl. PFEIFER, 1996a: S. 4].

[4] Hierbei wird beim PLCC die Kosten- und Erlöswirkung im Lebenszyklus eines am Markt eingeführten Produktes betrachtet, während hingegen das CLCC die Lebenszykluskosten von der Anbahnung bis zur Beendigung der Geschäftsbeziehung untersucht [vgl. COENENBERG ET AL., 1996: S. 177].

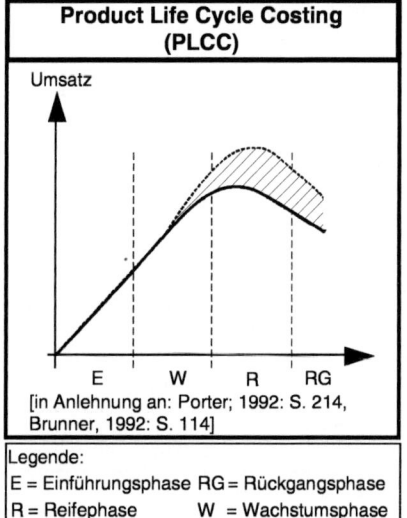 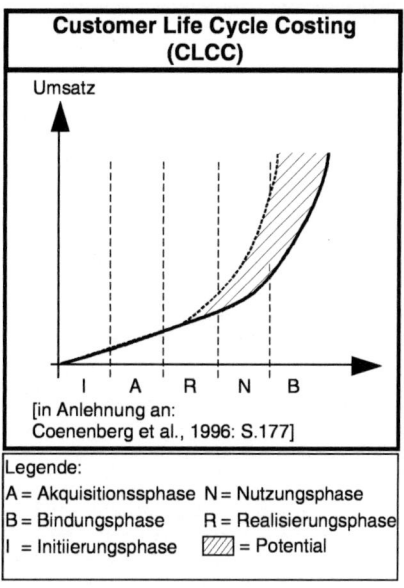

Bild 1-2: Potentiale durch eine Produktoptimierung

Die Analyse beider Lebenszykluskonzepte zeigt, daß sich eine Optimierung von bestehenden Produkten nachhaltig positiv auf den Umsatz eines Unternehmens auswirken kann. Aus der Zielsetzung kann direkt die Aufgabenstellung für die zu entwickelnde Methodik abgeleitet werden. Bei der Anwendung der Methodik sollen:

- die relevanten Produktdaten aus allen Phasen des Lebenszyklus identifiziert und strukturiert werden,

- fehlerbezogenen Kosten- und Fehlerschwerpunkte auf Produktebene determiniert werden,

- Fehler-Ursache-Zusammenhänge identifiziert und

- systematisch geeignete Verbesserungsmaßnahmen erarbeitet und hinsichtlich ihres Zielerfüllungsgrades bewertet werden.

Um der ingenieurwissenschaftlichen Zielsetzung dieser Arbeit gerecht zu werden, wird aus wissenschaftstheoretischer Sicht ein realwissenschaftlicher Ansatz nach ULRICH verfolgt [ULRICH, 1976a: S. 304ff.]. Nach ULRICH ist bei der Entwicklung von realwissenschaftlichen Systemen (vgl. **Bild 1-3**) in terminologisch-deskriptiven, empirisch-induktiven und analytisch-deduktiven Forschungsschritten vorzugehen [vgl. ULRICH, 1976b: S. 347 u. ULRICH, 1981: S. 19]. Hieraus kann die in dieser Arbeit gewählte Forschungsstrategie abgeleitet werden (vgl. Bild 1-3).

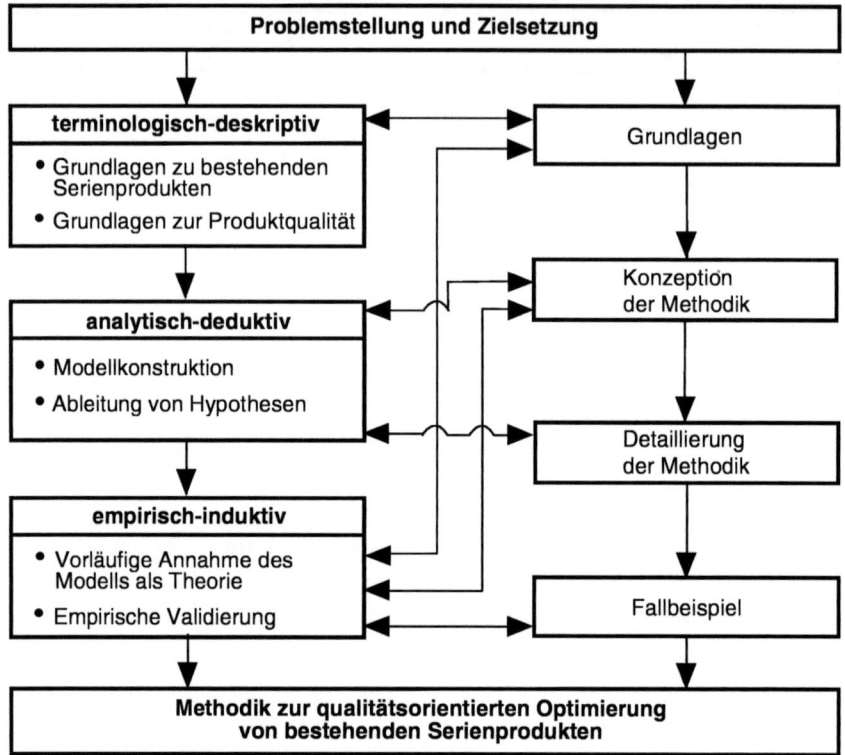

Bild 1-3: Forschungsstrategie

Im terminologisch-deskriptiven Schritt werden die wesentlichen Begriffe im Betrachtungsbereich geklärt sowie die notwendigen Grundlagen ermittelt.

Der analytisch-deduktive Schritt leitet durch analytische Auswertung der realen Welt Modelle ab, mit denen die betrachteten Wirklichkeitsausschnitte ausreichend abstrakt beschrieben werden können. Hierzu werden die Prinzipien und theoretischen Grundlagen der allgemeinen Modelltheorie berücksichtigt. Durch eine inhaltliche Konkretisierung sowie instrumentelle Detaillierung der Modelle soll die praktische Anwendbarkeit der Methodik im konkreten Problemlösungsprozeß erleichtert werden. Für die definierten Aktionen der Modelle werden die benötigten und erzeugten Informationen erarbeitet. Jeder Aktion werden hierbei die unterstützenden Hilfsmittel und Techniken zugeordnet. Durch die Ablaufkonjunktion aller Modelle soll eine vollständige Methodik generiert werden. Der empirisch-induktive Schritt beschreibt beobachtbare Zusammenhänge, aus denen über induktive Schlüsse verallgemeinernde und generalisierende Hypothesen abgeleitet werden [vgl. ULRICH, 1981: S. 20]. Daraus ergeben sich die Anforderungen, die an die Konzeption der Methodik zu stellen sind.

An zwei Fallbeispielen aus der Konsumgüterindustrie (Umwälzpumpe und Heizgerät) wird die praktische Anwendung der entwickelten Methodik auf experimentellem Wege überprüft. Rückwirkend werden so die während der Modellbildung aufgestellten Hypothesen bestätigt. Abschließend erfolgt eine Zusammenfassung der gesamten Arbeit.

2 Grundlagen

Die Entwicklung einer Methodik erfordert nach der Forschungsstrategie von ULRICH zunächst eine terminologische und deskriptive Aufarbeitung des in diesem Kontext betrachteten Modellierungsfeldes [vgl. ULRICH, 1976a: S. 305ff.]. Hierbei wird das Feld in seinem groben Rahmen durch die Aufgabenstellung der vorliegenden Arbeit vorgegeben. Zur inhaltlichen Abgrenzung soll das theoretische Konzept der Systemtechnik verwendet werden. Gemäß den Grundprinzipien der Systemtechnik[5] wird hierbei in die Felder „Betrachtungsraum = Umwelt" und „Betrachtungsobjekt = Produktqualität" unterteilt (vgl. **Bild 2-1**). Durch eine teminologisch-deskriptive Beschreibung werden sowohl der Betrachtungsraum als auch das Betrachtungsobjekt eindeutig eingegrenzt und definiert.

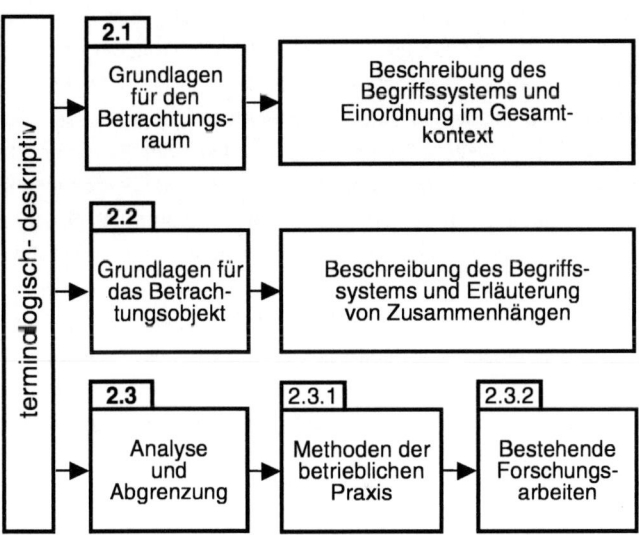

Bild 2-1: Vorgehensweise zur Beschreibung der Grundlagen

---

[5] Für die zweckmäßige und zielgerichtete terminologische und deskriptive Gestaltung wird durch die Systemtheorie eine auf Grundprinzipien beruhende Leitlinie bereitgestellt [vgl. BRUNS, 1991: S. 31ff.].

Durch eine Analyse und Abgrenzung zu bestehenden Ansätzen (Methoden der betrieblichen Praxis sowie wissenschaftlich-theoretische Forschungsarbeiten) werden die Defizite im Themenkontext in Bezug auf die Aufgabenstellung offenkundig. Hierauf aufbauend wird der Handlungsbedarf im Sinne eines Forschungsbedarfs für die vorliegende Arbeit abgeleitet.

2.1 Beschreibung und Eingrenzung des Betrachtungsraums

Der Betrachtungsraum ist durch die vorgegebenen Begriffe in der Aufgabenstellung in einem groben Rahmen definiert. Durch die in diesem Kapitel nachfolgende vorgenommene Eingrenzung bzw. Einordnung der Begriffe in ein Ordnungsschema wird der Betrachtungsraum für die vorliegende Arbeit eindeutig festgelegt.

2.1.1 Definition komplexes Serienprodukt

Wissenschaftliches Denken erfordert Sprachregelungen, welche die Beschreibung und Abbildung der Realität (Betrachtungsraum) durch definierte Begriffe erlauben. Zur Abgrenzung des Betrachtungsraumes „Umwelt" ist es zunächst notwendig, das Begriffssystem „komplexes bestehendes Serienprodukt der Konsumgüterindustrie" terminologisch einwandfrei darzulegen. Hierbei soll, soweit möglich, auf bewährte und vorhandene Definitionen aus der Praxis zurückgegriffen werden. Nach DIN-NORM 199 ist unter einem **Produkt** ein durch Produktion entstandener, gebrauchsfähiger bzw. verkaufsfähiger Gegenstand zu verstehen. Hierbei können Produkte gemäß ihres Entwicklungsstandes verschiedene Ausprägungen haben [vgl. DIN 199 Teil 2, 1977: S. 5]. Eine weitere Eingrenzung wird durch den Begriff der **Komplexität** ermöglicht. PATZAK stellt hierzu eine auf den Prinzipien der Systemtechnik beruhende Definition der Komplexität zur Verfügung [vgl. PATZAK, 1982: S. 22]. Er definiert die Komplexität über die Konnektivität und die Varietät. Die Konnektivität beschreibt die Beziehungsvielfalt (Art und Anzahl) im System, während hingegen die Varietät die Elementevielfalt, die durch die Anzahl und Art der Elemente bestimmt wird, ausdrückt. Wendet man diese Definitionen auf ein technisches Produkt an, so läßt sich feststellen, daß die Komplexität eines Produktes im wesentlichen von den Komponenten (Baugruppen) und den in den Baugruppen enthaltenen Einzelteilen sowie den verbindenden Schnittstellen beeinflußt wird. Insbesondere wird der Grad der Komplexität durch die Vielfalt und Ausprägung dieser Schnittstellenverbindung bestimmt. Für die nachfolgende Entwicklung der Methodik bedeutet dies, daß ein geeignetes Modell zur Abbildung der Komplexität gefunden werden muß, welches eine transparente und systematisierte Darstellung der Produktstruktur gestattet. Diese Tatsache wird als notwendige Randbedingung in den Anforderungen an die Methodik berücksichtigt.

Zur eindeutigen Einordnung des Begriffes **Konsumgüterindustrie** existieren in der Literatur eine Vielzahl von Ordnungsschemata. Für die nachfolgenden terminologischen Betrachtungen bietet sich die Definition aus der Volks- und Betriebswirtschaft an [vgl. KIRSCH ET AL., 1986: S. 186]. Hiernach wird grundsätzlich in vier prinzipielle Industriegruppen differenziert (vgl. **Bild 2-2**). Auf einer tieferen Strukturierungsebene (Industriesparten) werden wiederum vier Elemente unterschieden. Hierbei ist die Differenzierung zwischen Investitionsgütern und Konsumgütern nicht immer ganz eindeutig. Begründet ist dies durch die beiden Begriffen zugrundeliegende nachfrageorientierte Sichtweise.

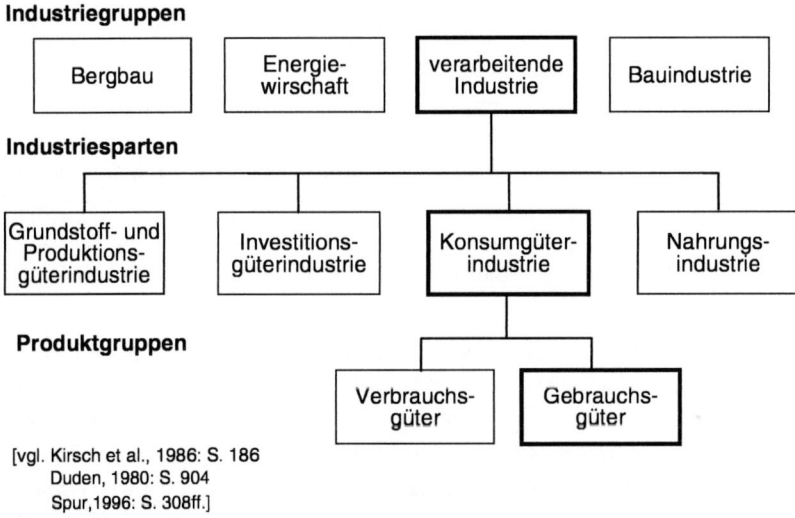

Bild 2-2:   Ordnungsschema für Industriezweige

Nach KIRSCH sind Konsumgüter Produkte für den kurz- und mittelfristigen Gebrauch in Haushalten [vgl. KIRSCH ET AL., 1986: S. 163]. Demgegenüber sind Investitionsgüter Maschinen, Anlagen und Vorrichtungen, mit denen oder deren Hilfe andere Güter hergestellt werden [vgl. KIRSCH ET AL. , 1986: S. 163]. Der Schwerpunkt dieser Arbeit liegt gemäß der einleitend formulierten Zielsetzung auf den technischen Konsumgütern. Der Bereich der Fertigung wird von EVERSHEIM in verschiedene Fertigungsarten unterteilt. Die Fertigungsart wird durch die Wiederholhäufigkeit und die produzierte Stückzahl bestimmt [vgl. EVERSHEIM, 1996: S. 103ff.]. Hierbei sind die Grenzen zwischen den einzelnen Arten fließend. Für den Bereich der **Serienfertigung** wird von EVERSHEIM eine Jahresstückzahl zwischen 10^3 und 10^7 Stück angegeben. Die Produktionseinrichtungen sind auf die Bearbeitungsanforderungen eines Werkstücks oder einer Gruppe von Werkstücken zugeschnitten [vgl. EVERSHEIM, 1996: S. 104].

Bedingt durch diese hohen Stückzahlen kann davon ausgegangen werden, daß eine ausreichend hohe Anzahl von Datensätzen zur Qualitätsbeurteilung der Produkte aus dem ganzen Lebenszyklus vorliegt. Der Einsatz von statistischen Methoden zur Auswertung der Daten (Identifizierung von Fehler-Ursache-Zusammenhängen) insbesondere für die Lebenszyklusphase Nutzung ist damit grundsätzlich möglich. Diese wichtige Randbedingung wird in Kapitel 3 als Anforderung an die Methodik formuliert. Eine weitere Eingrenzung des Betrachtungsraums erfolgt durch die Beschreibung der Funktionalität der Optimierung. Nachfolgend soll diese näher diskutiert werden.

2.1.2 Definition und Eingrenzung der Funktionalität Optimierung

Unter dem Begriff der Optimierung wird die optimale Festlegung von Größen, Eigenschaften, zeitlichen Abläufen eines Systems unter gleichzeitiger Berücksichtigung von Nebenbedingungen verstanden [DUDEN BAND 5, 1997: S. 573]. Diese Definition ist aber für die vorliegende Aufgabenstellung zu allgemein. Zur näheren Beschreibung des Begriffes Optimierung soll daher nachfolgend in zwei Schritten vorgegangen werden. Zum einen soll der Begriff des bestehenden Produktes und zum anderen der eigentliche Begriff der Optimierung erläutert und in geeigneter Weise dargestellt werden.

Der Begriff **bestehendes Produkt** wird unter Zuhilfenahme des theoretischen Gedankenmodells des Produktlebenszyklus definiert. Zur Beschreibung des Lebenszyklus finden sich in der Literatur eine Vielzahl von Definitionen, die auf verschiedenen Sichtweisen (ingenieurwissenschaftliche, betriebswirtschaftliche etc.) basieren. Aufgrund der Aufgabenstellung der vorliegenden Arbeit soll die ingenieurwissenschaftliche Sichtweise und hier die qualitätsorientierte Definition verwendet werden. Die Qualität eines Produktes wird in allen Phasen des Produktlebenszyklus beeinflußt. Aus diesem Grund ist es notwendig, alle Phasen mit den dazugehörigen Aufgaben und Tätigkeiten unter Qualitätsaspekten zu betrachten. Zur allgemeinen Beschreibung der vielfältigen Aufgaben und Tätigkeiten ist es daher notwendig, diese in einem qualitätsorientierten Unternehmensmodell abzubilden [vgl. PFEIFER, 1996b: S. 18]. Hierzu hat sich in der Vergangenheit das Modell des Qualitätskreises bewährt. Bezüglich der einzelnen Phasen und Phasenelemente sind in der Literatur jedoch verschiedene Definitionen und Ausprägungen[6] zu finden, sie unterscheiden sich im wesentlichen durch die Bezeichnung der Phasen und Phasenelemente. Sie können aber alle auf das Modell des Qualitätskreises nach PFEIFFER zurückgeführt werden. Das Modell des Qualitätskreises nach PFEIFER soll daher stellvertretend für die ande-

---

[6] Definitionen finden sich z.B. bei MASING [MASING, 1995: S. 11], COENENBERG [vgl. COENENBERG ET AL., 1996: S. 177; DGQ 11-04, 1995: S. 32] und der DIN ISO 9004 [vgl. DIN ISO 9004 Teil 1, 1993: S. 13].

ren Modelle vorgestellt werden (vgl. **Bild 2-3**). PFEIFER unterscheidet unter Verwendung der Definition der DGQ [vgl. DGQ 11-04, 1995: S. 33] hierbei die Phasen Planung, Realisierung und Nutzung [vgl. PFEIFER, 1996a: S. 384]. Diesen Phasen sind jeweils die spezifischen QM-Elemente zugeordnet, die die Produkt- und Prozeßqualität wesentlich in dieser Phase beeinflussen. In der DIN-ISO sind QM-Elementen Tätigkeiten, die die Qualität eines Produktes betreffen [vgl. DIN ISO 9004, 1993: S. 10 u. 11]. Auf eine Beschreibung der einzelnen QM-Elemente[7] soll an dieser Stelle verzichtet werden. Das Modell eignet sich gut, den Begriff des bestehenden Produktes zu erläutern. Bestehende Produkte sind daher nach dem Lebenszyklusmodell von PFEIFER Produkte, die sich in der Realisierungs- und/oder Nutzungsphase befinden. Hierbei kann die Realisierungsphase schon abgeschlossen sein (Serienauslauf bzw. Produktauslauf aus Unternehmenssicht). Die konzeptionelle und konstruktive Planungsphase ist aber für diese Produkte endgültig abgeschlossen.

Das funktionale Prinzip einer **Optimierung** von Produkten basiert auf den theoretischen Grundlagen der Regelungstechnik. PFEIFER adaptierte die Prinzipien der Regelungstechnik zur Optimierung der Produktqualität durch die Prägung des Begriffs „Qualitätsregelkreis" [vgl. PFEIFER, 1996a: S. 294ff].

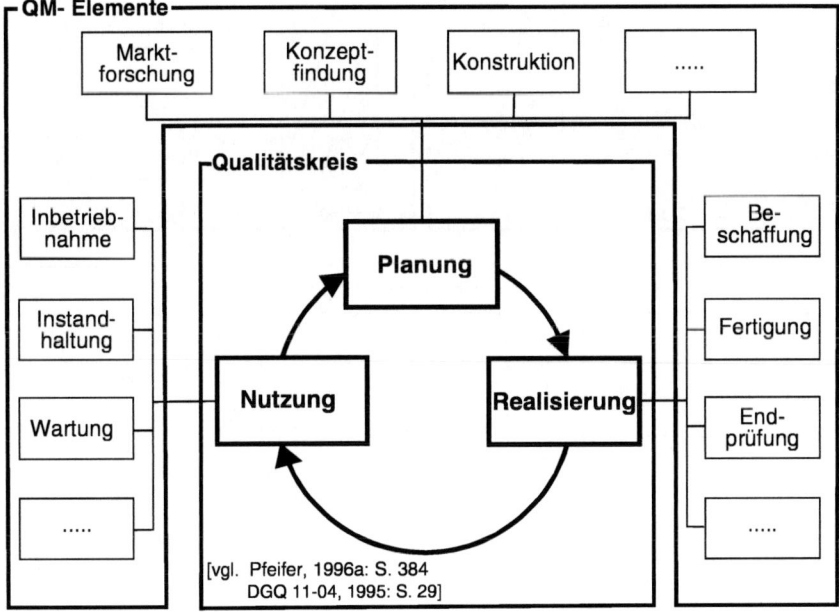

Bild 2-3: Qualitätskreis

---

[7] Eine ausführliche Beschreibung findet sich zum Beispiel bei PFEIFER [PFEIFER, 1996a].

Nachfolgend soll daher der Begriff und das Funktionsprinzip der qualitätsorientierten Optimierung anhand des theoretischen Gedankenmodells des Qualitätsregelkreises erläutert werden. Dem Gedankenmodell des Qualitätsregelkreises liegen die theoretischen Grundlagen der Regelungstechnik zugrunde (**Bild 2-4**). Ziel einer technischen Regelung ist es, definierte Größen auf vorgegebenen Sollgrößen zu halten. Hierbei sollen auftretende Störgrößen möglichst wenig Einfluß auf die zu regelnde Größe haben [vgl. PFEIFER, 1996a: S. 294]. Sind die Einflüsse der Störgrößen auf den Regelkreis größer als die zulässigen Abweichungen, so kann durch die Einleitung geeigneter Aktivitäten gewährleistet werden, daß die Sollgrößen eingehalten werden. Nach BEITZ besteht ein Regelkreis aus einer Regelstrecke, einem Regler sowie verschiedenen Einflußgrößen (Stör-, Regel- und Sollgröße) [vgl. BEITZ, 1990: S. X1]. Die zu regelnde Größe wird gemessen, d.h. qualitativ erfaßt. Das Ergebnis wird mit einer vorher definierten Sollgröße verglichen. Bei einer eventuell auftretenden Differenz zwischen Regel- und Sollgröße werden entsprechende korrigierende Maßnahmen durch den Regler eingeleitet.

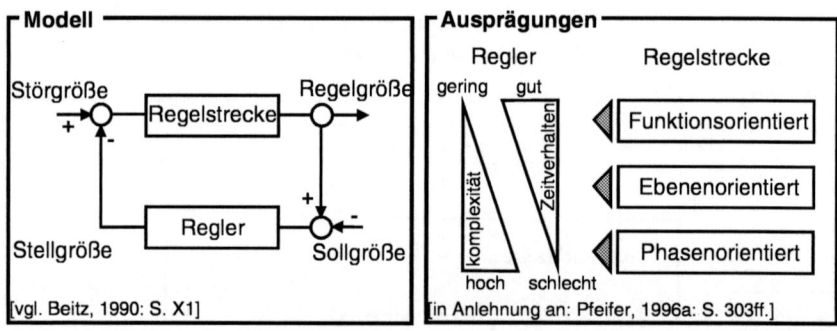

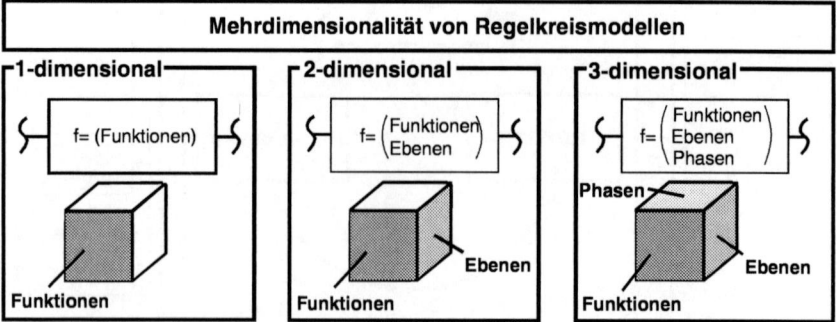

Bild 2-4: Regelkreismodelle

Hierbei wird als zu regelnde Größe die Produktqualität definiert. Alle die Regelgröße negativ beeinflussenden Faktoren durch die 7 M (Mensch, Maschine, Material, Meßmittel, Mitwelt, Methode und Management) werden unter die Störgrößen subsumiert. Sollgrößen dienen als weitere Eingangsgrößen für das System und repräsentieren die Qualitätsspezifikationen. Der Regler vergleicht die Regel- und Sollgröße miteinander und bildet aus der Differenz die Stellgröße. Der Regler kann hierbei im Qualitätsmanagement z.B. duch den QM-Methodeneinsatz (z.B. QFD, FMEA etc.) realisiert werden. Über die Stellgröße in Form von qualitätsorientierten Maßnahmen kann die Regelstrecke positiv beeinflußt werden, so daß eine Abweichung zwischen Regel- und Sollgröße (meistens zeitlich versetzt) kompensiert werden kann. Hierbei können die Maßnahmen entweder produkt- oder prozeßorientierten Charakter haben. In der Literatur sind verschiedene Dimensionen von Qualitätsregelkreisen bekannt. Wesentliches Differenzierungskriterium ist hierbei die Kombination von verschiedenen Ausprägungen der Regelstrecke (vgl. Bild 2-4). Nachfolgend sollen die einzelnen Ausprägungen näher erläutert werden. Unter funktionsorientierten Regelstrecken werden Tätigkeiten entweder in einzelnen Funktionsbereichen (z.B. Montage, Produktion, Arbeitsvorbereitung etc.) oder die Verknüpfung dieser Tätigkeiten verstanden. Ebenenübergreifende Regelstrecken verbinden mehrere Unternehmensebenen miteinander. Diese sind jedoch bisher in der betrieblichen Praxis auf Grund des hohen Initialaufwandes nur wenig implementiert [vgl. PFEIFER 1996a: S. 308 u. GÜTHENKE, 1998: S. 2]. Bei phasenorientierten Regelstrecken werden die einzelnen Phasen des Qualitätskreises (Planung, Realisierung und Nutzung) mit in die Bilanzgrenze eingebunden. Phasenorientierte Regelstrecken werden in der Literatur erwähnt, durchgängige und umfassende Konzepte sind bisher in der betrieblichen Praxis aber noch nicht bekannt. In Zukunft ist in Hinblick auf die zunehmende prozeß- und produktorientierte Strukturierung und Organisation von Unternehmen sowie der zunehmenden Bedeutung des Lebenzyklusmanagement für Produkte mit der Realisierung solcher Qualitätskreise zu rechnen.

In einem direkten Zusammenhang mit der Ausprägung der Regelstrecke steht die Komplexität und das Zeitverhalten des Reglers bei Qualitätsregelkreisen [vgl. AUGE, 1989: S. 639]. Je umfassender der Betrachtungsbereich der definierten Regelstrecke ist, desto komplexer wird auch die Modellierung und Beschreibung des einzusetzenden Reglers. Analog verschlechtert sich hierdurch auch das Zeitverhalten der Regler. Durch eine Kombination der verschiedenen Ausprägungen der einzelnen Regelstrecken können unternehmensindividuelle Qualitätsregelkreise in verschiedenen Dimensionen modelliert werden.

Basierend auf den vorangegangenen Ausführungen kann die Aufgabenstellung nun näher konkretisiert werden. Im Mittelpunkt der Betrachtung steht die Optimierung von

Produkten, d.h. die Verbesserung des Ist-Zustandes unter Nutzung von Vergangenheitsdaten. Hierbei soll das Prinzip des Regelkreises zum Tragen kommen. Die zu entwickelnde Methodik ist thematisch den 3-dimensionalen Regelkreisen zuzuordnen. Die Regelstrecke beinhaltet hierbei alle Phasen des Qualitätskreises, wobei die Regelgröße (Produktqualität) aus den Phasen Realisierung und Nutzung abgeleitet werden kann. Die Stellgrößen (Maßnahmen) werden in die Planungs- und Realisierungsphase zurückgeführt. Der Regler d.h. das Angleichen der Regelgröße an die Sollgröße mit Hilfe von abgeleiteten Stellgrößen, soll durch die zu entwickelnde Methodik gewährleistet werden.

Nachdem der Betrachtungsraum für die vorliegende Arbeit ausreichend beschrieben und definiert worden ist, soll dieser nachfolgend in einen Gesamtrahmen eingeordnet werden. Aufgrund der hier vorgesehenen Qualitätsorientierung bietet es sich an, die Aufgabenstellung in die Funktionalitäten des Qualitätsmanagement einzuordnen.

2.1.3 Einordnung der Funktionalität in das Qualitätsmanagement

Das Erzeugen und Sicherstellen einer hohen Produktqualität erfordert eine qualitätsorientierte Leitlinie von der Entwicklung bis zur Entsorgung der Produkte im Qualitätskreis [vgl. REINHART ET AL., 1996: S. 22]. Dies führte in der Vergangenheit zur Überzeugung, daß dieses Ziel nur durch ein Zusammenfassen von qualitätsorientierten Funktionalitäten in einem geeigneten Mangementsystem für den Qualitätskreis erreicht werden kann [vgl. BONSE, 1989: S. 89].

In der Literatur findet man eine Vielzahl von Ansätzen, die den Begriff **Qualitätsmangement** beschreiben und definieren. Die bisher umfassendste und gleichzeitig aktuellste Definition findet man in der DIN-NORM 55350, Teil 11. Durch diese Norm wird Qualitätsmangement als Oberbegriff für die Gesamtheit der qualitätsbezogenen Tätigkeiten und Zielsetzungen definiert [vgl. DIN 55350, TEIL 11, 1995: S. 1][8]. Es werden neben dem Produkt ausdrücklich die Prozesse sowie die Organisation einbezogen. Die Ziele des Qualitätsmanagement ergeben sich aus der Qualitätspolitik, die ihrerseits ein Element der Unternehmenspolitik darstellt [vgl. REINHART ET AL., 1996: S. 22]. Die wesentlichen Funktionalitäten des Qualitätsmanagement sind nach DIN ISO 8402 [vgl. DIN ISO 8402, 1995: S. 15] die Qualitätsplanung, die Qualitätssicherung, die Qualitätslenkung sowie die Qualitätsverbesserung (vgl. **Bild 2-5**). Um eine Einordnung der vorliegenden Aufgabenstellung vorzunehmen, sollen daher nachfolgend vor dem Hintergund der Zielsetzung alle Funktionalitäten diskutiert und beschrieben werden.

---

[8] Begriffe des Qualitätsmangement und deren Interpretationen finden sich weiterhin in der DIN ISO 8402 [DIN 8402, 1995] und der DGQ 11-04 [DGQ 11-04, 1995].

In der DIN ISO 8402 werden als **Qualitätsplanung** diejenigen Tätigkeiten definiert, welche die Ziele und Qualitätsforderungen für die Anwendung der Elemente des QM-Systems festlegen. Insbesondere die Planung des Produktes hinsichtlich der Identifizierung, Klassifizierung und Gewichtung von Qualitätsmerkmalen sowie Festlegung der Qualitätsforderungen ist fundamentaler Bestandteil der Qualitätsplanung. KWAM betont, daß die Qualitätsplanung als bereichsübergreifendes Element im Spannungsfeld zwischen der Erreichung strategischer Ziele einerseits und der Erfüllung der aus den ständig wechselnden Marktbedingungen entstehenden Anforderungen an Produkte und Prozesse andererseits steht. Die Tätigkeiten der Qualitätsplanung im Rahmen des Qualitätsmanagement gewinnen daher immer mehr an Bedeutung [vgl. KWAM, 1996: S. 19]. REINHART beschreibt den Tätigkeitskomplex der Qualitätsplanung ausführlich und ordnet diese in den Qualitätskreis ein [vgl. REINHART ET AL., 1996: S. 26]. Dabei wird unter der Qualitätsplanung die Umsetzung der Qualitätsanforderungen des Kunden in ein lieferfähiges Produkt verstanden. Somit ist die Qualitätsplanung aufgrund des Aktivitätenprofils eindeutig im Qualitätskreis der Phase Planung zuzuordnen. Die einzelnen Aufgaben der Qualitätsplanung werden von PFEIFER detailliert beschrieben [vgl. PFEIFER, 1996a: S. 25]. Neben dem Planen der Produkteigenschaften und dem Planen der Realisierungsbedingungen wird auch die Qualitätsmanagement-Programmplanung betrachtet. SEGHEZZI enwickelte für die Qualitätsplanung ein Vorgehensmodell mit sechs definierten Schritten [vgl. SEGHEZZI, 1994: S. 15ff.].

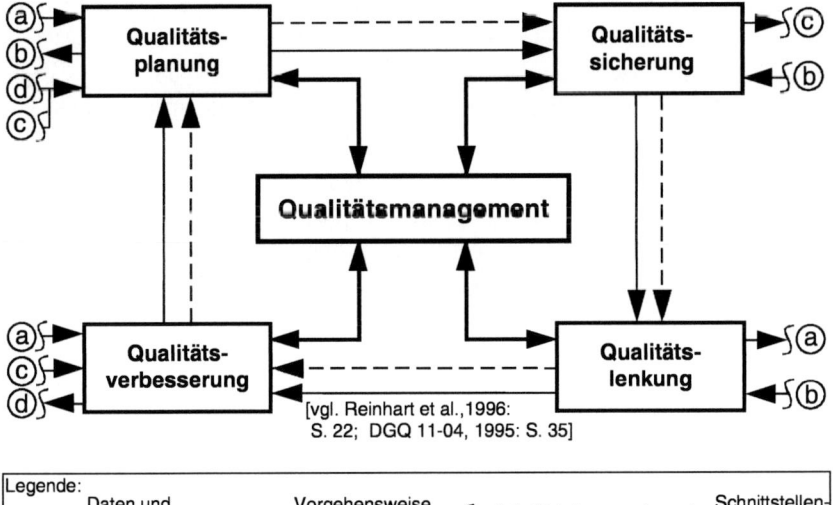

Bild 2-5: Qualitätsfunktionen

Zunächst müssen die Bedürfnisse und Erwartungen der Kunden ermittelt und in der Sprache des Kunden beschrieben werden. Die erfaßten Bedürfnisse und Erwartungen sind anschließend in Qualitätsforderungen umzusetzen und in technischen Spezifikationen niederzulegen. Im nächsten Schritt ist das eigentliche Produkt zu entwickeln. Hierzu sind die technischen Zeichnungen sowie die unterstützenden Dokumente (z.B. Stücklisten etc.) zu erstellen. Aus der gestalteten Entwurfsqualität können die Forderungen an die Herstellungsprozesse abgeleitet sowie die Prozesse geplant, entwickelt und gestaltet werden. Abschließend sind die entwickelten Produkte, Dienstleistungen und Prozesse hinsichtlich ihrer Eignung zur Erfüllung der Bedürfnisse der Kunden wie auch hinsichtlich der Erfüllung der festgelegten Qualitätsforderungen zu überprüfen. SEGHEZZI weist ausdrücklich darauf hin, daß die Zielerreichung bei der qualitätsgerechten Produktgestaltung neben der Qualitätsbeurteilung durch den Kunden auch von den Defiziten im eigentlichen Qualitätsplanungsprozeß des Unternehmens abhängen [vgl. SEGHEZZI, 1993: S. 14ff.]. Die Betrachtung und Diskussion des Themenkomplexes Qualitätsplanung hat offengelegt, daß die Qualitätseigenschaften eines Produktes im wesentlichen durch die Aktivitäten dieser Funktionalität festgelegt werden.

Nach PFEIFER ist das Ziel der **Qualitätssicherung** in der Fertigung, eine einwandfreie Produktqualität durch qualitätssichernde Maßnahmen während oder unmittelbar nach der Produktentstehung sicherzustellen. In der Regel wird dies durch Qualitätsprüfungen im Fertigungsprozeß erreicht. Hierbei wird in produktorientierte, prozeßorientierte und betriebsmittelorientierte Qualitätsprüfungen unterschieden [PFEIFER, 1996a: S. 169]. Ziel aller Qualitätsprüfungen sollte nach PFEIFER sein, Qualitätsabweichungen so früh wie möglich zu erkennen, um korrigierend in den Fertigungsprozeß eingreifen zu können [vgl. PFEIFER, 1996a: S. 169; REINHART ET AL., 1996: S. 99]. Hierzu stehen der betrieblichen Praxis eine Reihe von Methoden und Hilfsmittel[9] zur Verfügung.

Die **Qualitätslenkung** erfolgt unter Verwendung von Ergebnissen der Qualitätsprüfungen und Qualitätsdaten aus allen Phasen des Qualitätskreises. Ziel ist es, durch ein Überwachen und Korrigieren der Tätigkeiten bei der Realisierung einer Einheit die Qualitätsforderungen zu erfüllen [vgl. DGQ 11-04, 1995: S. 97]. Hierbei wird zwischen den zu beeinflußenden Größen Produkt, Prozeß und Personal unterschieden [vgl. REINHART ET AL., 1996: S. 28; DGQ 11-04, 1995: S. 98]. SEGHEZZI definiert die Aufgabe der Qualitätslenkung als die Steuerung der Prozesse und Abläufe, um spezifikationskonforme Produkte herzustellen. Hieraus ergeben sich unmittelbar zwei Ziele: Zum einen die Einhaltung von Spezifikationen oder Standards und zum ande-

---

[9] Ausführliche Beschreibungen finden sich u.a. bei PFEIFER [PFEIFER, 1996a] und REINHART [REINHART ET AL., 1996].

ren die Beherrschung der Prozeßqualität [vgl. SEGHEZZI, 1996: S. 76; SEGHEZZI, 1994: S. 25].

Unter **Qualitätsverbesserung** wird nach DIN 55350, Teil 11 die Qualitätsförderung sowie die Qualitätssteigerung verstanden [vgl. DIN 55350 Teil 11, 1995: S. 5]. Hierbei wird zwischen der personen-, verfahrens-, und einrichtungsbezogenen sowie der in diesem Kontext besonders relevanten produktbezogenen Qualitätsfähigkeit unterschieden. Unter Qualitätsförderung wird ein Verbessern der Qualitätsfähigkeit (Produkt und/oder Prozeß) verstanden [DIN 55350 Teil 11, 1995: S. 5]. Unter der Qualitätssteigerung wird hingegen das Vergrößern und/ oder Ausweiten einer Qualitätsforderung durch Hinzufügen von Einzelforderungen verstanden. SEGHEZZI definiert die Aufgaben der Qualitätsverbesserung auf einem anderen Aggregationsniveau. Wesentliche Aufgaben sind nach SEGHEZZI die Verbesserung der Qualität der Produkte, der Prozesse und des Unternehmens [vgl. SEGHEZZI, 1994: S. 35]. Eine systematische Vorgehensweise ähnlich wie bei der Qualitätsplanung wird von ihm aber nicht vorgestellt. Die Beschreibung und Diskussion der Funktionalitäten hat deutlich gemacht, daß die Produktqualität von Serienprodukten von allen vier Funktionselementen des Qualitätsmanagement stark beeinflußt wird. Gemäß der Zielsetzung der vorliegenden Arbeit ist die zu entwickelnde Methodik der Funktionalität Qualitätsverbesserung thematisch zuzuordnen.

2.2 Beschreibung und Eingrenzung des Betrachtungsobjektes

Neben der Beschreibung des Begriffssystems für die Produktqualität müssen auch die wesentlichen Einflußgrößen der einzelnen Lebenszyklusphasen des Qualitätskreises auf die Produktqualität herausgearbeitet werden. Das sich hieraus ergebende Beziehungsgeflecht zwischen Produktqualität und Rentabilität / Wirtschaftlichkeit von Unternehmen soll ebenfalls erläutert werden. Diese Definitionen, Einflüsse und Zusammenhänge bilden das theoretische Fundament für die in Kapitel 4 zu entwickelnde Methode.

2.2.1 Definition Technische Produktqualität

Neben den schon in den vorangegangenen Kapiteln definierten Begriffen soll nun nachfolgend das Begriffssystem zur Beschreibung der technischen Produktqualität erläutert werden. Aufgrund der Lebenszyklusorientierung der vorliegenden Arbeit müssen für die einzelnen Phasen des Qualitätskreises angepaßte, zur Quantifizierung der technischen Produktqualität geeignete Bewertungszahlen eingeführt werden. Nachfolgend soll daher für die Leistungserstellung (Realisierungsphase) und Leistungsnutzung (Nutzungsphase) eine allgemeingültige Definition eingeführt werden. In der Praxis hat sich die Definition der Deutschen Gesellschaft für Qualität (DGQ) durchsetzten können (vgl. **Bild 2-6**).

Zentrales Ziel der Tätigkeiten bei der **Leistungserstellung** von Produkten ist es, die vorgegebenen Spezifikationen aus der Planungsphase in physische Produkte umzusetzen. Das Nichterfüllen von Qualitätsforderungen, d.h. das Abweichen von definierten Merkmalswerten und Spezifikationen, führt zu Fehlern [vgl. MASING, 1995: S. 4]. Sie können entweder durch Nacharbeit beseitigt werden oder bei nicht reparablen Auswirkungen zu Ausschuß führen. Für die Realisierungsphase hat sich in der betrieblichen Praxis die „Null-Fehler-Philosophie" gegenüber der AQL-Philosophie (AQL=Acceptable Quality Level), d.h. dem Akzeptieren von definierten Fehleranteilen durchLieferant und Abnehmer [vgl. DGQ-SAQ 16-37, 1981: S. 5ff.], durchgesetzt. Zur Beschreibung und Darstellung der Leistungsfähigkeit wird als Kenngröße die Fehlerrate der Produkte verwendet. Zur Quantifizierung der Ausfallrate im Rahmen einer „Null-Fehler-Philosophie" eignet sich die Kenngröße ppm (parts per million). Hierbei wird jede Abweichung der Produkte von den definierten Spezifikationen als Fehler bezeichnet und durch die Einheit ppm beschrieben.

Heute wird primär die Produktqualität in der Phase der **Leistungsnutzung** über die Zufriedenheit des Kunden definiert. Es wurde schon aufgezeigt (vgl. Kapitel 1), daß ein wesentliches Kriterium zur Steigerung der Kundenzufriedenheit eine hohe Zuverlässigkeit der Produkte während der Nutzung ist.

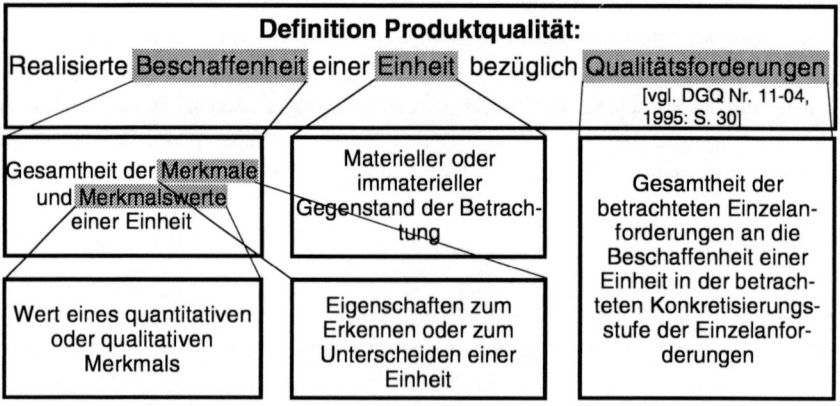

Bild 2-6:   Begriffsdefinition für die Produktqualität

Die Zuverlässigkeit von Produkten ist von unterschiedlichen, oftmals stochastischen Einflüssen abhängig. Sowohl die Beanspruchungsbedingungen, die vom jeweiligen Anwendungsfall abhängig sind, als auch die Entwicklungs- und Fertigungsqualität selbst entscheiden über die zu erwartende Lebensdauer der Produkte. [vgl. MASING,

1995: S. 301] Trotzdem ist es mit Hilfe der Statistik möglich, diese zufallsbedingten Einflüsse mit geeigneten mathematischen Algorithmen abzubilden. Die Zuverlässigkeit wird durch die Kenngröße Lebensdauer beschrieben und damit einer quantitativen Bewertung zugänglich gemacht [DGQ 33, 1978: S. 11]. Mathematisch-statistisch kann die Lebensdauer durch die Ausfallwahrscheinlichkeit F(t), die Ausfalldichtefunktion h(t) sowie die Ausfallrate λ(t) beschrieben werden. Die Ausfallwahrscheinlichkeit beschreibt hierbei die Wahrscheinlichkeit, in der eine Betrachtungseinheit bis zu einem vorgegebenen Zeitpunkt t ausfällt. Der Anteil an der Grundgesamtheit, der in einer Zeiteinheit dt ausfällt, wird durch die Ausfalldichte beschrieben. Die Ausfallrate gibt hingegen die Ausfallhäufigkeit in einem betrachteten Zeitintervall, bezogen auf die Anzahl der zu Beginn dieses Zeitintervalls noch nicht ausgefallenen Betrachtungseinheiten, an [vgl. DGQ 33, 1978: S. 13].

Nachdem die grundlegenden Begriffe und Definitionen zur Produktqualität vorgestellt worden sind, sollen nun nachfolgend die wesentlichen beeinflussenden Faktoren im Lebenszyklus, die zu einer Verschlechterung der Produktqualität führen können, diskutiert werden.

2.2.2 Einflüsse auf die Produktqualität

Produkte werden in den Phasen des Qualitätskreises durch eine Folge von Tätigkeiten hergestellt [vgl. MASING, 1995: S. 10]. In der Planungsphase werden die Anforderungen an das Produkt in technische Spezifikationen umgesetzt [WESTKÄMPER, 1997: S. 13]. Sie haben die Form von Anweisungen, die sich in den Konstruktionszeichnungen des Produktes wiederspiegeln. In der Realisierungsphase werden diese technischen Anweisungen durch eine Folge von Tätigkeiten (Produktion) in physische Produkte umgewandelt. Da aber jede Produktion in ihrem Ergebnis mit Schwankungen behaftet ist, gilt es, die Produkte robust gegen diese Abweichungen zu machen [vgl. KLEIN ET AL., 1993: S. 1]. Verursacht werden können diese Abweichungen sowohl durch den Menschen, das Material, die Maschinen, als auch die Umwelt. Abweichende Einflüsse können hierbei sowohl deterministischen als auch stochastischen Charakter haben. Deterministische Abweichungen unterscheiden sich dabei von stochastischen durch einen eindeutig geklärten Wirkprozeß [vgl. VDI 4004, Blatt 1, 1986: S. 4]. Diese potentiellen Abweichungen stellen Unwägbarkeiten dar und sind nur in gewissen Streuungen beherrschbar [vgl. KLEIN ET AL., 1993: S. 2]. Sie werden unter anderem durch die Vergabe von Toleranzen in der Planungsphase ausgeglichen. Die Toleranzfeldbreite legt hierbei im wesentlichen Fertigungskosten und -qualität fest. Zur Überwachung der Produkte werden diese während der Realisierungsphase systematischen Qualitätsprüfungen anhand definierter

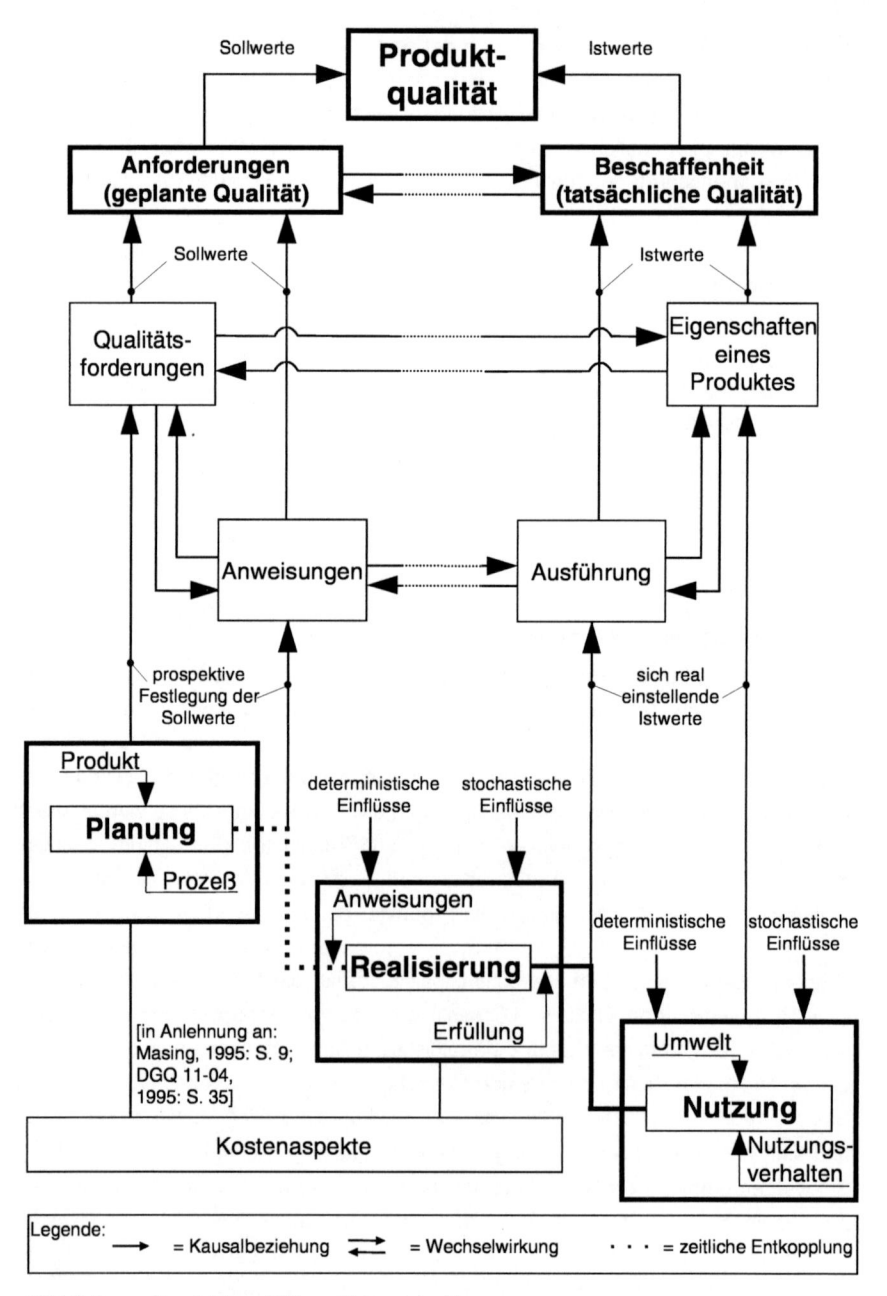

Bild 2-7: Produktqualität und Lebenszyklus

Prüfmerkmale unterzogen. Sind die Abweichungen größer als die vorgegebenen Toleranzfeldbreiten, entstehen Fehlleistungen (sogenannte Ausschuß-produkte). Hierbei können jedoch nur zwei Zustände (innerhalb oder außerhalb des Toleranzfeldbereiches) eintreten. Eine andere Philosophie zur differenzierenden Bewertung von nicht erreichten technischen Spezifikationen und Toleranzen wird von TAGUCHI vorgeschlagen [vgl. TAGUCHI, 1986: S. 4ff.]. Mit Hilfe der Merkmalsfunktion und der Verlustfunktion kann der Qualitätsverlust identifiziert und gegebenenfalls monetär für jede Abweichung festgestellt werden. In der betrieblichen Praxis konnte sich dieser Ansatz aber bisher noch nicht durchsetzten.

In der Nutzungsphase wird das Produkt durch die Kunden realen Einsatzbedingungen ausgesetzt. Auch hier können sowohl stochastische als auch deterministische Einflüsse zum frühzeitigen Versagen des Produktes führen. Deterministische Einflüsse sind in der Nutzungsphase alle Alterungs- und Verschleißprozesse von technischen Elementen. Demgegenüber sind stochastische Prozesse nicht vorhersehbare und unkontrollierte Ereignisse, wie z.B. Fehlbedienungen durch den Kunden, unvorhersehbare Umwelt- und Klimaeinflüsse etc.. Die grundlegenden Beziehungen zwischen den einzelnen Lebenszyklusphasen und der Produktqualität (geplante und tatsächliche) sind in **Bild 2-7** zusammenfassend dargestellt. Aufgrund von stochastischen und deterministisch vorkommenden einflüssen in den Phasen Realisierung und Nutzung kann in der Planungsphase von Produkten nur eine sehr unsichere Aussage bezüglich der zu erwartenden Produktqualität in den späteren Lebenszyklusphasen getroffen werden. Erst durch eine Optimierung der Produktqualität auf Basis von bekannten Einflüssen und Zusammenhängen in der Realisierungs- und Nutzungsphase ist es möglich, ein hohes Qualitätsniveau in diesen Phasen zu erreichen.

2.2.3 Wirtschaftlichkeit und Produktqualität

Der grundsätzliche Zusammenhang zwischen dem wirtschaftlichem Unternehmenserfolg produzierender Unternehmen und der Qualität der hergestellten Produkte wurde in mehreren empirischen Studien nachgewiesen. Hierbei kann zwischen der statischen Betrachtung (Qualitätsniveau konstant über den Produktlebenslauf) und der dynamischen Betrachtungsweise (Qualitätsniveau über den Produktlebenslauf nicht konstant) unterschieden werden.

Stellvertretend für die statische Betrachtungsweise sollen aufgrund ihrer zentralen wissenschaftlichen Bedeutung hier die Ergebnisse von zwei Studien, einerseits von MCKINSEY und der TECHNISCHEN HOCHSCHULE DARMSTADT und andererseits des SPI (Strategic Planning Institute), vorgestellt und diskutiert werden. Die von MCKINSEY und der TECHNISCHEN HOCHSCHULE DARMSTADT gemeinsam durchgeführte Studie zeigt, daß ein direkter positiver Zusammenhang zwischen der Design-Qualität[10] der Produkte und dem Umsatzwachstum der Unternehmen (Betrachtungsraum 5 Jahre) besteht [vgl. ROMMEL ET AL., 1995: S. 10]. Hierbei konnte bei Unternehmen, die präventive Methoden des Qualitätsmanagements (QFD, FMEA etc.) einsetzten sowie eine konsequente Umsetzung und Realisierung von Kundenanforderungen verwirklichten, ein stärkeres Umsatzwachstum festgestellt werden als beim gemittelten Durchschnitt der insgesamt befragten Unternehmen. Ein weiterer Zusammenhang konnte auch bei der Prozeßqualität und der Umsatzrendite der Unternehmen im betrachteten Zeitraum (5 Jahre) nachgewiesen werden.

Eine hohe Prozeßstabilität beeinflußt die Kostenstruktur und somit direkt die Umsatzrendite. Unternehmen, die stabile Prozesse[11] realisieren, liegen damit günstiger als Wettbewerber, denen dies nicht gelingt. Dies liegt im wesentlichen begründet in den geringeren Qualitätskosten und Effizienzverlusten und der sich hieraus ergebenden deutlich höheren Personal- und Anlagenproduktivität [vgl. ROMMEL ET AL., 1995: S. 9].

Bei der PIMS-Studie handelt es sich um die Erhebung und Auswertung von Vergangenheitsdaten durch das STRATEGIC PLANNING INSTITUTE (SPI) zur empirischen Detektierung von Geschäftsbereichsstrategien für produzierende Unternehmen. Begonnen wurde das Programm in den 60er Jahren bei General Electrics. Anfang der 70er Jahre wurde dieses Programm vom SPI übernommen und unter Erweiterung der Grundgesamtheit weitergeführt [vgl. THEDEN, 1997: S. 22]. Neben anderen untersuchten Erfolgsfaktoren nimmt die Qualität eine besondere Rolle ein. Hierbei wurde zwischen wahrgenommener Qualität und technischer Qualität unterschieden [vgl. BUZZEL ET AL., 1989: S. 91]. Während unter der technischen Qualität die Erfüllung von technischen Spezifikationen aus Ingenieurssicht verstanden wird, wird die subjektive Qualität als die Erfüllung der wahrgenommen Qualität aus Kundensicht definiert. Die elementaren Zusammenhänge zwischen der subjektiv wahrgenommenen Qualität, der technischer Qualität sowie der Rentabilität zeigt **Bild 2-8**. Hierbei wird deutlich, daß Unternehmen zwei Möglichkeiten haben, die Wettbewerbssituation und damit den Unternehmenserfolg positiv zu beeinflussen. Zum einen durch eine hohe technische Qualität, d.h. eine bessere Erfüllung der technischen Produktspezifikationen. Insbesondere die Lebensdauer der Produkte hat hier einen wesentlichen Einfluß auf die Kundenzufriedenheit. Zum anderen aber auch durch eine überlegene, subjektiv wahrgenommene Qualität durch eine bessere Übersetzung der Kundenanforderungen in die Produktmerkmale als der Wettbewerber.

---

[10] Design-Qualität entspricht hierbei dem üblicherweise in der Literatur verwendeten Begriff der Produktqualität
[11] ROMMEL definiert stabile Prozesse ab einem c_{pk}-Wert > 1,67 [vgl. ROMMEL ET AL., 1995: S. 10]

Diese konzeptionellen Zusammenhänge wurden durch die Auswertung von empirisch erhobenen Daten in der PIMS-Studie nachgewiesen. Somit lassen sich die zentralen Ergebnisse der Studie wie folgt zusammenfassen. Zwischen relativer Qualität und Rentabilität besteht ein starker Zusammenhang. Insbesondere wurde festgestellt, daß der Erfolgsfaktor Qualität und der Marktanteil der Produkte positiv korrelieren. Weiterhin beeinflußt die Qualität positiv den erzielbaren Preis für die Produkte [vgl. THEDEN, 1997: S. 26]. Die Ergebnisse der PIMS-Studie sind nicht ganz unumstritten. So wird oft der statische Charakter der Modelle kritisiert [vgl. THEDEN, 1997: S. 29]. Unbestritten ist bis zum heutigen Zeitpunkt jedoch die hohe wissenschaftliche Relevanz der durch das SPI erarbeiteten Ergebnisse. Untersuchungen mit einer vergleichbaren Datenbasis sind bis zum heutigen Zeitpunkt nicht bekannt. Der Zusammenhang zwischen nachlassender Produktqualität (dynamische Betrachtungsweise) und wirtschaftlichem Unternehmensergebnis wurde in der Vergangenheit kaum wissenschaftlich untersucht [vgl. BRUNNER, 1992: S. 110 und BRUNNER, 1987: S. 118].

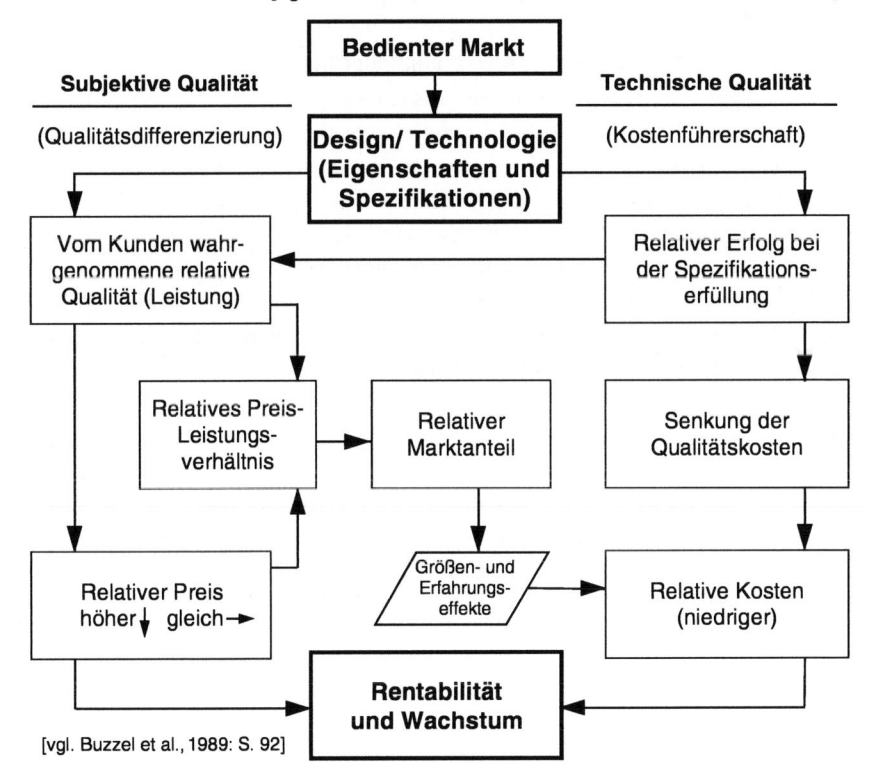

[vgl. Buzzel et al., 1989: S. 92]

Bild 2-8: Qualität und Wirtschaftlichkeit

Trotzdem gibt es Ansätze, die den Zusammenhang zwischen Fehlerraten und Marktanteilen eines Produktes analysiert und quantifiziert haben. So belegt die Studie des WHITE HOUSE OFFICE OF CUSTOMER AFFAIR, daß 90 % der Kunden, die mit der Beschaffenheit von Produkten unzufrieden sind, diese fortan nicht mehr kaufen. Bemerkenswert ist hier, daß nur 4% der unzufriedenen Kunden sich über die mangelnde Qualität beim Hersteller beschweren. Gleichzeitig werden diese unzufriedenen Kunden ihren Unmut bis zu 20 Personen mitteilen [vgl. PFEIFER, 1996a: S. 4]. Nach einer Studie eines französischen Automobilherstellers verursacht jeder zusätzliche Fehler über dem aktzeptablen Durchschnitt der Marktführer einen Rückgang des Verkaufsvolumens um mindestens 3-4% [vgl. BRUNNER, 1992: S. 111].

Nachdem nun der Betrachtungsraum und das -objekt beschrieben worden ist, sollen nachfolgend Lösungsansätze diskutiert werden. Aufgrund deren unterschiedlicher Zielsetzungen sollen sie vor dem Hintergrund der definierten Aufgabenstellung der vorliegenden Arbeit diskutiert werden.

2.3 Existierende Ansätze zur Qualitätsoptimierung von Produkten

Die vorangegangen Ausführungen zur Qualität von Produkten haben neben der Komplexität der Problemstellung im Untersuchungsraum auch die zentrale Bedeutung einer methodischen Unterstützung zur Optimierung der Produktqualität im Qualitätskreis deutlich gemacht. Nachfolgend soll der skizzierte Untersuchungsraum hinsichtlich bestehender Ansätze zur qualitätsorientierten Optimierung von bestehenden Produkten sowohl bezüglich eingeführter Methoden in der betrieblichen Praxis als auch bezüglich bestehender Forschungsarbeiten vor dem Hintergrund der hier definierten Zielsetzung analysiert werden. Aufbauend auf diesen Erkenntnissen kann dann der Forschungsbedarf abgeleitet werden.

2.3.1 Methoden der betrieblichen Praxis

Vor dem Hintergrund der Aufgabenstellung ist es notwendig, die in der betrieblichen Praxis eingeführten Methoden und Ansätze zur Qualitätsoptimierung von Produkten kritisch zu analysieren und hinsichtlich des Adaptionspotentials zu untersuchen. Die Ergebnisse der Untersuchung sind in **Bild 2-9** dargestellt.

Das Ziel bei der Anwendung der **Fehler-Möglichkeits- und Einfluß-Analyse (FMEA)**[12] ist es, potentielle Fehler bereits in der Planungsphase aufzudecken und durch geeignete Maßnahmen zu vermeiden [vgl. DGQ 13-11, 1993: S. 8; DIN 25448,

---

[12] Üblicherweise wird in die System-, Konstruktions- und Prozeß-FMEA unterschieden [vgl. PFEIFER, 1996a: S. 112].

Grundlagen

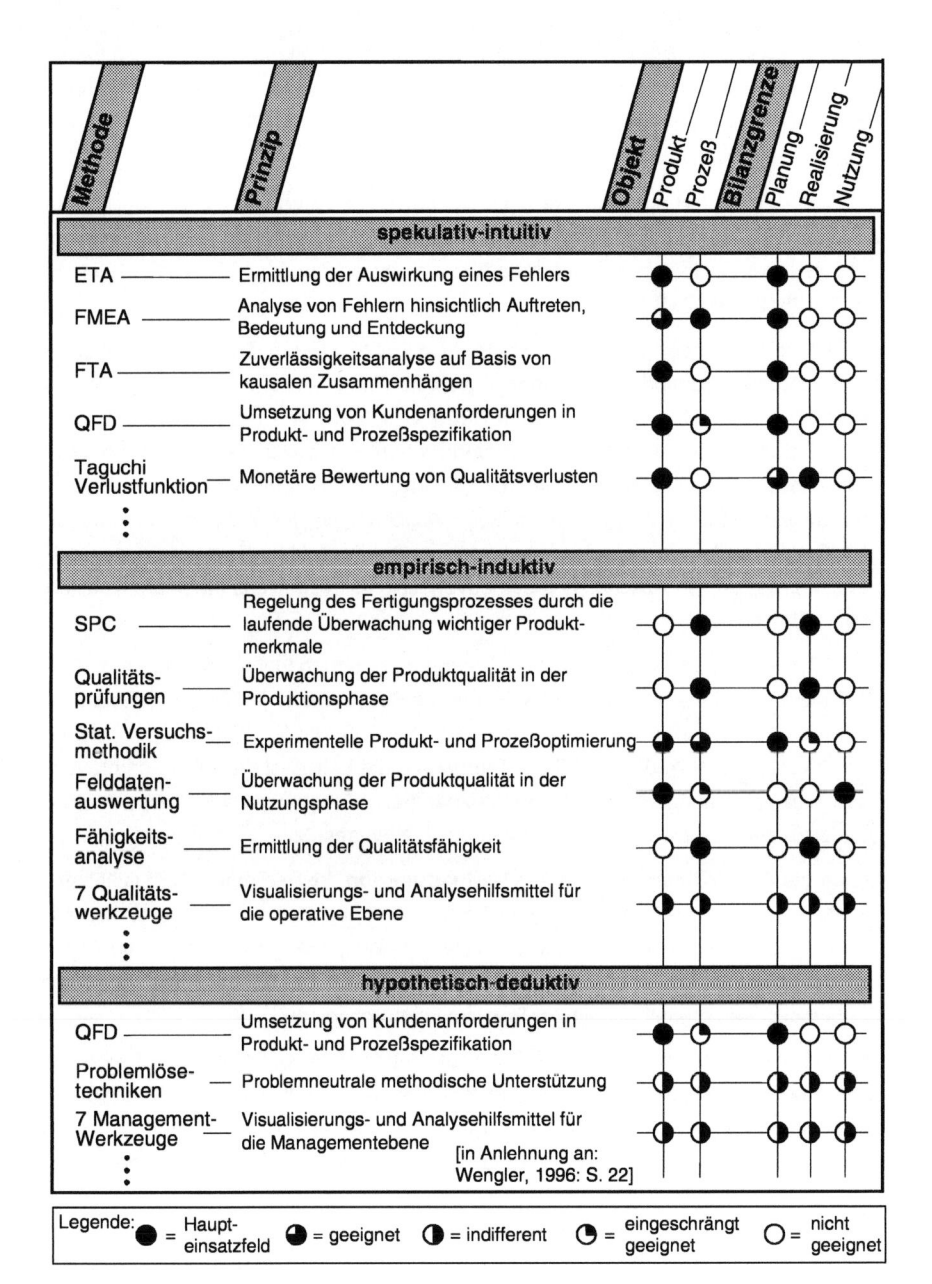

Methode	Prinzip		Objekt		Bilanzgrenze		
			Produkt / Prozeß		Planung / Realisierung / Nutzung		

spekulativ-intuitiv

Methode	Beschreibung	Produkt	Prozeß	Planung	Realisierung	Nutzung
ETA	Ermittlung der Auswirkung eines Fehlers	●	○	●	○	
FMEA	Analyse von Fehlern hinsichtlich Auftreten, Bedeutung und Entdeckung	◐	●	●	○	
FTA	Zuverlässigkeitsanalyse auf Basis von kausalen Zusammenhängen	●	○	●	○	
QFD	Umsetzung von Kundenanforderungen in Produkt- und Prozeßspezifikation	●	◐	●	○	
Taguchi Verlustfunktion	Monetäre Bewertung von Qualitätsverlusten	●	○	●	○	
⋮						

empirisch-induktiv

Methode	Beschreibung	Produkt	Prozeß	Planung	Realisierung	Nutzung
SPC	Regelung des Fertigungsprozesses durch die laufende Überwachung wichtiger Produktmerkmale	○	●	○	●	
Qualitätsprüfungen	Überwachung der Produktqualität in der Produktionsphase	○	●	○	●	
Stat. Versuchsmethodik	Experimentelle Produkt- und Prozeßoptimierung	●	●	●	●	
Felddatenauswertung	Überwachung der Produktqualität in der Nutzungsphase	●	◐			●
Fähigkeitsanalyse	Ermittlung der Qualitätsfähigkeit	○	●		●	
7 Qualitätswerkzeuge	Visualisierungs- und Analysehilfsmittel für die operative Ebene	◐	◐	◐	◐	◐
⋮						

hypothetisch-deduktiv

Methode	Beschreibung	Produkt	Prozeß	Planung	Realisierung	Nutzung
QFD	Umsetzung von Kundenanforderungen in Produkt- und Prozeßspezifikation	●	◐	●	○	
Problemlösetechniken	Problemneutrale methodische Unterstützung	◐	◐	◐	◐	
7 Management-Werkzeuge	Visualisierungs- und Analysehilfsmittel für die Managementebene	◐	◐	◐	◐	◐
⋮						

[in Anlehnung an: Wengler, 1996: S. 22]

Legende: ● = Haupteinsatzfeld   ◐ = geeignet   ◑ = indifferent   ◐ = eingeschränkt geeignet   ○ = nicht geeignet

Bild 2-9: Lösungsansätze

1990: S. 1]. Hiermit steht für die Entwicklungsphase ein Instrument zur Optimierung der geplanten Produktqualität zur Verfügung. Erste Anwendungen in den anderen Lebenszyklusphasen haben die These bestätigt, daß die FMEA auch hier ihre Existenzberechtigung hat.

Mit Hilfe der **Fehlerbaumanalyse (FTA = Fault Tree Analysis)** ist es möglich, die Zuverlässigkeitsgröße eines Produkts aus Zuverlässigkeitsgrößen der Baueinheiten auf Basis der Boole´schen Algebra deduktiv zu berechnen [vgl. VDI 2247, 1994: S. 27; DIN 25424, 1990: S. 1].

Das Vorgehen bei der **Ereignisablaufanalyse (ETA = Event Tree Analysis)** ist induktiv. Ausgehend von einem unerwünschten Ereignis werden alle ausgelösten Fehlerfolgen betrachtet [vgl. DIN 25419, 1985: S. 1; VDI 2247, 1994: S. 27][13]. Auf Basis der Boole´schen Algebra können dann wiederum Zuverlässigkeitskenngrößen berechnet werden. Ebenso wie die FTA gehört die ETA zu den präventiven Sicherheitsanalysen. Sie dienen zur frühzeitigen Abschätzung von Fehlern, Fehlerfolgen und Fehlerursachen in der Entwicklungsphase von Produkten. Beide Methoden dienen zur prospektiven Abschätzung des Zuverlässigkeitsverhaltens (geplante Qualität) von Produkten.

Die Entwicklung von Produkten mit markt- und anforderungsgerechten Eigenschaften wird methodisch durch das **Quality Function Deployment (QFD)** unterstützt [vgl. EVERSHEIM ET AL., 1995: S. 1050ff.; KAMISKE, 1994: S. 330ff.; PFEIFER ET AL., 1995: S. 319ff.; SULLIVAN, 1986: S. 39ff.][14]. Ebenso wie die FMEA ist das QFD den präventiven Qualitätsmanagementmethoden zuzuordnen. Zunehmend wird diese methodeauch in der Realisierungs- und Nutzungsphase eingesetzt.

Durch die Anwendung der **TAGUCHI Verlustfunktion**[15] ist es möglich, Qualitätsabweichungen und Qualitätsverluste von Produkten monetär mit Hilfe von mathematischen Algorithmen zu bewerten [ROSS, 1988; PHADKE, 1989]. Der Ansatz von TAGUCHI konnte sich aber bisher aufgrund des hohen Aufwandes bei der Anwendung der mathematischen Algorithmen in der Praxis nicht durchsetzen.

Die statistische **Prozeßregelung (SPC = Statistical Process Control)** ist eine auf mathematisch-statistischen Grundlagen basierende Technik, die einen Prozeß mit Hilfe von Stichproben kontrolliert und gegebenenfalls nachkorrigiert [vgl. THEDEN, 1997: S. 64]. Basis für die Optimierung der Prozesse sind die Spezifikationen und

---

[13] Weitere Kausalitätsmethoden sind z.B. die Störablauf- und Ausfallursachenanalyse [vgl. VDI 2247, 1994: S. 26ff.]. Aufgrund der marginalen Unterschiede zu der FTA und ETA sollen an dieser Stelle die beiden Methoden jedoch nicht weiter detailliert diskutiert werden.
[14] Ausführliche Darstellungen zur QFD-Methodik finden sich u.a. bei THEDEN [THEDEN, 1997] und EUREKA [EUREKA, 1988].
[15] Die Verlustfunktion bildet die elementare Grundlage für die von TAGUCHI entwickelte Methode des Robust Design [vgl. PHADTKE, 1989: S. 2]

Informationen der geplanten Produktqualität. Eine Überprüfung und Optimierung der geplanten Qualität wird somit unterlassen.

Qualitätsprüfungen dienen zur Feststellung, inwieweit eine Einheit eine Qualitätsforderung erfüllt [vgl. PFEIFER, 1996a: S. 169 u. REINHART ET AL., 1996: S. 27][16]. Der Begriff Einheit steht in diesem Kontext für ein immaterielles bzw. materielles Produkt, einen Prozeß oder eine Tätigkeit [vgl. DGQ NR. 11-04, 1995: S. 17ff]. Auch bei den Qualitätsprüfungen werden die Spezifikationen und Informationen der geplanten Qualität als Grundlage zur Überprüfung und Optimierung der ausgeführten Qualität verwendet. Ähnlich wie bei SPC wird eine Überprüfung und Optimierung der geplanten Qualität unterlassen.

Die **statistische Versuchsmethodik** wird bei der Prozeß- und Produktoptimierung vor dem Routineeinsatz verwendet. Sie ermöglicht die Untersuchung funktionaler Zusammenhänge, die Aufdeckung von Wechselwirkungen, sowie die Bildung von Modellen auf Basis von geplanten Experimenten [vgl. PFEIFER, 1996a: S. 75, REINHART ET AL., 1996: S. 130; WENGLER, 1996: S. 29]. Diese Methode kann somit denjenigen zur Optimierung der geplanten Qualität zugeordnet werden. Aufgrund des erheblichen Versuchsaufwandes konnte sich diese Methode in der betrieblichen Praxis nur bei speziellen Fragestellungen durchsetzen.

Die Optimierung der Produktqualität auf Basis von **Felddaten** und Informationen aus der Nutzungsphase rückt immer mehr in das Interesse der betrieblichen Praxis [vgl. PFEIFER, 1996a: S. 264; REINHART ET AL., 1996: S. 177]. Aufgrund großer Unsicherheiten bezüglich der Datenqualität und -quantität fehlen aber zur Zeit noch ausreichend detaillierte Methoden und Hilfsmittel zur Auswertung und Nutzung dieser Daten zur Optimierung der geplanten Produktqualität.

Der Nachweis der Stabilität eines Prozesses wird mit Hilfe von **Fähigkeitsuntersuchungen** festgestellt. Hierzu werden auf Basis der Gesetzmäßigkeiten der Statistik Fähigkeitsindizes berechnet, welche eine Aussage über die Fähigkeit eines Prozesses erlauben [vgl. PFEIFER, 1996a: S. 238]. Somit kann diese Methode zur Optimierung der tatsächlichen Qualität eingesetzt werden. Die Angaben der geplanten Produktqualität, die als Basis zur Optimierung der tatsächlichen Qualität dienen, werden letztendlich nicht in Frage gestellt.

Die **sieben elementaren Qualitätswerkzeuge** sind visuelle Hilfsmittel, die dazu dienen, einfache Probleme mit geringem Komplexitätsgrad zu erkennen, zu verstehen und zu lösen. Sie können in allen Phasen eines Problemlösungsprozesses eingesetzt werden [vgl. THEDEN, 1997: S. 68]. Die **sieben Managementwerkzeuge** können für komplexere Probleme angewendet werden. Auch diese Werkzeuge können

---

[16] Einen Überblick über die Instrumente gibt z.B. REINHART [vgl. REINHART ET AL., 1996: S. 100]

in allen Phasen eines Problemlösungsprozesses eingesetzt werden [vgl. THEDEN, 1997: S. 70]. Beide Instrumente unterstützen den Problemlösungsprozeß auf einem sehr hohen Aggregationsniveau und unterscheiden weder zwischen einer Produkt- und Prozeßoptimierung, noch zwischen einer Optimierung von geplanter und ausgeführter Qualität.

Die Untersuchung der Methoden der betrieblichen Praxis hat gezeigt, daß für die vorliegende Problemstellung zur Zeit keine ausreichende methodische Unterstützung existiert. Zur weiteren Absicherung soll die sich anschließende Untersuchung bestehender Forschungsarbeiten den Handlungsbedarf für eine Methodik zur qualitätsorientierten Optimierung bestehender Serienprodukte weiter konkretisieren.

2.3.2 Forschungsarbeiten

In der Literatur finden sich verschiedene Lösungsansätze im Umfeld der skizzierten Problematik. Zur Untersuchung verwendbarer Lösungsansätze sowie der Einordnung der vorliegenden Arbeit in den Untersuchungsraum werden die relevanten Arbeiten näher untersucht und bewertet. Die Ergebnisse der Analyse sind in **Bild 2-10** zusammenfassend dargestellt.

Die Verbesserung der Produktqualität durch den Aufbau und die Integration von Qualitätsregelkreisen in einen rechnerunterstützten CAD/CAM-Informationsverbund wird in dem Ansatz von **Bös** verfolgt [vgl. BÖS, 1994: S. 7]. Die funktionale Modellierung von technischen Effektenträgern sowie die Bewertung der Effektenträger hinsichtlich der Erfüllung der Qualitätsforderungen in der Produktionsphase stellt die wesentliche Grundlage des Ansatzes dar [vgl. BÖS, 1994: S. 146]. Die Bewertung der Effektenträger schließt aber eine kostenmäßige Beurteilung aus.

Das Spannungsfeld der wirtschaftlichen Zuverlässigkeitserhöhung von technischen Produkten wird von **Brunner** wissenschaftlich detailliert untersucht [BRUNNER, 1992]. BRUNNER differenziert hier zwischen der Produktions- und Marktsicht, gibt aber nur marginale Handlungsempfehlungen zur konkreten Zielerreichung [vgl. BRUNNER, 1992: S. 75ff. und 108ff.].

Ziel des Ansatzes von **Ebner** ist die Entwicklung eines phasenübergreifenden, rechnerunterstützten Konzeptes für das produktorientierte Qualitätsmanagement in den Phasen Entwicklung und Nutzung [vgl. EBNER, 1996: S. 3]. EBNER nähert sich der Problematik von der Datenseite, eine objektbezogene Betrachtung (Produkt und/oder Prozeß) wird nur am Rande vorgenommen.

Die prospektive Abschätzung der prinzipiellen Fähigkeit bestehender Prozesse und Anlagen bezüglich der Erreichung der geforderten Produktqualität mit Hilfe eines Simulationssystems wird von **Englert** beschrieben [vgl. ENGLERT, 1996: S. 14]. Eine anschließende Nutzung und Weiterverarbeitung der Simulationsergebnisse im Rahmen von Produkt- und Prozeßverbesserungsmaßnahmen unter Kosten- und Qualitätsaspekten wird jedoch nicht weiter dargestellt.

Ein Konzept zur Planung, Steuerung und Kontrolle der Garantiekosten mit einem Controllingsystem wird von **v. Haacke** vorgeschlagen [v. HAACKE, 1997]. Betrachtungsobjekt ist die funktionale Qualität komplexer Serien- bzw. Kleinserienprodukte in der frühen Nutzungsphase der Produkte aus Sicht der Hersteller [v. HAACKE, 1997: S. 4]. Der Schwerpunkt der Arbeit liegt auf dem systematischen Aufbau eines Controllingsystems für Garantieleistungen. Vorschläge zur systematischen Reduzierung der Garantieleistungen durch die Einleitung von produktorientierten Verbesserungsmaßnahmen werden aber von v. HAACKE nicht gemacht.

Kahlenberg befaßt sich mit der Erfassung und Rückführung von Fehlerdaten in kleinen abgeschlossenen Produktionseinheiten [KAHLENBERG, 1995]. Die Einleitung von Korrekturmaßnahmen auf Prozeßseite wird von ihm angeschnitten, jedoch nicht in ausreichender Detaillierungstiefe beschrieben [vgl. KAHLENBERG, 1995: S. 80].

Laschet entwickelte für die Produktionsphase von technischen Produkten ein Konzept zur Erfassung, Bewertung und Auswertung von Fehlleistungen [LASCHET, 1995]. Hierbei wird auf der Basis von bestehenden Hilfsmitteln und Methoden ein detailliertes Informations- und Auswertungssystem mit systematisierten Erfassungsabläufen, Bewertungsalgorithmen und Auswertestrategien zur Verfügung gestellt [vgl. LASCHET, 1995: S. 121]. Auf Basis des Vorschlags von LASCHET ist eine kostenmäßige Bewertung von Fehlern möglich, welche die Basis für eine problem- und zielgerichtete Maßnahmeneinleitung bildet. Die sich anschließende Ableitung und Bewertung von Verbesserungsmaßnahmen, insbesondere die Differenzierung in Produkt- und Prozeßmaßnahmen, werden aber von LASCHET nicht behandelt.

Eine Methode zur Optimierung von bestehenden Produkten und Prozesssen wird von **Mayers** vorgeschlagen. Unter Nutzung der existierenden Methoden der statistischen Versuchsmethodik entwickelt MAYERS eine Vorgehensweise zur Optimierung der technischen Parameter von Produkten und Prozessen. Eine Wirtschaftlichkeitsbetrachtung sowie die eigentliche Maßnahmenableitung und -bewertung werden von ihm nicht durchgeführt.

Die Weiterentwicklung von Produkten auf der Basis von qualitätsorientierten Vergangenheitsdaten bereits im Markt eingeführter Produkte wird von **Müller** vorgeschlagen [vgl. MÜLLER, 1998: S. 36]. Hierbei wird für die drei Dimensionen Kosten, Nutzen und Wert ein produktorientiertes Qualitätscontrollingsystem aufgebaut [vgl. MÜLLER, 1998: S. 35].

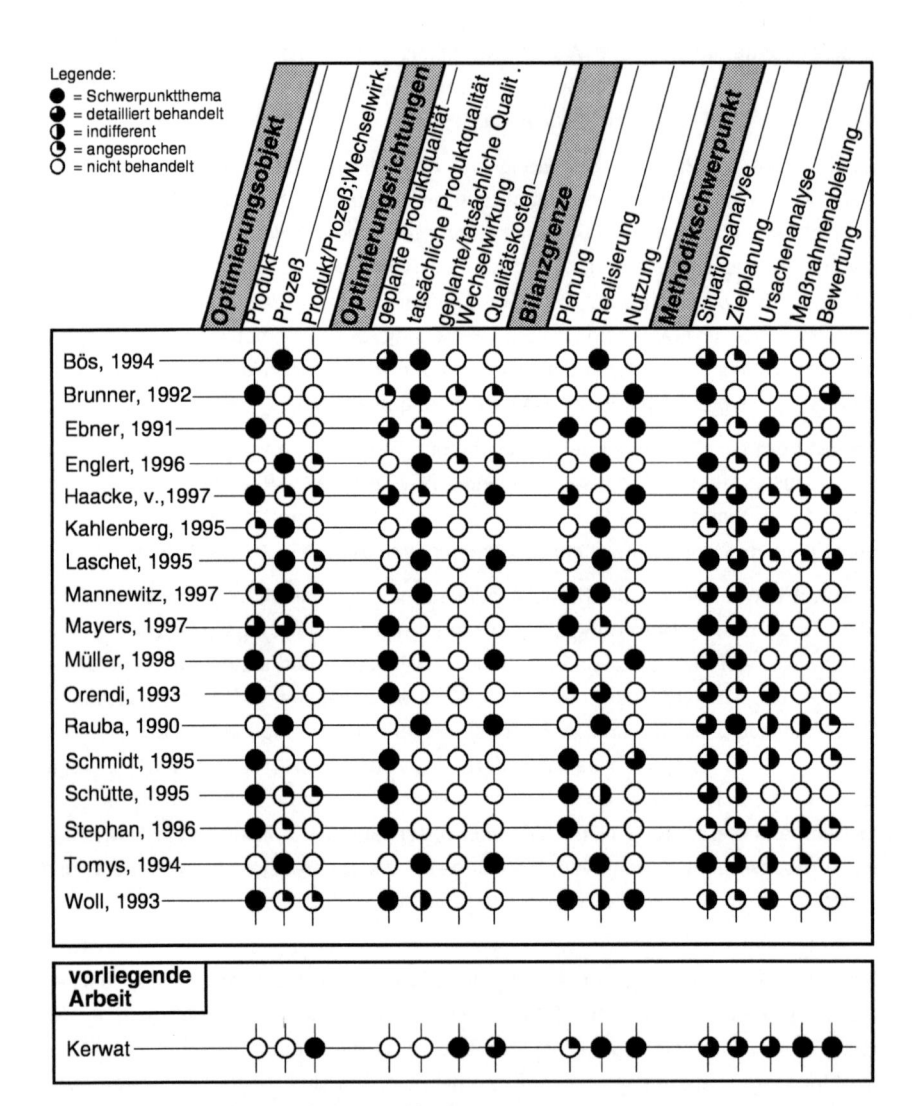

Legende:
- ● = Schwerpunktthema
- ◐ = detailliert behandelt
- ◑ = indifferent
- ◔ = angesprochen
- ○ = nicht behandelt

Bild 2-10: Forschungsarbeiten im Kontext

Im Fokus der Betrachtung steht hier im wesentlichen die Nutzungsphase von technischen Produkten. Hilfsmittel zur Bewertung der drei Dimensionen in der Entwicklungs- und Produktionsphase werden nicht gegeben.

Orendi beschreibt in seinem Ansatz ein Systemkonzept zur Behandlung von Fehlern als Voraussetzung für den Einsatz präventiver Qualitätsmanagementmethoden in der Entwicklungsphase von Produkten [ORENDI, 1993]. ORENDI verzichtet jedoch auf eine Einbeziehung der Nutzungsphase [vgl. ORENDI, 1993: S. 3]. Eine monetäre Bewertung des Ressourcenverzehrs der Fehler zur Identifikation von Fehlleistungsschwerpunkten wird unterlassen.

Rauba entwickelt eine Planungssystematik für ein Qualitätskostensystem [RAUBA, 1990]. Die entwickelte Methodik bildet eine wesentliche Grundlage zur Identifizierung von qualitätsorientierten Kostensenkungspotentialen auf Produkt- und Prozeßseite. Aufgrund der hohen Komplexität sowohl bei der Erfassung als auch der Verrechnung der Qualitätskosten können aber erhebliche Defizite bei der Anwendung der Methode in der betrieblichen Praxis konstatiert werden [vgl. LASCHET, 1995: S. 31 und V. HAACKE, 1997: S. 29].

Schmidt verfolgt den Ansatz, über eine methodische Unterstützung bei der Umsetzung von Kundenanforderungen in den frühen Phasen der Entwicklung von langlebigen Konsumgütern eine hohe tatsächliche Produktqualität in der Nutzungsphase zu erreichen [SCHMIDT, 1995].

Schütte schlägt zur Produktverbesserung einen Ansatz zur systematischen und konstruktionsgerechten Tolerierung[17] von Bauteilen unter Qualitätsaspekten vor [SCHÜTTE, 1995]. Wesentliches Defizit des Ansatzes ist jedoch, daß Kostenaspekte zwar angesprochen, aber nicht weiter detailliert werden [vgl. SCHÜTTE, 1995: S. 32].

Die Verbesserung der geplanten Qualität von Produkten in der Entwicklungsphase auf Basis einer rechnerunterstützten Konstruktion unter Qualitätsaspekten wird von **Stephan** beschrieben [STEPHAN, 1996]. Auch STEPHAN betrachtet nicht die Phasen Produktion und Nutzung und verzichtet auch auf eine monetäre Bewertung.

Bei **Tomys** steht ebenfalls die Optimierung der Qualitätskosten im Vordergrund [TOMYS, 1994]. TOMYS konzentriert sich in Ihrem Ansatz im wesentlichen auf die Prozesse der Produktionsphase im Unternehmen. Als wesentliches Defizit kann hier angeführt werden, daß die übrigen Phasen des Qualitätskreises (z.B. Planungs- und Nutzungsphase) nur am Rande behandelt werden.

Die Informationsrückführung aus den Phasen des Qualitätskreises in die Entwicklung zur qualitätsorientierten Optimierung der Produkt- und Prozeßgestaltung wird von **Woll** behandelt [WOLL, 1993]. Auch von WOLL wird die Nutzung der rückgeführten Informationen nur am Rande behandelt [vgl. WOLL, 1993: S. 118]. Eine Bewertung bezüglich des Zielerreichungsgrades wird nicht durchgeführt

Die in Bild 2-10 dokumentierten Ergebnisse der Analyse zeigen, daß zwar für einzelne Bereiche der formulierten Aufgabenstellung Lösungsansätze existieren. Ein umfassender, alle Bereiche abdeckenden Forschungsansatz, wurde aber nicht ermittelt.

Durch die Untersuchung der bestehenden Forschungsarbeiten wird hiermit die aufgestellte Hypothese des Handlungsbedarfs belegt. Der terminologisch-deskriptive Schritt der gewählten Forschungsstrategie nach ULRICH ist damit abgeschlossen.

2.4 Zwischenfazit: Forschungsbedarf

Zur Ableitung des Forschungsbedarfs wurde in drei Schritten vorgegangen. Durch die Beschreibung des Betrachtungsraums und des Betrachtungsobjektes wurden eindeutige Begriffssysteme definiert. Aufbauend auf der Problemstellung un den definierten Begriffssystemen wurden die relevanten Methoden der betrieblichen Praxis sowie die ingenieurwissenschaftliche Forschungsarbeiten analysiert. Nachfolgend sollen die Ergebnisse der einzelnen Schritte kurz dargestellt werden.

Zur Beschreibung des Betrachtungsraums wurde gemäß der gewählten Forschungsstrategie das Begriffssystem beschrieben und eingegrenzt. Hierzu wurden die Begriffe komplexes Serienprodukt der Konsumgüterindustrie sowie Optimierung eindeutig definiert. Ein weiterer Schwerpunkt der terminologisch-deskriptiven Beschreibung war der Aufbau eines Begriffssystems für das Betrachtungsobjekt „Technische Produktqualität". Hierbei wurden für jede einzelne Phase des Qualitätskreises entsprechende Bewertungszahlen zur Bewertung der technischen Produktqualität abgeleitet und definiert. Die Ausführungen zum Zusammenhang zwischen Produktqualität und Wirtschaftlichkeit haben gezeigt, daß das Qualitätsniveau direkt die Umsatzrendite von Unternehmen beeinflußt. Eine Betrachtung der durch die Fehlleistung verursachten Kosten muß daher Bestandteil der Methodik sein. Damit wurde in diesem Kapitel sowohl der Betrachtungsraum eingegrenzt als auch das Betrachtungsobjekt eindeutig definiert.

Aufbauend auf diesen Aktivitäten war es im Verlauf der gewählten Forschungsstrategie eine zwingende Bedingung, eine Analyse der problemrelevanten Theorien und Methoden durchzuführen. In der ingenieurwissenschaftlichen Literatur finden sich vor diesem Hintergrund zahlreiche Modelle, Konzepte und Ansätze zur Problemlösung der angesprochenen Aufgabenstellung.

Die Untersuchung der in der Praxis eingesetzten Methoden hat jedoch gezeigt, daß sich der Anwendungsbezug nur auf einen begrenzten Ausschnitt des Betrachtungsraums erstreckt. Eine umfassende Einbeziehung aller Phasen des Qualitätskreises findet sich bei keiner der untersuchten Methoden. Somit steht für eine Optimierung bestehender Produkte keine geeignete Methode in der betrieblichen Praxis zur Verfügung.

---

[17] MANNEWITZ erweitert diesen Ansatz um die prozeßfähige Tolerierung von Bauteilen [vgl. MANNEWITZ, 1997].

Zur Manifestierung des aufgezeigten Handlungsbedarfs wurden die bestehenden Forschungsarbeiten in diesem thematischen Kontext analysiert. Methodische Schwachstellen bestehen entweder bei der einseitigen Behandlung der Optimierungsrichtung oder bei der Ausgrenzung des Schwerpunktes „Ableitung von Maßnahmen".

Die durchgeführten Analysen im Rahmen der vorliegenden Arbeit zeigen, daß Forschungsbedarf für eine Methodik zur Qualitätsoptimierung von bestehenden Serienprodukten besteht. Aus den gewonnenen Erkenntnissen können nun im nächsten Kapitel die notwendigen Anforderungen an die Methodik deduktiv abgeleitet werden sowie ein Grobkonzept für die vorliegende Arbeit erarbeitet werden.

3 Grobkonzept der Methodik

Mit der Beschreibung und Untersuchung der derzeit zur Verfügung stehenden Methoden der betrieblichen Praxis sowie den zur Verfügung stehenden Forschungsarbeiten ist die aktuelle Situation dargestellt und der bestehende Handlungsbedarf aufgezeigt worden. Gemäß der gewählten Forschungsstrategie nach ULRICH wird in diesem Kapitel die Methodik konzipiert. Dabei müssen basierend auf der Aufgabenstellung inhaltliche, formale und anwendungsorientierte Anforderungen abgeleitet werden, die die Voraussetzungen für die anschließende Konzeption der Struktur der Methodik darstellen (vgl. **Bild 3-1**).

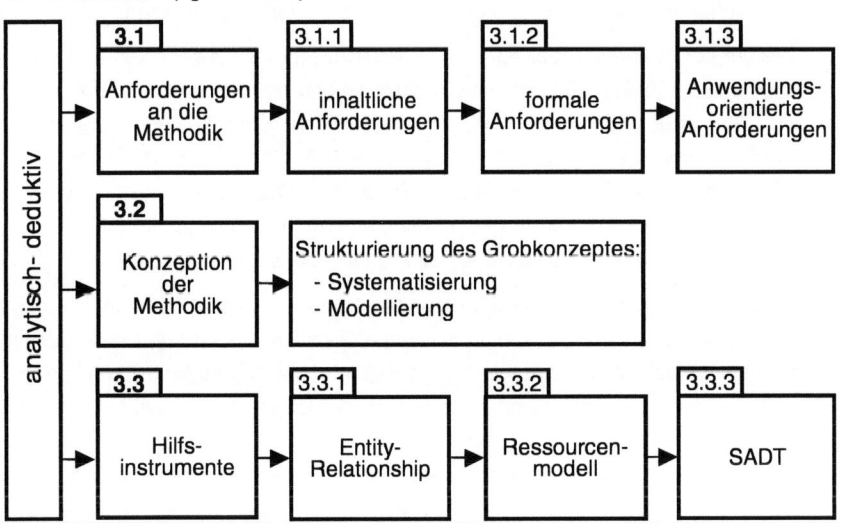

Bild 3-1: Vorgehensweise

Auf der Grundlage der formalen Anforderungen sollen theoretische Konzepte zur Problemlösung der vorliegenden Aufgabenstellung, zur Strukturierung dieser Aufgabenstellung und zur Herleitung des eigentlichen Grobkonzeptes ausgewählt und in ihren Grundzügen beschrieben werden. Ergebnis dieses Kapitels soll ein detailliertes Grobkonzept für eine Methodik zur qualitätsorientierten Produktoptimierung sein. Weiterhin werden für die Detaillierung der Methodik unterstützende Hilfsinstrumente verwendet. Auch diese werden näher erläutert.

3.1 Anforderungen an die Methodik

Zur Konzeption der Methodik ist es erforderlich, zunächst ein forschungsleitendes Anforderungsprofil zu formulieren. Zu diesem Zweck werden nachfolgend inhaltliche Anforderungen abgeleitet, die empirisch-induktiv aus den Defiziten der betrieblichen Praxis sowie bestehender Forschungsarbeiten resultieren. Zusätzlich sollen formale Anforderungen an die Eigenschaften der Methodik deduktiv abgeleitet werden. Übergeordnet steht dabei die eingangs formulierte Aufgabenstellung der Methodik, ein Unterstützungsinstrumentarium bei der qualitätsorientierten Optimierung von Serienprodukten der Konsumgüterindustrie zu entwickeln. Dies wird im nachfolgenden Kapitel detailliert.

3.1.1 Inhaltliche Anforderungen

Vor der Beschreibung der wesentlichen inhaltlichen Anforderungen an die Methodik muß die Aufgabenstellung der vorliegenden Arbeit klar formuliert werden.

> Ziel der vorliegenden Arbeit ist es, eine Methodik zur qualitätsorientierten Optimierung von bestehenden Serienprodukten zu entwickeln. Die Methodik soll eine Unterstützung bezüglich der Identifizierung von Fehler- und Fehlleistungskostenschwerpunkten, der Analyse von Fehler-Ursache-Zusammenhängen sowie der Erarbeitung und Bewertung von Optimierungsmaßnahmen bei bestehenden Produkten geben. Hierbei werden schwerpunktmäßig die Phasen Realisierung und Nutzung des Produktlebenszyklus betrachtet.

Wie schon erwähnt können die Anforderungen sowohl aus der Zielsetzung als auch empirisch-deduktiv aus den Defiziten der betrieblichen Praxis und den vorhandenen Forschungsansätzen abgeleitet werden. In Kapitel 2 wurden schon die wichtigsten Randbedingungen für die Methodik hergeleitet. Auf Basis dieser Randbedingungen können die inhaltlichen Anforderungen formuliert werden. Hierbei sollen sowohl die Anforderungen für den Betrachtungsraum als auch für das Betrachtungsobjekt ermittelt werden. Die Ergebnisse der Anforderungsanalyse für den Betrachtungsraum und das Betrachtungsobjekt sind in **Bild 3-2** wiedergegeben.

Für den **Betrachtungsraum** leiten sich, wie oben erwähnt, die Anforderungen direkt aus den formulierten Randbedingungen in Kapitel 2 ab. Betrachtet werden sollen komplexe Serienprodukte. Hieraus kann direkt die Forderung abgeleitet werden, daß entsprechende Hilfsmittel zur Darstellung der komplexen Produktstruktur bei möglichst gleichzeitiger Beherrschung der Komplexität entwickelt werden müssen. Die Randbedingung der im Markt eingeführten Serienprodukte impliziert die Forderung nach einer Lebenszyklusorientierung der vorliegenden Arbeit und damit die Betrachtung aller Phasen im Lebenszyklus. Zur Strukturierung und Systematisierung der hierbei anfallenden Datensätze aus den verschiedenen Phasen des im Lebenszyklus müssen hierzu geeignete Strukturierungshilfsmittel entwickelt werden. Gleichzeitig müssen entsprechende Auswertungsalgorithmen abgeleitet werden. Der Trend nach immer kürzer werdenden Produktlebenszyklen und damit immer kürzer werdenden Reaktionszeiten bei Qualitätsproblemen mündet in der Forderung nach einem schnellen und flexiblen Instrumentarium zur Identifizierung von Fehlleistungsschwerpunkten, der Fehleranalyse und der Maßnahmenableitung und -umsetzung.

Betrachtungsraum

Randbedingungen
- komplexe Serienprodukte der Konsumgüterindustrie
- im Markt eingeführte Produkte
- kurze Produktlebenszeiten

Anforderungen
- Hilfsmittel zur Komplexitätsverringerung
- Berücksichtigung aller Lebenszyklusphasen
- Abbildung von Daten und Informationen aus dem ganzen Lebenszyklus
- Ausrichtung auf kurzfristige Umsetzung von Maßnahmen

Betrachtungsobjekt

Randbedingungen
- Fokussierung auf die technische Produktqualität und den damit zusammenhängenden Fehlleistungskosten
- Qualitätsverständnis aus Kundensicht
- Verschiedene Qualitätsmaßzahlen in den einzelnen Lebenszyklusphasen

Methodik zur Qualitätsoptimierung von bestehenden Serienprodukten

Anforderungen
- Ermittlung geeigneter Kennzahlen (technisch und wirtschaftlich) sowie Entwicklung eines Bewertungsalgorithmus
- Soll-Ist Abgleich (technisch und wirtschaftliche Potentiale)
- Nutzung von vorhandenen Daten und Informationen aus dem Lebenszyklus der Produkte zur Fehler-Ursache-Erkennung

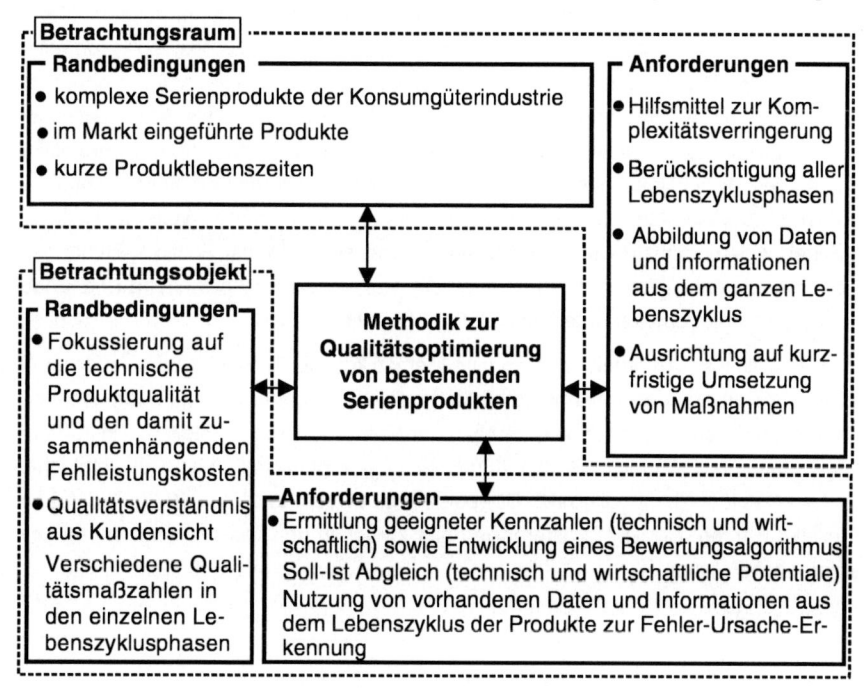

Bild 3-2: Inhaltliche Randbedingungen und Anforderungen an die Methodik

Gemäß der formulierten Zielsetzung liegt der Schwerpunkt der Anforderungsanalyse für das **Betrachtungsobjekt** auf der technischen Produktqualität und den damit direkt zusammenhängenden Kosten für Fehlerbehebungsmaßnahmen. Für die Definition der technischen Produktqualität soll das Qualitätsverständnis aus Kundensicht verwendet werden. Zur Identifizierung und Bewertung der Produktqualität und den Fehlerkosten müssen daher geeignete technische und wirtschaftliche Kennzahlen sowie ein Bewertungsalgorithmus entwickelt werden. Hierbei sind die Einflüsse der verschiedenen Lebenszyklusphasen zu berücksichtigen. Die Beschreibung von wirtschaftlichen und technischen Optimierungspotentiale erfordert geeignete Hilfsmittel zum Abgleich der Sollwerte (Zielwerte) mit den Istwerten. Zur Fehler-Ursache-Erkennung soll auf Daten und Informationen aus dem gesamten Lebenszyklus zurückgegriffen werden. Hierfür müssen entsprechende Hilfsmittel bereitgestellt werden. Nachdem nun die wesentlichen inhaltlichen Anforderungen dargestellt worden sind, sollen nachfolgend die formalen Anforderungen an die Methodik beschrieben werden.

3.1.2 Formale Anforderungen

Ziel der vorliegenden Arbeit ist es, eine Methodik[18] für die formulierte Aufgabenstellung zu entwickeln. Neben inhaltlichen Anforderungen müssen daher auch die formalen Anforderungen, d.h. die Anforderungen an die Struktur der Methodik, formuliert und bei der Grobkonzeption berücksichtigt werden. Allgemeine Anforderungen an eine Methodik werden von PATZAK [vgl. PATZAK, 1982: S. 309] aus der optimalen Wirksamkeit des geforderten Modells abgeleitet. Eine möglichst hohe Übereinstimmung des Methodikverhaltens mit der des Phänomensystems („empirisch richtig") ist nach PATZAK eine Grundvoraussetzung für eine stabile Methodik. Weiterhin sollte ein Modell widerspruchsfrei und formal einwandfrei sein („formal richtig"). Neben der Zweckbezogenheit („produktiv") ist auch die praxeologische Anwendung („handhabbar") ein fundamentales Kriterium [vgl. PATZAK, 1982: S. 310].

Die spezifischen Anforderungen an eine Methodik lassen sich in äußere Anforderungen, die sich aus der fundamentalen Methodiklehre ergeben, sowie innere Anforderungen, die sich an den formalen Aufbau der Methodik richten, einteilen. Die äußeren Anforderungen können aus den fundamentalen Eigenschaften von systemtechnischen Gebilden (Methodik) nach BOULDING [vgl. BOULDING ET AL., 1975: S. 55ff.] abgeleitet werden. BOULDING differenziert hier zwischen den beschreibenden und definierenden Faktoren

- Organisation
- Transaktion
- Kultur und
- Kommunikation.

Unter Organisation versteht er Menge, statische Masse und Kollektiv, bezogen auf die Elemente eines Systems. Ein System muß immer in eine Umwelt eingebettet sein und mit dieser harmonieren können. Wesentliche Komponenten hierfür sind die Kommunikation und die Transaktion als Bindeglied für die Elemente untereinander und zur Umwelt. BOULDING definiert hier unter Kommunikation den Austausch von

---

[18] Eine Methodik ist ein Zusammenschluß von mehreren Modellen. Hierbei bezeichnet eine Methodik ein planmäßiges, zielgerichtetes Vorgehen zur Lösung einer Aufgabe oder zur Erschließung von Erkenntnissen [vgl. BRUNS, 1991: S. 62].

Grobkonzept der Methodik

spezifische Struktur-anforderungen	allgemeine Strukturanforderungen		spezifische Struktur-anforderungen
äußere Anforderungen	empirisch richtig	formal richtig	**innere Anforderungen**
• Organisation			• Abbildung der Realitäten in Modellen
• Kommunikation	Methodik zur Qualitätsoptimierung von bestehenden Serienprodukten		• Verwendung einer Modellierungs-sprache
• Transaktion			
• Kultur	produktiv	hand-habbar	• Ablaufkonjunk-tion der Modelle

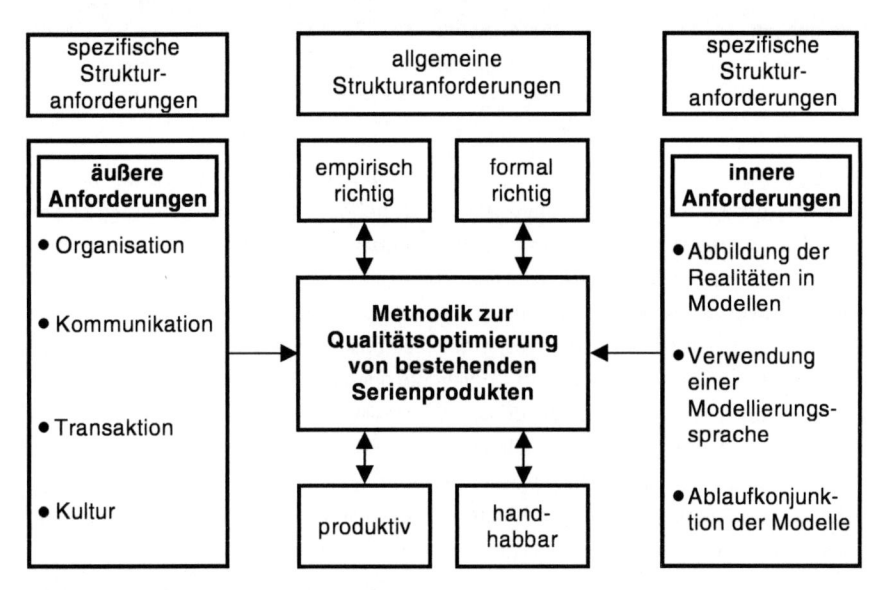

Bild 3-3: Formale Anforderungen

Informationen. Der Austausch von materiellen Werten wird dabei nach BOULDING als Transaktion definiert. Die Kultur eines Systems ist ein besonderer Typus des pattern transfer. Sie wird definiert als mitgeteiltes, erlerntes Muster und ist ein direktes Kommunikationsphänomen [BOULDING ET AL., 1975: S. 57ff.]. Neben den äußeren Anforderungen müssen auch Anforderungen an den formalen Aufbau der Methodik („innere Anforderungen") formuliert werden. Die Methodik soll nach gewissen Regeln und Prinzipien entwickelt werden. In den Realitätswissenschaften hat sich hierfür die Modelltheorie bewährt. Gemäß der Systemtechnik sollen hierbei die verschiedenen Modelle modulartig (d.h. aus Systemen) zusammengesetzt werden. Dies bedeutet, daß alle notwendigen Realitäten in Modellen abgebildet werden müssen. Zur einheitlichen Modellierung der Modelle ist es zwingend erforderlich, eine gemeinsame Modellierungssprache zu verwenden. Durch die Verbindung der Modelle mit Hilfe einer Ablaufkonjunktion können die Modelle zu einer Methodik zusammengeführt werden.

3.1.3 Anwendungsorientierte Anforderungen

Um Probleme einer Lösung zuführen zu können, bedient man sich geeigneter Lösungsmittel. Zur Lösung der vorliegenden spezifischen Problemstellung soll eine geeignete Methode entwickelt werden, die als Handlungsanleitung zur Problemlösung verstanden werden kann. Jede Problemlösung setzt aber Sachwissen im Problem- und Lösungsfeld vorraus. Dieses Sachwissen kann zum einen durch quantifizierbare Daten und Informationen aber auch durch kognitives Expertenwissen abgebildet werden. Neben dem Abrufen und Auswerten von Sachwissen ist aber auch die Kreativität eine wesentliche Komponente bei der Lösungsfindung. Zur Lenkung der kreativen Denkprozesse bietet es sich an, durch entsprechende Methoden die Qualität und Quantität der kreativen Lösungen zu erhöhen.

Untersucht man die vorliegende Aufgabenstellung so läßt sich feststellen, daß sowohl bei der Fehler-Ursache-Analyse als auch bei der Maßnahmenableitung sowohl quantifizierbares Wissen (in Form von Daten) aber auch nicht quantifizierbares Wissen (kognitives Expertenwissen) und Kreativität mit in den zu entwickelnden Problemlösungsprozeß einbezogen werden sollte. Hieraus ergibt sich unmittelbar die Konsequenz, daß bei der Entwicklung der Methodik für die obengenannten Betrachtungsfelder eine Kombination von problembezogenem Sachwissen und lösungsbezogener Kreativität beachtet werden muß. Im einzelnen bedeutet dies, daß diese Forderung konkret bei der Detailentwicklung der EntwicklungsfelderAnalyse und Maßnahmenableitung beachtet werden muß. Insbesondere bedeutet dies, daß geprüft werden muß, inwieweit die kreative Lösungsfindung bei der Maßnahmenableitung durch geeignete Methoden zielorientiert unterstützt werden kann.

Nachdem nun die wesentlichen Anforderungen an die Methodik reproduzierbar abgeleitet worden sind, soll nun im weiteren die Strukturierung des Grobkonzeptes abgeleitet werden.

3.2 Strukturierung des Grobkonzeptes

Für die Strukturierung und Ableitung des Grobkonzeptes sollen die Grundlagen mehrerer theoretischer Konzepte benutzt werden. Sie sollen nachfolgend in ihren Grundzügen beschrieben werden. Die für die Entwicklung des Grobkonzeptes besonders relevanten Punkte der Grundlagen sollen daher bei den einzelnen Konzepten ausführlicher behandelt werden. Aufbauend auf diesen Erkenntnissen soll dann unter Nutzung der einzelnen Konzepte das eigentliche Grobkonzept der Methodik für die vorliegende Problemstellung entwickelt werden.

3.2.1 Beschreibung der gewählten theoretischen Konzepte

Die Mehrdimensionalität und Komplexität der Aufgabenstellung erfordert geeignete theoretische Konzepte zur Beschreibung und Abbildung des Modellierungsfeldes. Insbesondere den formalen Anforderungen (empirisch richtig, formal richtig, produktiv und handhabbar) wird hiermit Rechnung getragen. Die wesentlichen Grundlagen der theoretischen Konzepte werden nachfolgend näher beschrieben werden.

Zur eigentlichen Problemlösung der formulierten Aufgabe ist es notwendig, entsprechende Richtlinien und Grundprinzipien zur Problembeherrschung einzusetzen. Hierzu bietet sich das Konzept des **Systems Engineering** an. Der Philosophie des Systems Engineering liegt als Grundbaustein die Idee zugrunde, daß bei der Lösung von Problemen, gleichgültig welcher Art sie sind, eine Art Arbeitslogik als formaler Leitfaden anzuwenden ist. Als Schwerpunkte einer derartigen Logik werden von HABERFELLNER die einfachen Teilschritte Zielsuche, Lösungssuche und Auswahl postuliert [vgl. HABERFELLNER ET AL., 1994: S. XXII]. Hierbei können die einzelnen Teilschritte noch weiter detailliert werden, sodaß eine beliebige Detaillierungstiefe erreicht werden kann. HABERFELLNER schlägt hierzu die Schritte Situationsanalyse, Zielformulierung, Synthese/Analyse von Lösungen, Bewertung und Entscheidung vor. Mit diesem Problemlösungszyklus können auch komplexe Aufgabenstellungen methodisch bearbeitet werden. Weiterhin wird in der Theorie des Systems Engineering für komplexe Problemstellungen als Entwicklungsgrundsatz das Gegenstromverfahren (Top-Down/ Bottom-up-Ansatz) vorgeschlagen. Hiermit können sehr komplexe Entwicklungsaufgaben durch das schrittweise Verfeinern (Top-Down) der Lösungen und dem anschließenden zusammenführen (Bottom-up) der Einzelösungen zu einem Ganzen duchgeführt werden. Wesentlicher zweiter Grundbaustein des Systems Engineerings ist die Systemwissenschaft, sie soll nachfolgend in ihren Grundzügen beschrieben werden.

Mit Hilfe der Systemwissenschaft ist es möglich, systematisch und strukturiert Aufgabenstellungen in einzelne Systeme zu zergliedern. Insbesondere für komplexe Aufgabenstellungen ist dieses Konzept besonders geeignet. Innerhalb der **Systemwissenschaft** stellt die Systemtechnik im Hinblick auf die praktische Anwendung einen Schwerpunkt dar. Die Systemtechnik ist nach ZANGEMEISTER ein Konzept für eine umfassende, interdisziplinäre Betrachtungsweise komplexer Problemstellungen im Zusammenhang mit der Analyse und Gestaltung materieller Systeme [vgl. ZANGEMEISTER, 1976: S. 23]. Kennzeichen der Systemtechnik sind die zum Systembegriff entwickelten Strukturhilfsmittel für die Untersuchung und Gestaltung realer Organisationsformen (Systeme), die von technisch-wirtschaftlichen Belangen determiniert werden [vgl. BRUNS, 1991: S. 2]. Zur Beschreibung von Systemen werden definierte Grundbegriffe verwendet, die nachfolgend näher charakterisiert werden sollen (vgl. **Bild 3-4**). Systeme bestehen dabei aus Elementen, wobei damit in einem sehr allgemeinen Sinne die Bausteine des Systems gemeint sind. Elemente können wiederum als System betrachtet werden [vgl. HABERFELLNER ET AL., 1994: S. 5].

Systems Engineering

- Situationsanalyse → Analyse
- Zielformulierung → Bewertung
- Synthese → Entscheidung

[nach Haberfellner et al., 1994: S. 48]

Systemtechnik

Umsystem, Umweltelement, Systemelement, Beziehung, Systemgrenze

[nach Bruns, 1991]

Modelltheorie

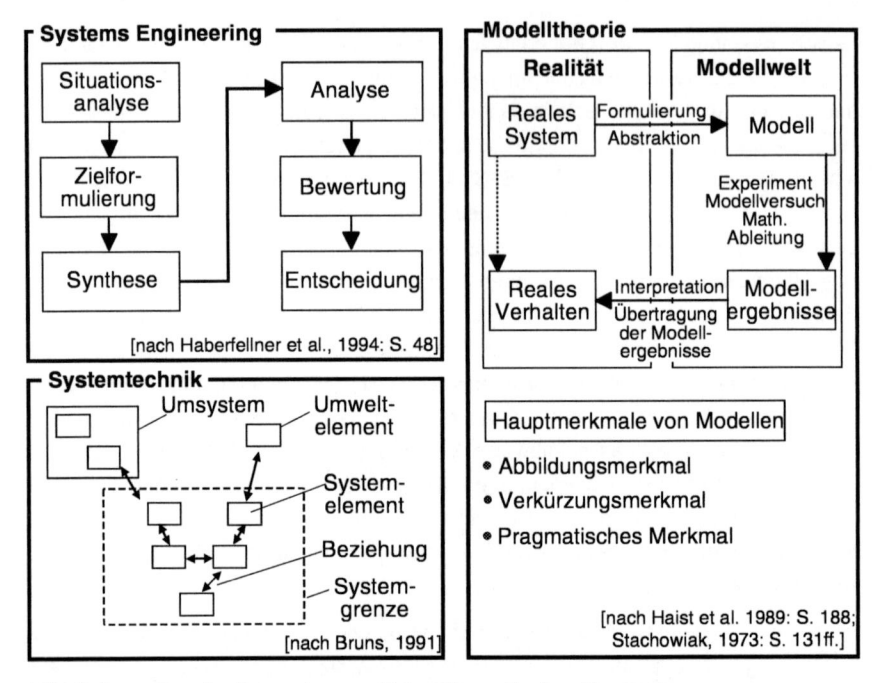

Realität	Modellwelt
Reales System	Formulierung Abstraktion → Modell
Reales Verhalten	← Interpretation Übertragung der Modellergebnisse — Modellergebnisse

Experiment, Modellversuch, Math. Ableitung

Hauptmerkmale von Modellen

- Abbildungsmerkmal
- Verkürzungsmerkmal
- Pragmatisches Merkmal

[nach Haist et al. 1989: S. 188; Stachowiak, 1973: S. 131ff.]

Bild 3-4: Beschreibung der gewählten theoretischen Konzepte

Elemente sind untereinander durch Beziehungen verbunden. Hierbei können Beziehungen verschiedenster Art (z.B. Materialfluß, Informationsfluß, Lagebeziehungen, Wirkzusammenhänge etc) möglich sein [vgl. HABERFELLNER ET AL, 1994: S. 6]. Systeme aus Elementen mit Beziehungen untereinander bilden eine abgegrenzte Anordnung. Somit sind die betrachteten Systeme immer Ausschnitte aus der Realität [vgl. BRUNS, 1991: S. 43]. Weiteres wichtiges Merkmal der Systemtechnik ist die Zweiteilung des Betrachtungsbereiches (Dichtonomie) in System und Umwelt. Diese Aufteilung muß so geschehen, daß das gesamte System im Betrachtungsbereich liegt. Von der Umwelt braucht nur der Teil betrachtet zu werden, der für die Ein- und Ausgänge des Systems relevant ist [vgl. BRUNS, 1991: S. 43]. Elemente und Beziehungen von Systemen bilden ein Gefüge und weisen damit eine definierte Struktur auf. BRUNS unterscheidet hierbei in Aufbau- und Ablaufsysteme. Bei Aufbausystemen steht die Darstellung der Systemstruktur, d.h. der Verknüpfung der in einem System enthaltenen Komponenten im Vordergrund. Bei Ablaufsystemen steht hingegen die Darstellung der Systemfunktionen als Folgeverknüpfung der in einem System enthaltenen Komponenten zum Zwecke einer Aufgabenerfüllung im Vordergrund [vgl. BRUNS, 1991: S. 43]. Im Rahmen dieser Methodikentwicklung soll aufgrund der geforderten formalen Anforderung (innere Anforderungen an die Methodik) ein Aufbausystem verwendet werden. Für die eigentliche Darstellung der einzelnen Systeme bietet die Systemwissenschaft nur eine geringe Unterstützung. Zur Darstellung und Beschreibung von Systemen bietet sich hier aber die **Modelltheorie** an. Mit Hilfe der Modelltheorie ist man in der Lage, die Realität (Analyse bestehender Systeme) oder die Schaffung neuer Realitäten (Entwicklung neuer Systeme) weitgehend abzubilden. Auf Basis der Modelltheorie ist es daher möglich, komplexe Zusammenhänge zu vereinfachen, um am Modell zur Erkenntnis von Grundzusammenhängen zu gelangen [vgl. WÖHE, 1996: S. 37]. Nach ULRICH ist die vorliegende Arbeit den Realwissenschaften zuzuordnen. In diesem Kontext sind daher die realwissenschaftlichen Modelle von Interesse. Realwissenschaftliche Modelle können nach ULRICH als homorphe Abbildung eines realen Systems, d.h. als eine strukturgleiche, aber vereinfachte Abbildung abstrahiert werden [vgl. ULRICH, 1976b: S. 349]. Hierbei differenziert er für die realanalytische Konzeption in Modelle zur Erklärung, während für die operationsanalytische Konzeption Entscheidungsmodelle Verwendung finden [vgl. ULRICH, 1976b: S. 349]. In der Literatur werden verschiedene Ansätze zur Klassifizierung von Modellen angeführt. Stellvertretend für die Ansätze soll im Rahmen der vorliegenden Arbeit der Strukturansatz von HAIST vorgestellt werden [vgl. HAIST ET AL, 1989: S. 183]. Hierbei unterscheidet er zwischen formalen und materiellen Modelltypen. In der vorliegenden Arbeit werden beide Modelltypen verwendet. Nachdem die wesentlichen Grundzüge der theoretischen Konzepte erläutert worden sind, sollen diese nachfolgend für die Strukturierung des Konzeptes angewendet werden.

3.2.2 Strukturierung des Grobkonzeptes

Die der Methodik zugrundeliegende Denkweise orientiert sich an der Philosophie des Systems Engineering. Mit Hilfe dieses theoretischen Konzeptes können Probleme gelöst werden, die schwer faßbar sind, weil sie in sich komplex sind und/oder eine starke Verflechtung mit der Umwelt aufweisen [vgl. HABERFELLNER, 1994: S. 30]. Das Systems Engineering stellt hierzu einen geeigneten allgemeinen Entwicklungsgrundsatz (Gegenstromverfahren) zur Verfügung [vgl. HABERFELLNER, 1994: S. 48], der im Rahmen der Methodikentwicklung verwendet werden soll (**Bild 3-5**). Im Rahmen dieser Arbeit soll für die Ableitung der Grobkonzeptes der Top-Down-Ansatz (Schritte 1, 2 u. 3) verwendet werden, während bei der sich anschließenden Detaillierung der Methodik der Bottom-up-Ansatz (Schritte 4 u. 5) verfolgt wird. Gemäß der Forschungsstrategie ist für die Detaillierung der Methodik ein eigenständiges Kapitel vorgesehen, aufgrund der Vollständigkeit sind die Schritte der Detaillierung hier mit angeführt worden.

Aufgabenstellung

| Problemstellung | Anforderungen | Randbedingungen |

Betrachtungsraum Betrachtungsobjekt — innere / äußere — Betrachtungsraum Betrachtungsobjekt

Methodikentwicklung

Ableitung Grobkonzept
- Determinierung eines allgemeinen Problemlösungszyklusses
- Ableitung des aufgabenspezifischen Problemlösungszyklusses
- Definition der Modelle

Detaillierung
- Detaillierung der Modelle
- Modellierung des Vorgehensmodell

Theoretische Konzepte

| Problemlösungszyklus für komplexe Aufgabenstellungen | Strukturierung des Modellierungsfeldes | Abbildung von Realitäten |

| Systems Engineering | Systemwissenschaft | Modelltheorie |

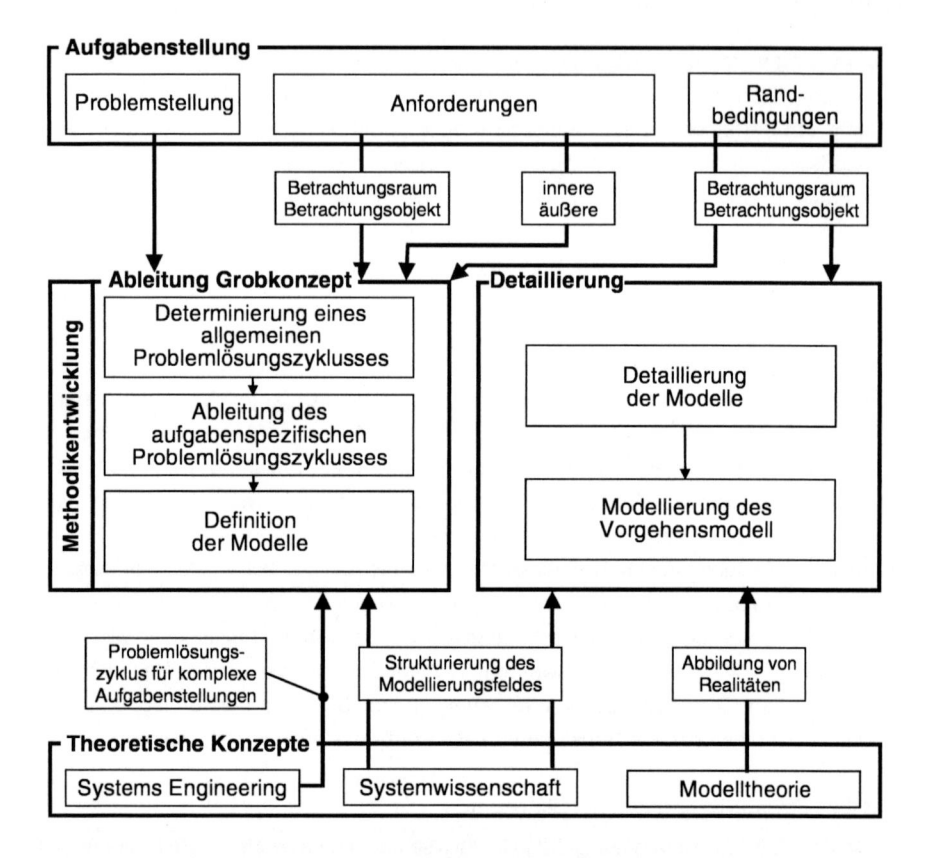

Bild 3-5: Vorgehensweise zur Entwicklung der Methodik

Verwendet man die von HABERFELLNER vorgeschlagenen allgemeinen Problemlösungsschritte (Schritt 1) Situationsanalyse, Zielformulierung, Synthese/Analyse von Lösungen, Bewertung und Entscheidung [vgl. HABERFELLNER, 1994: S. 48] und projeziert diese unter Berücksichtigung der Zielsetzung und den inhaltlichen Anforderungen auf die vorliegende Problemstellung, so können die abgegrenzten und definierten systemtechnischen eigenständigen Problemlösungselemente (Schritt 2)

- Aufbau der Informations- und Datenbasis,
- Identifizieren von Potentialen,
- Analyse von Fehler-Ursache-Zusammenhängen,
- Ableitung von Optimierungsmaßnahmen und
- Bewertung von Optimierungsmaßnahmen

für die Methodik deduziert werden (vgl. **Bild 3-6**). Diese Problemlösungsschritte stellen gleichzeitig die primär zur Anwendung der Methodik durchzuführenden Aktivitäten und Teilaktivitäten dar. Für jede einzelne Aktivität können entsprechende Systeme abgeleitet werden, die für die Durchführung der Aktivität notwendig sind. Gemäß den vorher formulierten formalen Anforderungen an die Methodik wird zur Abbildung dieser Systeme eine geeignete Darstellungsform verwendet. Aus der realwissenschaftlichen Aufgabenstellung sowie den definierten formalen Anforderungen kann hieraus direkt die Notwendigkeit zum Aufbau von Modellen zur Abbildung der definierten Systeme abgeleitet werden (Schritt 3). Gemäß der Definition von ULRICH können die zu entwickelnden Modelle aufgrund ihres Charakters durch eine übergeordnete Struktur in Beschreibungs- und Erklärungsmodelle eingeteilt werden.

Basis der Methodik soll das Produktstrukturmodell bilden. Unter Zuhilfenahme dieses Modells können die relevanten Daten und Informationen der Produktstrukturelemente produktorientiert in einem Beschreibungsmodell modelliert werden. Eine Klassifizierung und Bewertung von Elementen hinsichtlich der Fehlleistung in den einzelnen Lebenszyklusphasen und der hieraus folgende Kosten soll durch das Potentialmodell ermöglicht werden. Durch einen Soll-Ist-Abgleich können somit vorhandene Potentiale innerhalb der Produktstruktur identifiziert werden. Eine Produkt- und Datenuntersuchung soll wirkungsvoll durch das Analysemodell unterstützt werden. Durch die Anwendung des Handlungsmodell soll die sich anschließende Ableitung von produktorientierten Verbesserungsmaßnahmen unterstützt werden. Die Maßnahmenbewertung im Problemlösungszyklus wird durch das Bewertungsmodell realisiert. Gemäß des Entwicklungsgrundsatzes des Systems Engineering (Gegenstrom-Verfahren) wird im Zuge der weiteren Detaillierung der Methodik der Bottom-up-Ansatz verwendet. Dies bedeutet für die vorliegende Problemstellung, daß die Modelle einzeln entwickelt werden und dann durch eine Integration zu einer Gesamtmethodik zur qualitätsorientierten Produktoptimierung zusammengeführt werden. Auf eine weitergehende Darstellung sei hier verzichtet, da in Kapitel 4 diese beiden Schritte ausführlich behandelt werden. Im folgenden Kapitel sollen nun die zusätzlich eingesetzten Hilfsinstrumente bei der Entwicklung der Modelle näher beschrieben werden.

Top-Down (Ableitung des Grobkonzepts)

1 Allgemeiner Problemlösungszyklus → **2 Aufgabenspezifischer Problemlösungszyklus** → **3 Modelle (Erklärungs- und Entscheidungsmodelle)**

Allgemeiner Problemlösungszyklus	Aufgabenspezifischer Problemlösungszyklus	Modelle	
		Produktstruktur	⇒ Produktmodell
Situationsanalyse	Aufbau Informations- und Datenbasis	Daten und Informationsstrukturen	⇒ Beschreibungsmodell
Zielformulierung	Identifizierung von Potentialen	Ziele (wirt. und techn.)	⇒ Potentialmodell
Synthese/ Analyse	Analyse von Fehler-Zusammenhängen	Produkt Daten	⇒ Analysemodell
Bewertung	Ableitung von Optimierungsmaßnahmen	Maßnahmen	⇒ Handlungsmodell
Entscheidung	Bewertung von Optimierungsmaßnahmen	Zielerreichungsgrad	⇒ Bewertungsmodell

Bottom-up (Detaillierung der Methodik)

4 Detaillierung der Modelle → **5 Modellierung des Vorgehensmodell**

Modell	Detaillierung
Produktmodell	⇒ Abbildung der Produktstruktur durch ein Gedankenmodell
Beschreibungsmodell	⇒ Identifizierung und Strukturierung der relevanten Daten und Informationen aus dem Lebenszyklus
Potentialmodell	⇒ Identifizierung von Optimierungspotentialen in der Produktstruktur
Analysemodell	⇒ Umfassende Analyse der Fehler-Ursache-Zusammenhänge
Handlungsmodell	⇒ Ableitung von qualitätsorientierten Optimierungsmaßnahmen
Bewertungsmodell	⇒ Bewertung der Optimierungsmaßnahmen

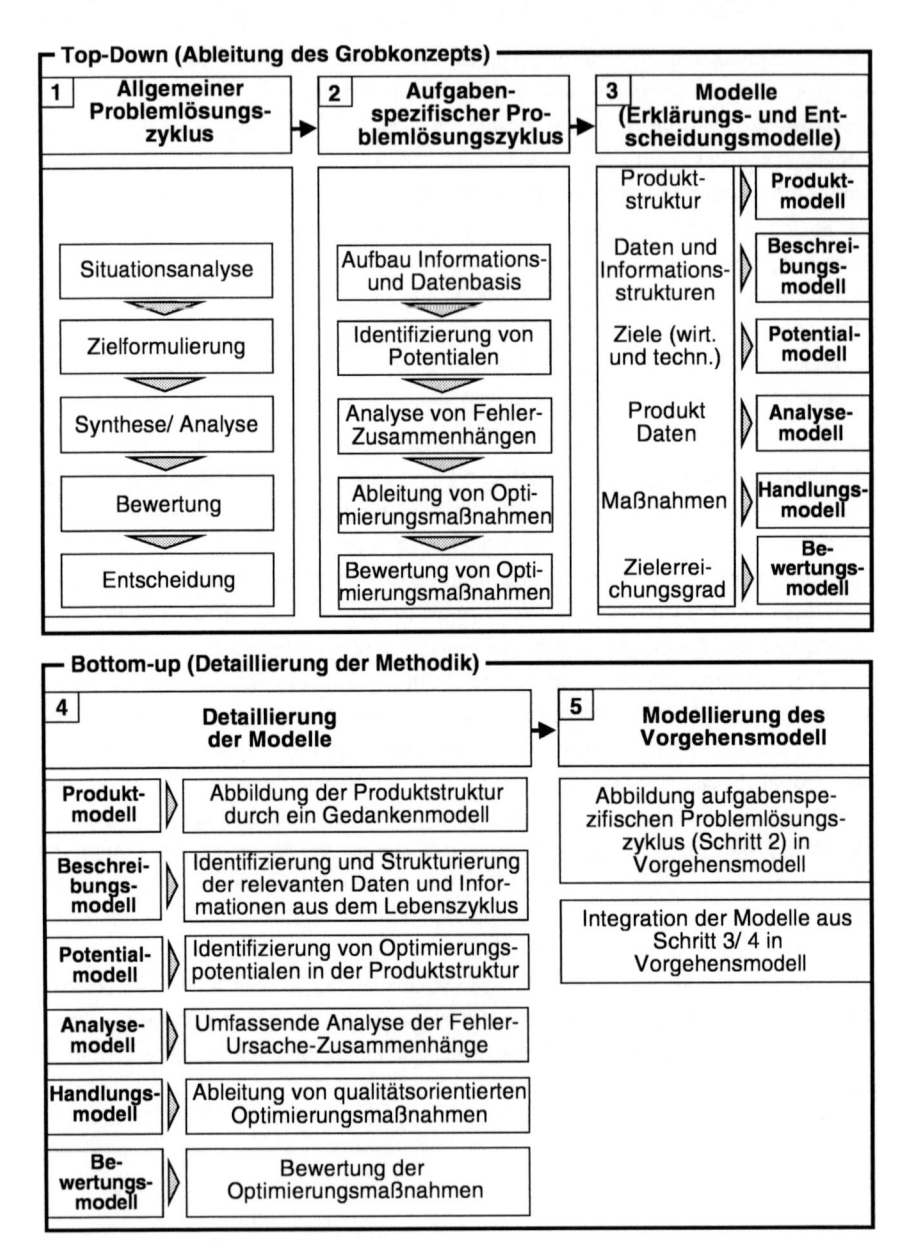

Modellierung des Vorgehensmodell:
- Abbildung aufgabenspezifischen Problemlösungszyklus (Schritt 2) in Vorgehensmodell
- Integration der Modelle aus Schritt 3/ 4 in Vorgehensmodell

Bild 3-6: Grobkonzept der Methodik

3.3 Beschreibung eingesetzter Hilfsinstrumente

Zur Unterstützung bei der Abbildung von Realitäten in den Modellen (Schritt 3 und 4) sollen in der Praxis bewährte Hilfsinstrumente eingesetzt werden. Hierdurch soll eine hohe Praxisorientierung der zu entwickelnden Methodik gewährleistet werden. Nachfolgend werden die verwendeten Instrumente näher erläutert.

3.3.1 Entity-Relationship-Diagramm

Die systematische Abbildung von Daten aus allen Lebenszyklusphasen der Produkte kann als wesentliche Anforderung der Methodik deduziert werden. Um diese Daten und Datenstrukturen in einem Datenmodell systematisch und strukturiert beschreiben zu können, werden geeignete Modellierungs- und Beschreibungswerkzeuge benötigt [vgl. ZEHNDER, 1985: S. 17]. Für die unabhängige Konzeption, Entwicklung und Beschreibung von Datenmodellen hat sich das Entity-Relationship-Diagramm (E/R-Diagramm)[19] durchsetzen können. Die prinzipiellen Darstellungsweisen und -regeln im E/R-Diagramm zeigt **Bild 3-7**.

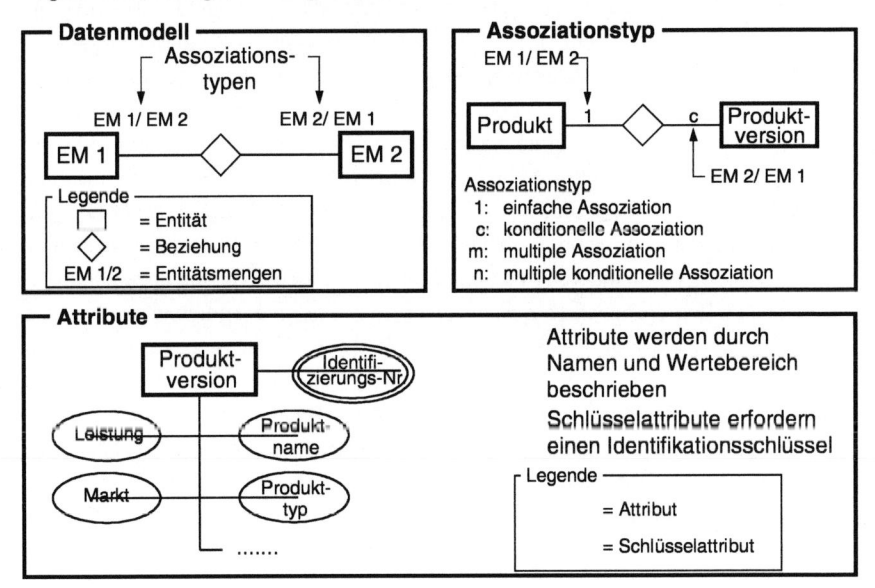

Bild 3-7: Instrumentarium zur Abbildung von Daten

Eine Entität ist ein individuelles Exemplar von Elementen der realen Vorstellungswelt. Eine Gruppierung von Entitäten mit gleichen oder ähnlichen Merkmalen wird zu Entitätsmengen (entity sets) zusammengefaßt [vgl. WIBORNY, 1991: S. 56-71; ZEHNDER,

---

[19] Das ER-Diagramm wurde 1976 von CHEN auf Basis erster Beschreibungen zu einem umfassenden Konzept zusammengefaßt und eingeführt [CHEN, 1976].

1985: S. 35]. Zur Beschreibung einer Beziehung kann man zwischen zwei Entitätsmengen von gerichteten Assoziationen ausgehen. Die vier wichtigsten Assoziationstypen zum Datenmodellentwurf sind in Bild 3-6 wiedergegeben. Kombiniert man eine Assoziation (EM1/EM2) mit ihrer Gegenassoziation (EM2/EM1), so ergibt sich die sogenannte Beziehung zwischen den beiden betrachteten Entitätsmengen. Dabei wird die eigentliche Entitätsmenge durch eine Gruppe von Merkmalen (Attributen) beschrieben. Für die Beschreibung der Attribute wird der Name und der Wertebereich der Attributswerte benötigt. Zur Bezeichnung eines bestimmten Datensatzes, d.h. zur konkreten Beschreibung einer Entität durch Daten aus der realen Umwelt, werden sogenannte Identifikationsschlüssel[20] verwendet. Identifikationsschlüsssel sind Attribute (sogenannte Schlüsselattribute), die es erlauben, Daten einzelnen Entitäten einer Entititätsmenge zuzuordnen. Sie dienen damit vornehmlich der Sortierung und Identifizierung von Daten.

3.3.2 Ressourcenmodell

Ein weiterer Schwerpunkt der zu entwickelnden Methodik wird die Identifizierung und Bewertung der durch mangelnde Produktqualität verursachten Fehlleistungskosten sein. Zur Bewertung der Fehlleistungskosten sind in der Literatur eine Reihe von Methoden und Ansätzen bekannt. Da die Fehlleistungskosten im wesentlichen durch die Prozesse zur Fehlerbehebung verursacht werden, soll für die vorliegende Problemstellung ein prozeßorientierter Ansatz verwendet werden. Eine monetäre Bewertung von fehlerbehebenden Prozessen kann hierbei durch die Erfassung des hervorgerufenen Werteverzehrs erfolgen. Da jede Art von Werteverzehr in Form von Abnutzung, Verschleiß oder Wertminderung betrieblichen Ressourcen zum Ausdruck kommt, ist die Definition des Werteverzehrs gleichzusetzen mit der Inanspruchnahme der Ressourcen [vgl. HARTMANN, 1993: S. 56]. Das in dieser Arbeit eingesetzte Ressourcenmodell basiert auf den Vorarbeiten von SCHUH [SCHUH, 1988] und HARTMANN [HARTMANN, 1993]. SCHUH unterscheidet dabei die Ressourcen Personal, Maschinen, Gebäude, EDV und Kapital. HARTMANN erweiterte diese Ressourcen[21] aufgrund aufgabenbedingter Restriktionen um die zusätzliche Ressource Material. Üblicherweise werden zur Bestimmung der auftretenden Kosten in Abhängigkeit der betrachteten Ressource Nomogramme (vgl. **Bild 3-8**) eingesetzt.

Wesentliche Grundlagen eines Nomogramms zur Bestimmung des Werteverzehrs sind die Bezugs- und Einflußgrößen sowie die Verbrauchs- und Kostenfunktionen. Hierbei werden nach HARTMANN unter den Bezugsgrößen zahlenmäßig erfaßbare

---

[20] ZEHNDER läßt hierbei unter bestimmten Randbedingungen auch sprechende Schlüssel zu [vgl. ZEHNDER, 1985: S. 43].
[21] Eine genaue Definition und ausführliche Beschreibung der Ressourcen findet sich bei HARTMANN [vgl. HARTMANN, 1993: S. 57ff.]

Leistungsgrößen verstanden (z. B. Arbeitszeit), zu denen die verursachten Kosten in einer proportionalen Abhängigkeit stehen [vgl. HARTMANN, 1993: S. 81]. Einflußgrößen stehen in einem direkten proportionalen Zusammenhang zu den Bezugsgrößen. Sie repräsentieren die Varianz der Bezugsgrößen. Die funktionale Abhängigkeit zwischen Bezugs- und Einflußgrößen läßt sich mit Hilfe von mathematischen Funktionen, den sogenannten Verbrauchsfunktionen, darstellen. Der Zusammenhang zwischen Bezugsgröße und Kostenart wird durch die sog. Kostenfunktion[22] gekennzeichnet. Erfahrungsgemäß bereitet die Aufstellung und Validierung der mathematischen Funktionen erheblichen Aufwand. Eine pragmatische Vorgehensweise findet sich z.B. bei HARTMANN [vgl. HARTMANN, 1993: S. 102].

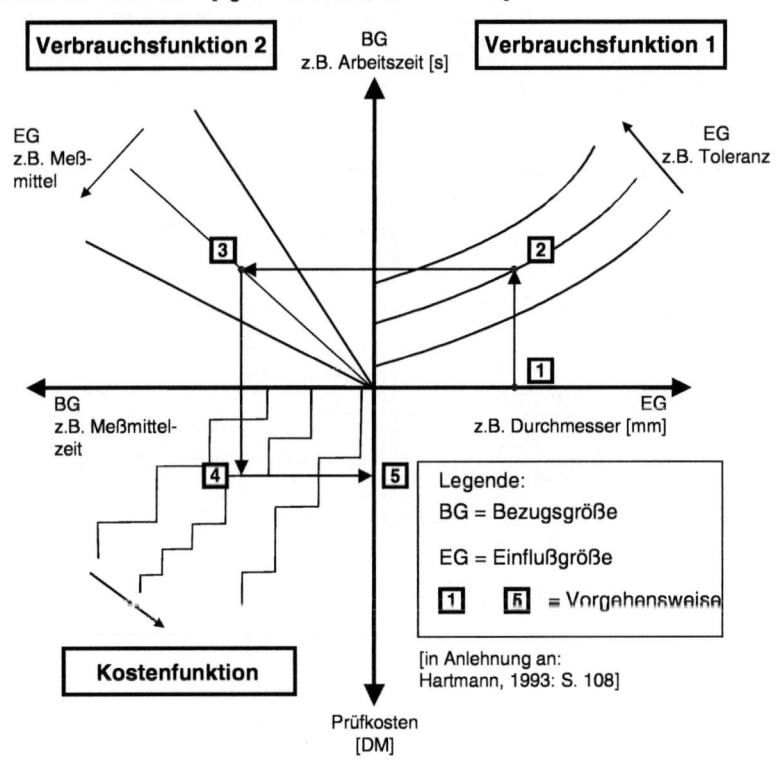

Bild 3-8: Ressourcenmodell

---

[22] Eine Typisierung von Kostenfunktionen findet sich u.a. bei MÜLLER. Diese Typisierungen gelten analog auch für Verbrauchsfunktionen [vgl. MÜLLER, 1998: S. 80].

3.3.3 SADT-Methode

Zur Modellierung der Aktivitäten des Vorgehensmodells ist es notwendig, eine geeignete Modellierungssprache zu finden und einzusetzen. In der Praxis hat sich hier die SADT-Methode (Structured Analysis and Design Technique) bewährt [vgl. ROSS, 1977]. Diese Methoden wurden entwickelt, um Aktivitätenmodelle abbilden zu können, wobei die Aktivitäten und die zwischen den einzelnen Aktivitäten ausgetauschten Informationen und Subjekte in formalisierter Darstellungsform abgebildet werden [vgl. SCHULZ, 1990: S. 59ff.]. Den Formalismus für die eingesetzte Modellierungssprache zeigt **Bild 3-9**. Wesentliches Entwurfsprinzip der Methode ist das schrittweise Verfeinern von Aktivitätsobjekten (Top-Down-Ansatz). Systeme jeglicher Art können hiermit outside-in analysiert werden. Die Aktivitäten werden gemäß der Systemtechnik als einzelne Systeme dargestellt. Um einen formalisierten Ablauf gewährleisten zu können, müssen pro Aktivitätenebene mindestens drei, aber höchstens sechs Aktivitätsobjekte dargestellt werden.

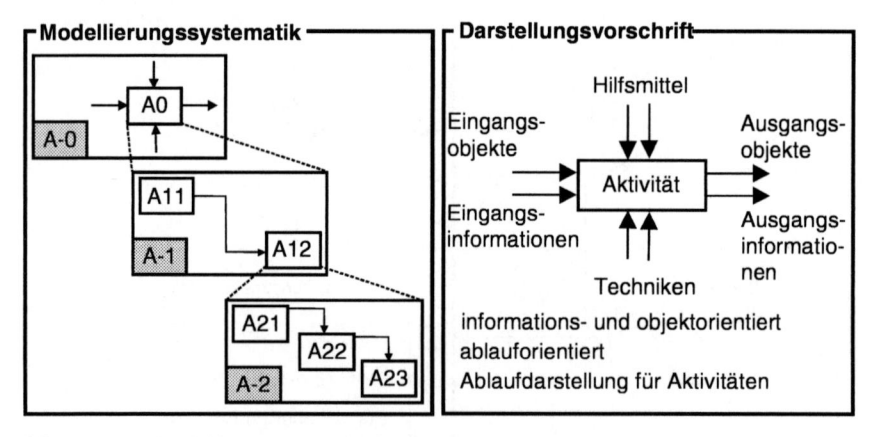

Bild 3-9: Modellierungssprache für das Vorgehensmodell

3.4 Zwischenfazit: Grobkonzept

Aus den Defiziten der Methoden der betrieblichen Praxis sowie aus den bestehenden Forschungsarbeiten lassen sich die Anforderungen an die Methodik zur qualitätsorientierten Optimierung von Serienprodukten gemäß der gewählten Forschungsstrategie nach ULRICH (vgl. Kap. 1) deduzieren. Hierbei wurde in inhaltliche (vgl. Kap. 3.1.1) und formale Anforderungen (vgl. Kap. 3.1.2) differenziert. Zur Ableitung des Grobkonzeptes für die Methodik wurden die Prinzipien des Systems Engineerings, der Systemtechnik und der Modelltheorie ausgewählt. Hierzu wurden die wesentlichen theoretischen Grundlagen der einzelnen Konzepte erläutert. Zur Ableitung des spezifischen Lösungsalgorithmus wurde der Problemlösungszyklus für komplexe

Aufgabenstellungen des Systems Engineering verwendet. Durch eine Adaption dieses Problemlösungsalgorithmus sowie Berücksichtigung der Zielsetzung und der inhaltlichen Anforderungen konnte ein spezifischer Lösungsalgorithmus mit definierten Aktivitäten für die vorliegende Aufgabenstellung entwickelt werden. Zur Unterstützung dieser Aktivitäten wurden einzelne Modelle abgeleitet. Die Darstellung und Modellierung der eigentlichen Modelle wurde gemäß der Richtlinien der Modelltheorie nach ULRICH durchgeführt. Durch die übergeordnete Zweiteilung der Methodik in Erklärungs- und Entscheidungsmodelle nach ULRICH ist eine umfassende modelltechnische Beschreibung des Modellierungsfeldes gewährleistet.

Das eigentliche Konzept (Aufbaustruktur) gliedert sich in sechs Modelle, die durch ein Vorgehensmodell (Ablaufstruktur) zur eigentlichen Methodik zusammengeführt werden. Auf Basis der spezifisch formulierten Problemlösungsschritte konnten die Modelle Produkt-, Beschreibungs-, Potential-, Analyse-, Handlungs- und Bewertungsmodell definiert werden. Zur weiteren Modellierung dieser einzelnen Modelle sollen in der Praxis bewährte Hilfsinstrumente adaptiert werden. Hierzu wurden die für die sich anschließende Methodikentwicklung wichtigen theoretischen Grundlagen der einzelnen Instrumente näher erläutert. Inhalt des nächsten Kapitels ist es, die konzipierte Methodik auf Basis des erarbeiteten Grobkonzeptes durch Dekompensation der Hauptaktivitäten und Entwicklung sowie Integration geeigneter Instrumente zu detaillieren und in geeigneter Weise darzustellen. Die Konzeption der Methodik ist damit abgeschlossen. Im sich anschließenden Kapitel soll das Grobkonzept weiter detailliert werden.

4 Detaillierung der Methodik

Mit der Konzeption der Methodik und deren Ablaufstruktur sind die Voraussetzungen zur Operationalisierung der Methodik gegeben. Hierzu wurde ein spezifischer Lösungsalgorithmus mit fünf Hauptaktivitäten entwickelt. Weiterhin wurden zur Unterstützung mehrere Erklärungs- und Entscheidungsmodelle abgeleitet. Gemäß der gewählten Forschungsstrategie muß nun im folgenden analytisch-deduktiv die detaillierte Modellbildung für die vorliegende Arbeit erfolgen.

Aufbauend auf den formalen Grundlagen können im weiteren eine Ausgestaltung und Detaillierung der Beschreibungs- und Erklärungsmodelle sowie des Vorgehensmodells erfolgen (vgl. **Bild 4-1**). Zur weiteren Detaillierung der Methodik soll gemäß des Prinzips des Gegenstromverfahrens der Bottom-up-Ansatz verfolgt werden. Hierzu werden zuerst die im vorangegangenen Kapitel skizzierten unterstützenden Erklärungs- und Entscheidungsmodelle (Kapitel 4.1-4.6) entwickelt und näher spezifiziert sowie die notwendigen Hilfsmittel und Instrumente detailliert konkretisiert. In Kapitel 4.7 erfolgt schließlich die Abbildung des in Kapitel 3 entwickelten spezifischen Lösungsalgorithmus der vorliegenden Aufgabenstellung mit der gewählten und beschriebenen Modellierungssprache (SADT) im Vorgehensmodell. Das Knotenverzeichnis für die Aktivitäten der Methodik ist in diesem Kapitel in aggregierter Weise dargestellt. Die erste Ebene umfaßt die Hauptaktivitäten des spezifischen Problemlösungszyklus. Durch eine ausführliche Erläuterung der einzelnen Aktivitäten soll eine detaillierte Handlungsanweisung zur Anwendung der vorliegenden Methodik gegeben werden. Bei den Ausführungen zur Methodikanwendung wird bei der Beschreibung und Erläuterung der einzelnen Aktivitäten jeweils auf das SADT-Modell Bezug genommen. In einem letzten Schritt werden dann die entwickelten Erklärungs- und Entscheidungsmodelle den einzelnen Aktivitäten im Vorgehensmodell zugeordnet. Mit der Integration der unterstützenden Modelle in das Vorgehensmodell ist die Detaillierung der Methodik abgeschlossen. Das vollständige Vorgehensmodell mit allen Detaillierungsstufen sowie den integrierten Modellen ist im **Anhang A** wiedergegeben.

4 Detaillierung der Modelle → 5 Detaillierung des Vorgehensmodell

4.1 Produktmodell → Abbildung der Produktstruktur durch ein Gedankenmodell

4.2 Beschreibungsmodell → Identifizierung und Strukturierung der relevanten Daten und Informationen aus dem Lebenszyklus

4.3 Potentialmodell → Identifizierung von Optimierungspotentialen in der Produktstruktur

4.4 Analysemodell → Umfassende Analyse der Fehler-Ursache-Zusammenhänge

4.5 Handlungsmodell → Ableitung von qualitätsorientierten Optimierungsmaßnahmen

4.6 Bewertungsmodell → Bewertung der Optimierungsmaßnahmen

4.7 Vorgehensmodell → Abbildung aufgabenspezifischer PLZ (Schritt 2) / Integration der Modelle in den PLZ

Legende: PLZ = Problemlösungszyklus

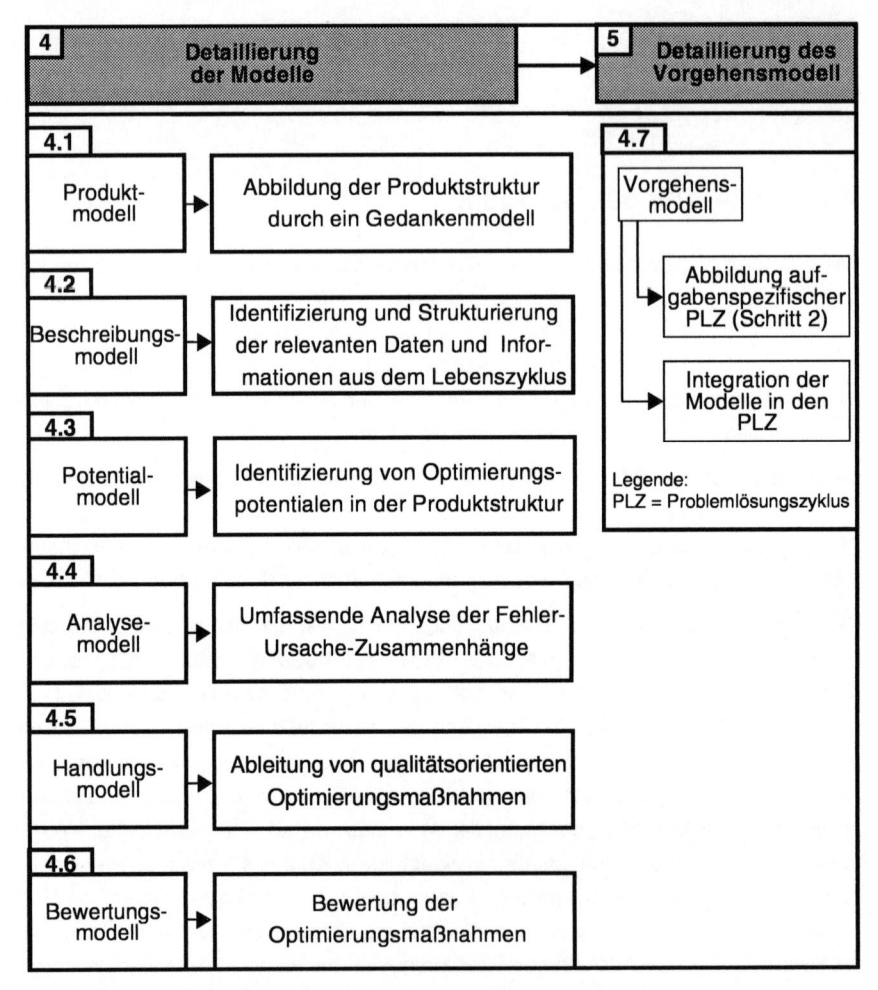

Bild 4-1: Vorgehensweise

4.1 Produktmodell

Das in diesem Abschnitt beschrieben Produktmodell (PM) dient als Grundlage für das in Kapitel 4.2 zu entwickelnde Beschreibungsmodell (BM). Es soll die Produktstruktur in einer allgemeingültigen Weise realitätsnah abbilden und als gedankliches Hilfsmittel zur Abbildung der Produktstruktur dienen. Dies bedeutet, daß zuerst eine allgemeingültige Definition der Produktstruktur gefunden werden muß, für die dann in einem zweiten Schritt ein geeignetes Instrument zur Abbildung dieser Produktstruktur gefunden werden muß. Hierzu soll auf in der Praxis bewährte Hilfsmittel zurückgegriffen werden. Nachfolgend wird daher eine für die vorliegende Problemstellung geeignete Produktstruktur entwickelt werden. Ziel einer Produktstruktur ist die Ordnung und Aggregation von Produktinformationen zur Vereinfachung der Informationsverarbeitung [vgl. HEUSER, 1995: S. 41]. Aus diesem Grunde soll zunächst ein geeignetes allgemeingültiges Modell zur Abbildung der Produktstruktur entwickelt werden. Hierauf aufbauend wird dann eine geeignete Struktur für die vorliegende Problemstellung abgeleitet.

4.1.1 Definition und Beschreibung der allgemeinen Produktstruktur

Nach der DIN 199 [DIN 199, Teil 2, 1977: S. 5] ist unter einem Produkt ein durch Produktion entstandener gebrauchsfähiger bzw. verkaufsfähiger Gegenstand zu verstehen. Für eine in diesem Zusammenhang realitätsnahe Abbildung der Produktstruktur in einem geeigneten Modell müssen die folgenden Anforderungen erfüllt werden:

- Abbildung aller möglichen Ebenen des Produktes,
- Möglichkeit zur eindeutigen Identifizierung aller Elemente der Produktstruktur,
- Erweiterungs- und Reduzierungsmöglichkeit des Modells bei Varianten (z.B. Ländervarianten) und
- transparente Darstellung der Produktstruktur auch bei komplexen Strukturen.

Zur Erfüllung der oben genannten Anforderungen kann in Anlehnung an das Produktmodell PSCM (Product Structure Configuration Management) von STEP [vgl. GRABOWSKI ET AL., 1989: S. 68ff. und GRABOWSKI ET AL., 1992: S. 51ff.] das Prinzip der Baugruppenstrukturierung angewendet werden (vgl. **Bild 4-2**). Die Produktstruktur läßt sich somit durch die Ebenen

- Erzeugnis
- Baugruppe
- Einzelteil

eindeutig beschreiben. Erweitert wurde diese Strukturierung um die Ebene „Vormaterial", da in der Praxis oft Qualitätsprobleme auch auf diese Produktstrukturebene zurückzuführen sind. Zur Abbildung der Produkstruktur in einem geeigneten Modell kann der Vorschlag von EVERSHEIM [vgl. EVERSHEIM, 1990: S. 19ff.] verwendet werden. Nachfolgend soll nun dieser Vorschlag zur weiteren spezifischen Generierung des Produktmodells (PM) genutzt werden.

```
                            ┌─────┐
                            │ PSE │
                            └──┬──┘
        ┌──────────────────────┼──────────────────────┐
┌─────────────────┐  ┌────┐  ┌────┐  ┌────┐
│ Baugruppenebene │  │ BG │  │ BG │  │ BG │
└─────────────────┘  └──┬─┘  └──┬─┘  └──┬─┘
       ┌────────────┬───┴──┬───────┬───┴───┐
┌───────────────┐  ┌────┐ ┌────┐ ┌────┐ ┌────┐ ┌────┐
│ Einzelteilebene│ │ ET │ │ ET │ │ ET │ │ ET │ │ ET │
└───────────────┘  └──┬─┘ └──┬─┘ └──┬─┘ └──┬─┘ └──┬─┘
┌──────────────┐  ┌────┐ ┌────┐ ┌────┐ ┌────┐ ┌────┐
│ Vormaterial- │  │ VM │ │ VM │ │ VM │ │ VM │ │ VM │
│ ebene        │  └────┘ └────┘ └────┘ └────┘ └────┘
└──────────────┘
```

Legende: BG = Baugruppe   ET = Einzelteil   PSE = Produktstrukturelement   VM = Vormaterial

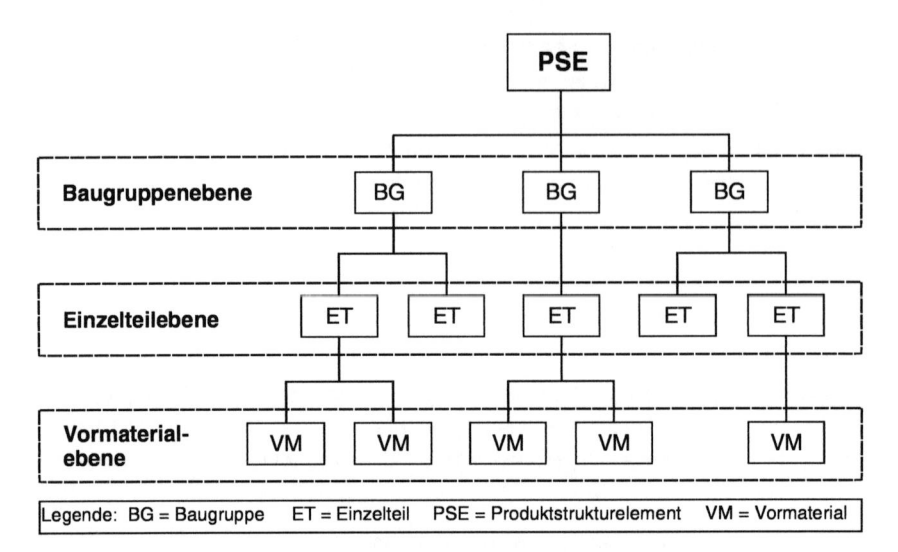

Bild 4-2: Allgemeine Produktstruktur

4.1.2 Modellierung der problemorientierten Produktstruktur

Auf Basis der allgemeinen Produktstruktur kann nun die für diese Aufgabenstellung notwendige Abbildung der spezifischen Produktstruktur generiert werden. Wesentliche Grundlage für eine qualitätsorientierte Produktoptimierung auf allen Elementebenen ist die Möglichkeit zur eindeutigen Beschreibung und Identifizierung der einzelnen Komponenten. Diese Identifizierung bezieht sich sowohl auf die Produktstruktur an sich als auch auf die Identifizierungsmöglichkeit von Komponenten aus verschiedenen produzierten Serien. Diese Identifizierung ist notwendig, um einzelnen Komponenten die relevanten Daten und Informationen zuordnen zu können. Hierzu werden in der Praxis üblicherweise Serialnummern vergeben. Die Abbildung dieses Umstands durch die im vorangegangenen Kapitel beschriebene allgemeine Produktstruktur ist aber nicht möglich. Zur systematisierten Abbildung dieser Tatsache in der Produktstruktur ist es daher notwendig, ein Hilfsmittel zur Modellierung einzusetzen. In der datenbankunabhängigen Konzeption von Datenmodellen hat sich hierzu das Entity-Relationship-Diagramm (E/R-Diagramm) bewährt. Grundsätzlich soll für die vorliegende Aufgabenstellung keine EDV-technische Unterstützung entwickelt werden. Aufgrund der strukturierten Darstellungsform der Daten im E/R-Diagramm kann aber dieses Hilfsmittel genutzt werden, um als gedankliche Unterstützung zur Abbildung der Produktstruktur zu dienen.

Zur Identifizierung und Beschreibung der einzelnen Komponenten wurden daher für alle Entities der Produktstruktur Schlüsselattribute vorgesehen. Eine In-house- und

Out-house-Verwaltung der Produkte sowohl für die Nutzungs- als auch die Realisierungsphase wird hierdurch ermöglicht. I.d.R. zeichnen sich Produkte der technischen Konsumgüterindustrie durch eine Vielzahl von unterschiedlichen Ländervarianten (Leistungsbereiche, Funktionsbreite etc.) aus. Dieser Umstand wurde im Produktmodell durch die Entität „Version" berücksichtigt. Der Trend, einzelne Produkte individuell auf einzelne Kundenwünsche auszurichten, konnte sich in der Konsumgüterindustrie noch nicht auf breiter Baisis durchsetzen. Bei Bedarf kann aber dieses Gedankenmodell um die Entität „Kunde" erweitert werden.

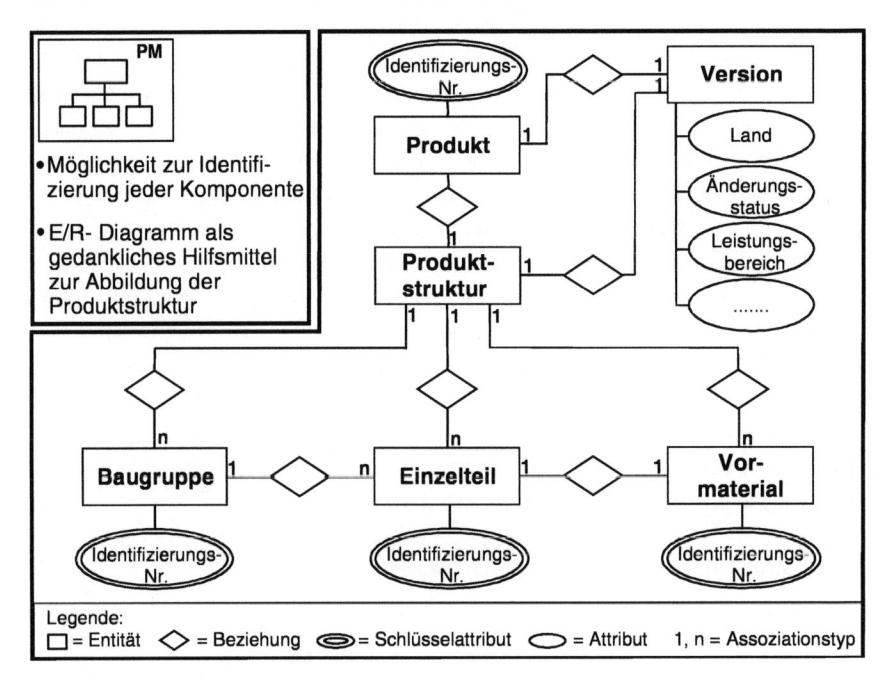

Bild 4-3: Produktmodell (PM)

4.2 Beschreibungsmodell

Der Sammlung, Systematisierung und Strukturierung des qualitätsrelevanten Produktwissens für optimierungsrelevante Produktstrukturelemente aus dem gesamten Produktlebenszyklus kommt eine zentrale Bedeutung zu. Um eine Nutzung und standardisierte Weiterverarbeitung des Wissens gewährleisten zu können, ist es notwendig, diese mit Hilfe einer geeigneten „Beschreibungssprache" in einem formalisierten Gedankenmodell abzubilden. Auch hier kommen wieder Hilfsmittel zur Anwendung, die ursprünglich für die datenbankunabhängige Konzeption von Datenmodellen entwickelt worden sind, aber in diesem speziellen Anwendungsfall zur Strukturierung und Systematisierung der Informations- und Datenstrukturen eingesetzt werden sollen.

4.2.1 Systematisierung des Produktwissens

Um den Optimierungsprozeß für Produktstrukturelemente durchgängig und flexibel unterstützen zu können, ist es notwendig, die benötigte Wissensbasis strukturiert und systematisiert abzubilden. Aufgrund der Vielfalt des benötigten Produktwissens und der hieraus resultierenden differierenden Komplexitätsstufen der verschiedenen Wissensebenen besteht eine zentrale Aufgabe bei der Entwicklung des Modells in der Generierung einer geeigneten Struktur. Hierdurch soll gewährleistet sein, daß Objekte verschiedener Komplexität nebeneinander in einer geeigneten Weise abgebildet werden können. Sinnvoll ist hierbei, zwischen Daten und Informationen[23] zu unterscheiden. Gemäß der Definition von SUNDGREN sollen alle eindeutig auf das singulär produzierte Produkt und dessen Produktstrukturelemente zu beziehenden Sachverhalte (z.B. Fehlerdaten eines Produktes) als Daten bezeichnet werden. Diese Produktdaten werden zum einen zur Identifizierung der Fehlerschwerpunkte und zum anderen zur weitergehenden Fehler-Ursache-Analyse benötigt. Informationen hingegen beziehen sich auf die Gesamtheit einer Produktserie (z.B. Normen, Gesetze etc.) und werden zur Identifizierung der Randbedingungen bei der Produktoptimierung benötigt. Aus dieser Tatsache läßt sich direkt folgern, daß zur Beschreibung der Wissensbasis zwei unterschiedliche Modelle benötigt werden. Nachfolgend soll nun für das Beschreibungsmodell das Informationsmodell (IM) sowie das Lebenszyklusorientierte Produktdatenmodell (LPM) entwickelt werden.

4.2.2 Strukturierung der benötigten Informationen

Ziel bei der Anwendung des Informationsmodells (IM) ist es, produktübergreifende Informationen systematisiert und strukturiert in einer geeigneten Struktur abbilden zu können. Nachfolgend sollen daher die benötigten Informationen sowie die Struktur zur Abbildung der Informationen näher erläutert werden. Zur Abbildung von Informationen kann zwischen externen und internen Informationen unterschieden werden. Unter externen Informationen werden Markt-, Wettbewerbs- und Kundeninformationen verstanden (vgl. **Bild 4-4**). Meistens liegen diese Informationen in den Unternehmen nur sehr unvollständig und unstrukturiert vor und werden in den seltensten Fällen systematisch und kontinuierlich erhoben. Unternehmensinformationen (z.B. Preisstrategie, Qualitätsstrategie etc.) hingegen werden unter den internen Informationen zusammengefaßt.

---

[23] Ausführlich hat sich SUNDGREN mit der Definition von Daten und Informationen beschäftigt. Unter Daten wird die Materialisierung von Information verstanden, wohingegen Information gleichbedeutend mit Wissen angesehen wird [vgl. STÜRMER, 1975: S. 29].

Detaillierung der Methodik   Seite 61

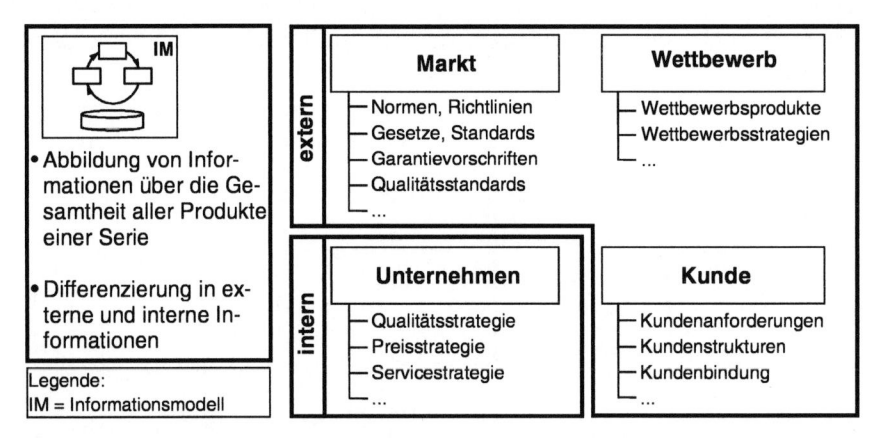

```
┌─────────────────────┐    ┌──────────────────────────┐  ┌──────────────────────────┐
│      IM             │    │         Markt            │  │       Wettbewerb         │
│                     │ e  │ ─ Normen, Richtlinien    │  │ ─ Wettbewerbsprodukte    │
│                     │ r  │ ─ Gesetze, Standards     │  │ ─ Wettbewerbsstrategien  │
│• Abbildung von Infor-│ e  │ ─ Garantievorschriften   │  │ ─ ...                    │
│  mationen über die  │ t  │ ─ Qualitätsstandards     │  │                          │
│  Gesamtheit aller   │ x  │ ─ ...                    │  │                          │
│  Produkte einer     │ e  ├──────────────────────────┤  ├──────────────────────────┤
│  Serie              │    │      Unternehmen         │  │         Kunde            │
│• Differenzierung in │ n  │ ─ Qualitätsstrategie     │  │ ─ Kundenanforderungen    │
│  externe und interne│ r  │ ─ Preisstrategie         │  │ ─ Kundenstrukturen       │
│  Informationen      │ e  │ ─ Servicestrategie       │  │ ─ Kundenbindung          │
│Legende:             │ t  │ ─ ...                    │  │ ─ ...                    │
│IM = Informationsmodell│ n │                          │  │                          │
└─────────────────────┘    └──────────────────────────┘  └──────────────────────────┘
```

Bild 4-4: Informationsmodell (IM)

Die Qualität und Quantität dieses Typs von Informationen ist aufgrund der besseren Verfügbarkeit meistens sehr viel höher als die der externen Informationen.

4.2.3 Strukturierung der benötigten Daten

Aufgabe des Lebenszyklusorientierten Produktdatenmodelsl (LPM) ist die Strukturierung von qualitätsrelevanten Daten aus allen Phasen des Produktlebenszyklus. Es wurde schon angeführt, daß durch das Lebenszyklusorientierte Produktdatenmodell (LPM) sowohl eine Identifizierung von fehlerintensiven Produktstrukturelementen als auch die eigentliche Fehleranalyse der Produktstrukturelemente für alle Phasen des Lebenszyklus ermöglicht werden soll. Gemäß dieser Zielsetzung kann hieraus die elementare Struktur des Modells abgeleitet werden. Die verwendeten Modelle und Hilfsmittel zur Entwicklung des Lebenszyklusorientierten Produktdatenmodells (LPM) zeigt **Bild 4-5**.

Das Modell setzt sich aus dem Produktmodell (PM)[24] und den einzelnen Datenkomplexen zur Abbildung der qualitätsrelevanten Daten aus den Phasen des Lebenszyklus zusammen. Hierbei wurde eine hierachistische Struktur gewählt, d.h. das Produktmodell bildet die oberste Strukturierungsebene. Dies gewährleistet, daß die Daten produktorientiert abgelegt und somit gemäß der Zielsetzung produktorientiert ausgewertet werden können. Insgesamt werden drei Strukturierungsebenen für das Modell vorgesehen. Auf der ersten Ebene wird die Produktstruktur definiert. Die zweite und dritte Ebene dienen der Strukturierung der Lebenszyklusdaten. Hierbei wurden auf der zweiten Ebene die einzelnen Phasen des Lebenszyklusses (Datenkomplexe) modelliert, während hingegen auf der dritten Ebene die zugehörigen Phasen-

---

[24] Aufgrund der Übersichtlichkeit wurde auf die komplette Darstellung der Struktur des PM auf der ersten Strukturierungsebene in Bild 4-5 verzichtet.

daten abgelegt werden können. Nachfolgend sollen die einzelnen Datenkomplexe Realisierung und Nutzung weiter detailliert werden.

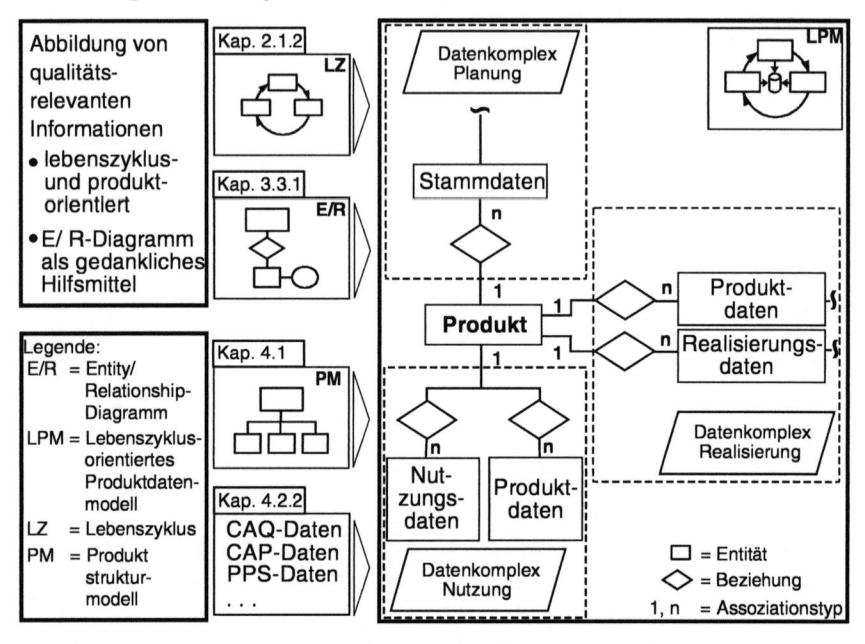

Bild 4-5: Lebenszyklusorientiertes Produktdatenmodell (LPM)

Gemäß den Phasen sollen nun für die dritte Strukturierungsebene die Datenkomplexe Realisierung und Nutzung modelliert und detailliert beschrieben werden. Der Datenkomplex Planung wird aufgrund der geringen Bedeutung für die vorliegende Aufgabenstellung nicht weiter detailliert. Zur Abbildung und Modellierung der Datenkomplexe für die Realisierungs- und Nutzungsphase auf der 3. Strukturierungsebene soll wiederum als gedankliches Strukturierungshilfsmittel das E/R-Diagramm eingesetzt werden. Es wurde bereits schon angeführt, daß das Lebenszyklusorientierte Produktdatenmodell (LPM) sowohl die Fehleridentifizierung als auch die Fehleranalyse unterstützen soll. Um diese beiden Anforderungen gleichermaßen erfüllen zu können, sind Fehlerdaten und Daten zur weitergehenden Fehler-Ursachenforschung erforderlich. Aus diesem Grunde wurden für die Realisierungs- und Nutzungsphase die Daten in Produkt- und Umfelddaten (dies gilt sowohl für Realisierungs- als auch für Nutzungsdaten) unterteilt. Hierbei sollen die Produktdaten sowohl die Identifizierung der Fehlleistung als auch die Fehleranalyse unterstützen, während hingegen die Umfelddaten nur eine Fehleranalyse unterstützen. Bei der weitergehenden Modellierung (dritte Strukturierungsebene) ist die Erfassung und Abbildung der eigentlichen Ergebnisdaten in Relationentabellen vorgesehen. Hierzu wurden auf Produktdaten- und

Umfelddatenebene entsprechende Hauptattribute definiert (vgl. **Bild 4-6**). Je nach individuellem Anwendungsfall können dann diese Attribute weitergehend detailliert werden.

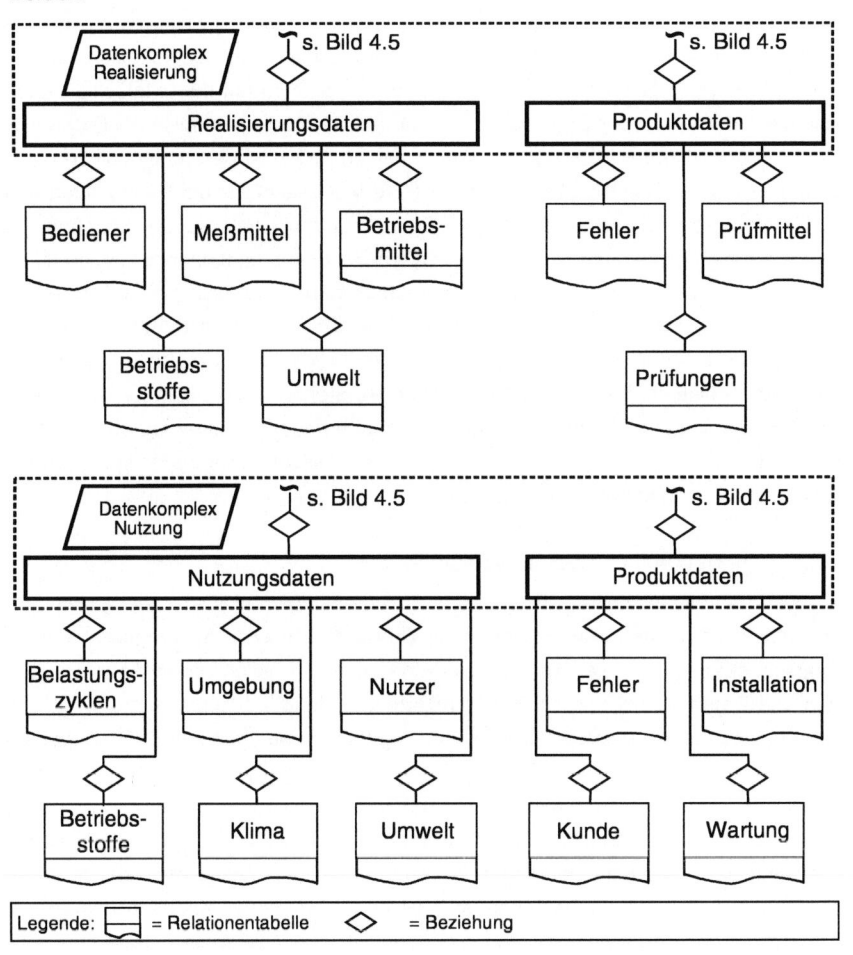

Bild 4-6: Datenkomplexe der Phasen Realisierung und Nutzung

Aufgrund der Vielfalt und unterschiedlichen Komplexität der benötigten Daten liegt auf dieser Ebene eine uneinheitliche Ausprägung der Daten bei den Entities in den Relationentabellen vor. Dies äußert sich in der Verwendung unterschiedlicher Skalenniveaus zur Beschreibung der Ausprägung der einzelnen Datensätze. Hierbei können sowohl nicht-metrische Skalen (Nominal- und Ordinalskala) als auch metrische Skalen (Intervall- und Ratioskala) eingesetzt werden [vgl. BACKHAUS ET AL., 1994: S. XIII]. Bedingt durch das Zulassen von verschiedenen Skalenarten muß man sich aber auch der Tatsache bewußt sein, daß hiermit eine wesentliche Komplexitätssteigerung bei der Auswertung der Datensätze verbunden ist. Eine Auswertung ohne entsprechende Hilfsmittel (Algorithmen, EDV) wird somit stark eingeschränkt. Bedingt durch die verschiedenen Skalenniveaus ergibt sich eine nicht homogene Datenstruktur in den einzelnen Datenkomplexen. Dies bezieht sich zum einen auf die Ausprägung an sich, zum anderen aber auch auf die unterschiedlichen Komplexitätsniveaus der Datensätze[25]. Nicht unerwähnt bleiben sollte die Datenqualität und -quantität der Datensätze. In den meisten Fällen ist die Datenqualität- und -quantität aus der Realisierungsphase der Produkte besser als bei Datensätzen aus dem Feld. Insbesondere bei Produkten, die den Garantiezeitraum überschritten haben, kann die Qualität und Quantität der Datensätze sehr stark nachlassen, da keine Vollerhebung durch den firmeneigenen technischen Kundendienst[26] durchgeführt wird. Dies liegt im wesentlichen daran, daß die Endkunden im Schadensfalle aus Kostengründen oft fremde Serviceorganisationen für die Reparatur bevorzugen. Entsprechende Datensätze aus der Nutzungsphase stehen damit nicht zur Verfügung. Die Grundgesamtheit der auszuwertenden Daten verringert sich hierdurch erheblich. Diese Tatsache muß bei der Auswertung der Datensätze sowie bei entsprechenden Fehlerberechnungen berücksichtigt werden.

4.2.4 Informations- und Datenakquisition

Es wurde bereits festgestellt, daß für das Beschreibungsmodell eine Vielfalt von Daten und Informationen in verschiedenster Quantität und Qualität für jedes Optimierungsprojekt akquiriert werden müssen. In den meisten Fällen liegen die Informationen und Daten verteilt und schlecht strukturiert in der EDV-Landschaft bzw. in den Unternehmensfunktionen vor. Nachfolgend soll daher eine Integration bzw. Kopplung des Beschreibungsmodells in die betriebliche Umgebung diskutiert werden. Hierunter ist ausdrücklich keine informationstechnische sondern vielmehr eine organisatorische Kopplung bzw. Integration des LPM zu verstehen. Die für das Informationsmodell (IM) benötigten Informationen liegen aufgrund ihres Charakters meistens nicht als formatierte Datensätze in Datenbanken, sondern vielmehr unstrukturiert und verteilt bei verschiedenen Unternehmensfunktionen vor. **Bild 4-7** zeigt die wesentlichen Unternehmensfunktionen, die als potentielle Lieferanten für das Informationsmodell (IM) dienen können. Schon heute wird ein Großteil der benötigten Daten für das Lebenszyklusorientierte Datenmodell (LPM) in verschiedenen EDV-Applikationen vorgehalten. Aufgrund der noch nicht einheitlich realisierten Datenbasis ist es notwendig, die

---

[25] Die Problematik der mathematischen Weiterverarbeitung von verschiedenen Skalenniveaus wird in Kapitel 4.4.2 ausführlich diskutiert.
[26] I.d.R. werden Produkte der technischen Konsumgüterindustrie nach dem Überschreiten der Garantiezeitraums nicht mehr vom firmeneigenen technischen Kundendienst betreut sondern von externen Serviceprovidern.

Daten für die verschiedenen Lebenszyklusphasen aus mehreren vorhandenen EDV-Systemen mit Hilfe von definierten Abfrage- und Transformationsalgorithmen zusammenzuführen. Durch die fortschreitende Entwicklung im informationstechnischen Bereich zeigen sich zunehmend Möglichkeiten, auch direkt Daten online aus dem Feld (z.b. Online-Anbindung der Kundendiensttechniker) zu erhalten. Weiterhin gibt es zunehmend technische Möglichkeiten, verschiedene Rechnerwelten zu integrieren (Data Warehouse). Die Datenakquisition, -strukturierung und -aufbereitung wird hierdurch erheblich vereinfacht. Trotz der in den Unternehmen oft umfangreichen Datenbanken der EDV-Systeme ist es nicht immer möglich, alle benötigten Daten in hinreichender Qualität und Quantität zu akquirieren. Insbesondere anwendungsspezifische Daten (z.b. Versuchsdaten von Prototypen) müssen daher manuell bereitgestellt werden. Nachdem nun das Beschreibungsmodell ausreichend konkretisiert worden ist, soll nun nachfolgend das Potentialmodell (PoM) entwickelt werden.

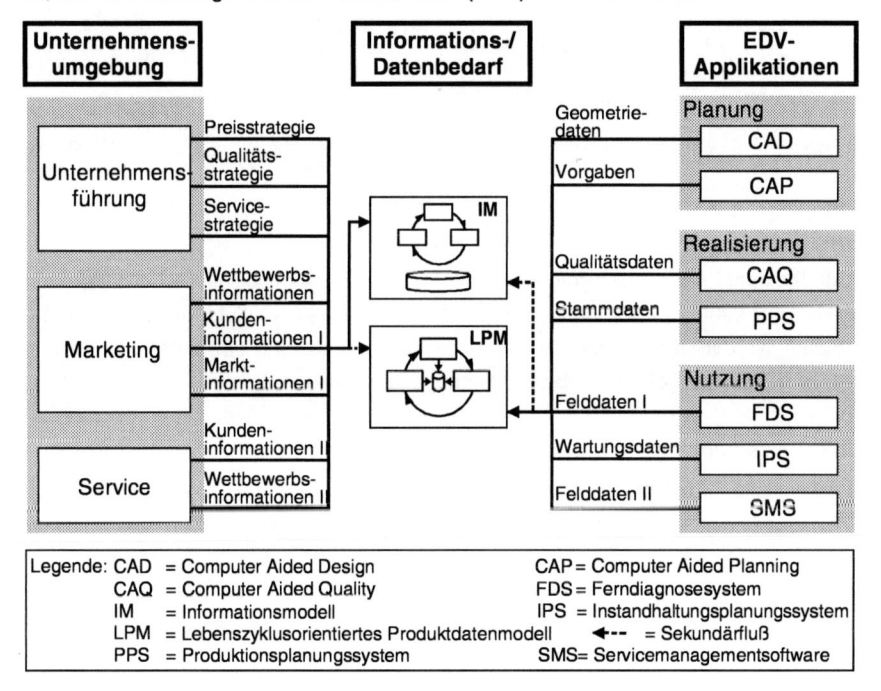

Bild 4-7: Daten- und Informationsakquisition aus der betrieblichen Umgebung

4.3 Potentialmodell

Im vorangegangenen Abschnitt wurde ausführlich das Beschreibungsmodell für die Methodik diskutiert, welches die wesentliche datentechnische und informatorische Grundlage zur Produktoptimierung bildet. Auf Grundlage dieser Wissensbasis soll nun nachfolgend ein Modell entwickelt werden, welches eine Identifizierung der Fehlerschwerpunkte und der durch die Fehlleistung entstandenen Kosten auf Produktstrukturelementeebene gewährleistet. Durch die Anwendung dieses Modells wird es möglich sein, optimierungsrelevante zu identifizieren. Die betrachteten Dimensionen des Potentialmodells zeigt **Bild 4-8**. Durch das Modell soll eine Identifizierung von Optimierungspotentialen auf Produkt-, Bauteil- und Einzelteilebene unterstützt werden. Gleichzeitig sollen alle Phasen des Lebenszyklus betrachtet werden.

Objekt	Phasen	Parameter
• Produkt	• Planung	• wirtschaftlich
• Baugruppe	• Realisierung	• technisch
• Einzelteil	• Nutzung	

LZ	PM	IM	LPM
Kap. 2.1.2	Kap. 4.1	Kap. 4.2.1	Kap. 4.2.2

Legende: IM = Informationsmodell   LPM = Lebenszyklusorientiertes   LZ = Lebenszyklus
                                                  Produktdatenmodell
         PM = Produktmodell   PoM = Potentialmodell

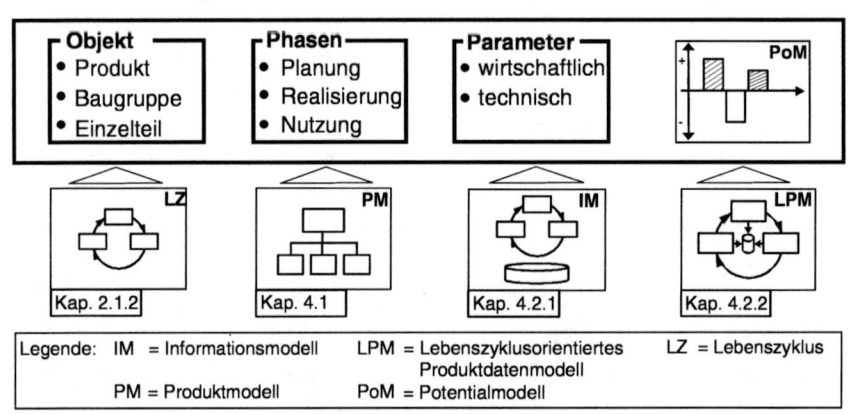

Bild 4-8: Dimensionen des Potentialmodells (PoM)

Bei der identifizierung der Potentiale sollen sowohl die eigentliche Fehlleistung (technischer Parameter) als auch die die durch die Fehlleistung entstandenen Kosten betrachtet werden. Nachfolgend soll nun das Potentialmodell (PoM) unter Berücksichtigung der oben angeführten Randbedingungen entwickelt werden.

4.3.1 Bestimmung der Produktqualität

Wesentliche Grundlage für eine zielorientierte Optimierung der Produktqualität ist die Kenntnis der tatsächlich erreichten Produktqualität der laufenden Serie. Gemäß der definierten Zielsetzung müssen hierbei zum einen die Produktstruktur, zum anderen aber auch die einzelnen Phasen in die Betrachtung mit einbezogen werden. Eine Identifizierung der erreichten Produktqualität muß sich daher am vorgestellten Lebenszykluskonzept und den hieraus resultierenden unterschiedlichen Bewertungszahlen für die Produktqualität orientieren. Aus diesem Grund wird in diesem Kapitel bei der Identifizierung der tatsächlich erreichten Produktqualität zwischen Realisierungs- und Nutzungsphase unterschieden.

In Kapitel 2 wurde die Fehlerrate als relevante Maßzahl zur Bewertung der technischen Produktqualität für die **Realisierungsphase** vorgestellt. Unter Nutzung dieser Maßzahl soll nachfolgend die Vorgehensweise zur Bestimmung der tatsächlich erreichten Produktqualität für die Realisierungsphase entwickelt werden. Anhand der Überprüfung definierter Prüfmerkmale in der Realisierungsphase kann festgestellt werden, inwieweit ein Produktstrukturelement den geforderten Spezifikationen aus der Planungsphase entspricht. Entsprechen die festgestellten Werte nicht den Sollwerten, liegt ein Ausfall des Produktstrukturelementes vor. Aus technischen und ökonomischen Gründen können nicht alle Spezifikationen aus der Planungsphase eines Produktes in der Realisierungsphase überprüft werden. Die Vorgehensweise zur Auswahl geeigneter Prüfmerkmale für Produktstrukturelemente zeigt **Bild 4-9**. Auf Basis des Herstellungsprozesses für die Produktstrukturelemente sowie den definierten Prüfmerkmalen kann dann der Prüfprozeßplan für jedes Element der Produktstruktur abgeleitet werden. Unter Nutzung der Maßzahl „Ausfall" (in ppm) kann dann für die einzelnen Prüfprozesse das Ausfallverhalten der Elemente abgebildet werden (vgl. Bild 4-9).

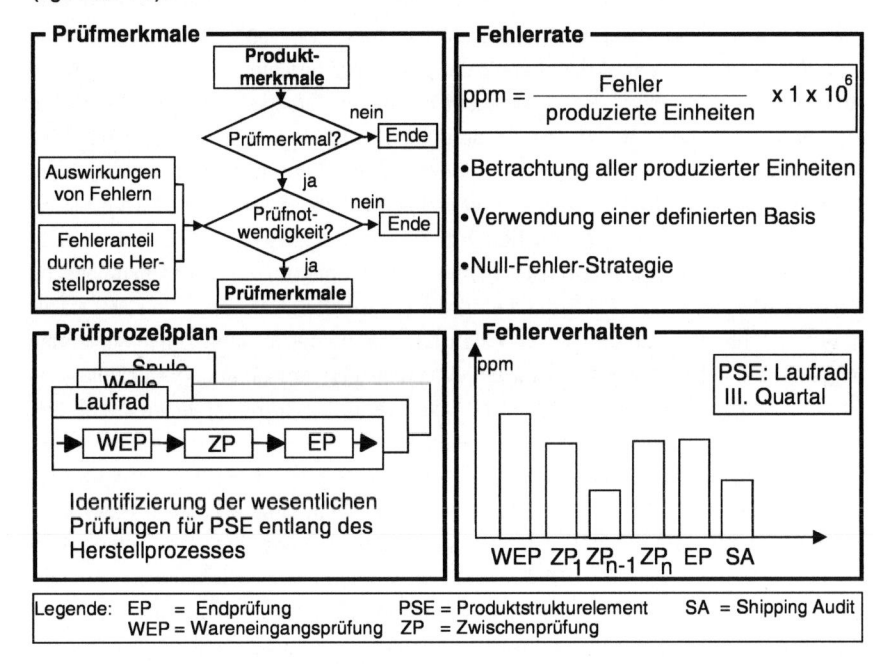

$$ppm = \frac{\text{Fehler}}{\text{produzierte Einheiten}} \times 1 \times 10^6$$

- Betrachtung aller produzierter Einheiten
- Verwendung einer definierten Basis
- Null-Fehler-Strategie

Legende: EP = Endprüfung   PSE = Produktstrukturelement   SA = Shipping Audit
WEP = Wareneingangsprüfung   ZP = Zwischenprüfung

Bild 4-9: Ermittlung der Technischen Produktqualität in der Realisierungsphase

Etwas schwieriger gestaltet sich die Bestimmung des Ausfallverhaltens einzelner Produktstrukturelemente bei Montageprozessen. Zusammengesetzte Baugruppen werden am Ende eines Montageprozesses einer Prüfung unterzogen. Bei Prüfungen für zusammengesetzte Komponenten (z.B. Endprüfungen, Versandaudits etc.) muß dann darauf geachtet werden, daß der Ausfall verursachungsgerecht den einzelnen

Produktstrukturelementen zugeordnet wird. Unterstützend können hier geeignete unternehmensspezifische Fehlerschlüssel eingesetzt werden.

Nachdem die Vorgehensweise zur Bestimmung der technischen Produktqualität für die Realisierungsphase vorgestellt worden ist, soll nun im folgenden die Vorgehensweise zur Bestimmung der erreichten Produktqualität für die **Nutzungsphase** vorgestellt werden. Charakteristische Kenngröße für die Beschreibung der Produktqualität von Produkten in der Nutzungsphase aus Sicht der Kunden ist die technische Zuverlässigkeit. Mathematisch läßt sich die Zuverlässigkeit durch die Ausfallwahrscheinlichkeit, die Ausfallrate sowie die Dichtefunktion beschreiben [vgl. BERTSCHE, 1990: S. 13ff.]. Aufgrund der in diesem spezifischen Anwendungsfall notwendigen retrospektiven Betrachtung der Nutzungsdaten soll in diesem Kontext jedoch nur die Ausfallrate λ (t) der Produkte betrachtet werden. Empirische Versuche haben ergeben, daß die Ausfallrate $\lambda(t)^{27}$ für mechanische Komponenten der dreiparametrigen Weibull-Verteilung[28] (vgl. **Bild 4-10**) gehorcht [vgl. BIROLINI, 1991: S. 6]. Hierbei wird über den zeitlichen Verlauf in Abhängigkeit des Formparameters der Verteilung in die Phasen der Frühausfälle, der Zufallsausfälle und der Verschleißausfälle differenziert [vgl. BERTSCHE, 1990: S. 17]. Die Phase der Frühausfälle läßt sich durch eine DFR-Verteilung (Decreasing Failure Rate), die Phase der Zufallsausfälle mit einer Exponentialverteilung und die Phase der Verschleißausfälle durch eine IFR-Verteilung (Increasing Failure Rate) beschreiben [vgl. PAULI ET AL., 1998: S. 382]. Die dreiparametrige Weibull-Verteilung besitzt neben den Parametern T (T= charakteristische Lebensdauer) und b (b= Formparameter) als zusätzlichen Parameter den Einsatzbeginn t_0. Es handelt sich hierbei um einen Lageparameter für eine Zeitverschiebung längs der Zeitachse. Mit Hilfe dieser Lageverschiebung können auch Verschleiß- und Ermüdungsausfälle erkannt werden. Mit Hilfe des in der Praxis oft verwendeten Isochronendiagramms ist es möglich, Ausfalldaten von Produktstrukturelementen in Abhängigkeit der Nutzungsdauer im Feld (Month in Service, MIS) zu verfolgen [vgl. PFEIFER 1996a: S. 289ff.]. Hierbei ist eine direkte Zuordnung der Ausfalldaten zum Produktionsdatum (Month of Production, MOP) und daher zur Grundgesamtheit (Fertigungsmenge) möglich. Wie Bild 4.10 zeigt, werden mit den Isochronen Ausfälle gleichen Alters bezeichnet. Durch eine Verfolgung über die Zeit kann das Verhalten der Produkte sehr gut beobachtet werden. In der Praxis wird diese Form der Darstellung zur kontinuierlichen Überwachung der Produktqualität verwendet. Insbesondere kann hiermit die Wirksamkeit von Optimierungsmaßnahmen eindeutig nachgewiesen

---

[27] In der einschlägigen Fachliteratur findet sich als Einheit für die Ausfallrate oft immer noch statt ppm (parts per million) Prozent. In der Praxis setzt sich jedoch aufgrund der Philosophie der „Null-Fehler-Produktion" immer mehr die Einheit ppm durch.

[28] Weitere Verteilungen sind u.a. die Normal-Verteilung, die Exponential-Verteilung sowie die logarithmische Verteilung. Aufgrund der geringen Relevanz für mechanische Komponenten sollen sie aber in diesem Kontext nicht weiter betrachtet werden.

werden. Die Datenquantität und -qualität ist im Bereich des Garantiezeitraums aufgrund der Leistungserstellung und damit der Datenerhebung durch den unternehmenseigenen technischen Kundendienst sehr hoch [vgl. PFEIFER, 1996a: S. 270].

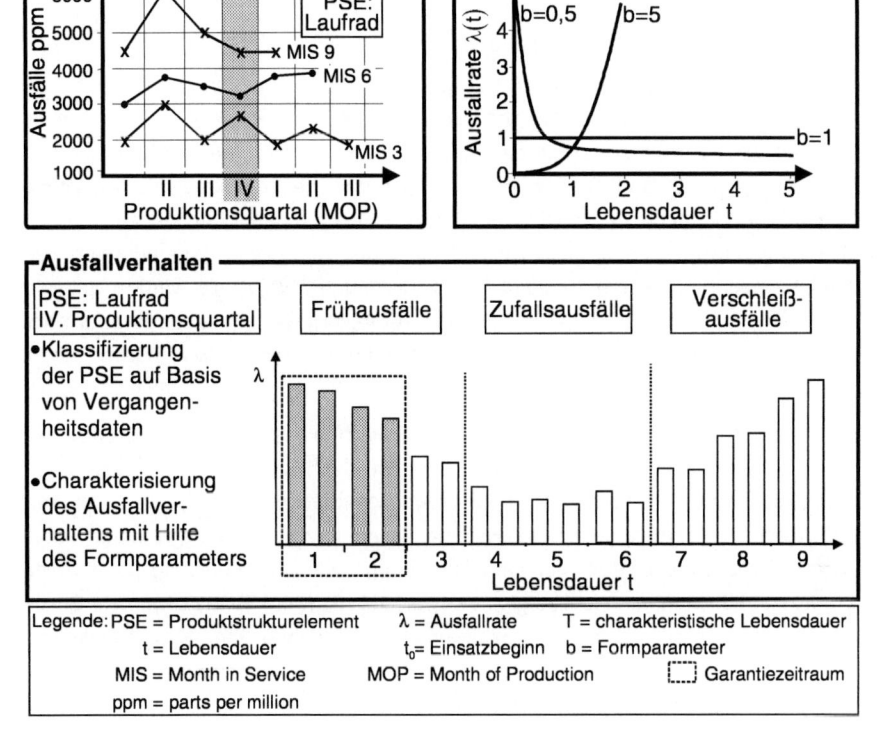

Bild 4-10: Ermittlung der Technischen Produktqualität in der Nutzungsphase

Datenqualität und -quantität lassen aber sehr stark nach, sobald die Produkte den Garantiezeitraum überschritten haben. Auf Basis des Isochronendiagramms ist es möglich, die Ausfallrate von Produktstrukturelementen über die Nutzungsdauer (d.h. die Lebensdauer) für eine definierte Grundgesamtheit (z.B. IV. Produktionsquartal, vgl. Bild 4-10) zu bestimmen. Überträgt man die Daten der einzelnen MIS-Isochronen für ein bestimmtes Produktionsquartal in ein Lebensdauer/Ausfallraten-Diagramm, so erhält man die sogenannte „Badewannenkurve" oder Lebensdauerverteilung für das Produktstrukturelement. Hierbei muß aber beachtet werden, daß sich bei der Weibull-Verteilung die Ausfallrate auf die noch sich im Feld befindlichen Produkte bezieht. Dies bedeutet, daß die Grundgesamtheit für jeden Zeitpunkt neu berechnet werden muß. Hinsichtlich seiner Zuverlässigkeitseigenschaften in der Nutzungsphase ist das Element damit eindeutig beurteilbar.

Nachdem die wesentlichen Parameter zur Charakterisierung der technischen Produktleistung (Realisierungs- und Nutzungsphase) vorgestellt worden sind, sollen nachfolgend die Vorgehensweise und Parameter zur Bestimmung der betriebswirtschaftlichen Produktfehlleistung vorgestellt werden.

4.3.2 Bestimmung der Fehlleistungskosten

Unternehmensinterne Kosten zur Behebung von Fehlleistungen in den Phasen Realisierung und Nutzung reduzieren den Deckungsbeitrag pro Produkt, u.U. können die Gesamtkosten nicht mehr durch die erzielten Erlöse gedeckt werden [vgl. COENENBERG ET AL., 1996: S. 173]. Für eine qualitätsorientierte Produktoptimierung ist die Kenntnis der durch die Fehlleistung entstandenen Kosten daher unerläßlich. In vielen Unternehmen werden aber diese Kosten nicht direkt verursachungsgerecht (d.h. den Produktstrukturelementen) zugeordnet [vgl. HORVARTH, 1991], sie werden vielmehr dem Gemeinkostenblock zugerechnet. Optimierungsschwerpunkte für einzelne Produktstrukturelemente auf Kostenseite können daher nur schwer bzw. nur mit einem erheblichen Aufwand identifiziert werden.

Neben der Betrachtung und Erfassung der technischen Fehlleistungen der einzelnen Produktstrukturelemente müssen daher auch die durch die Fehlerbehebung unternehmensintern anfallenden Kosten verursachungsgerecht erfaßt und bewertet werden. Traditionelle Kostenrechnungssysteme lassen derzeit aber eine verursachungsgerechte und differenzierte monetäre Bewertung der Fehlerbehebung für einzelne Produktstrukturelemente nicht zu [vgl. LASCHET, 1995: S. 60]. Eine Lösung zur Beseitigung dieses Defizites bietet die prozeß- und ressourcenorientierte Kostenbewertung an. Sie ist eine Kombination zwischen einer umfassenden prozeßorientierten Analyse und dem vorgestellten Ressourcenverfahren. Grundlage der betriebswirtschaftlichen Bewertung der Fehlerbehebungskosten ist die umfassende Kenntnis der Qualität der Produktstrukturelemente in den Lebenszyklusphasen Realisierung und Nutzung.

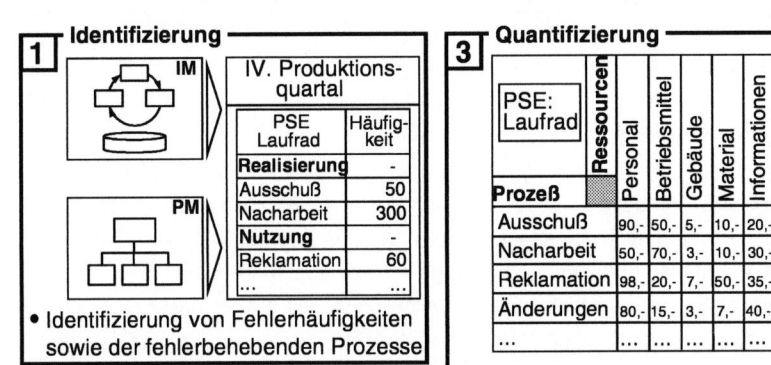

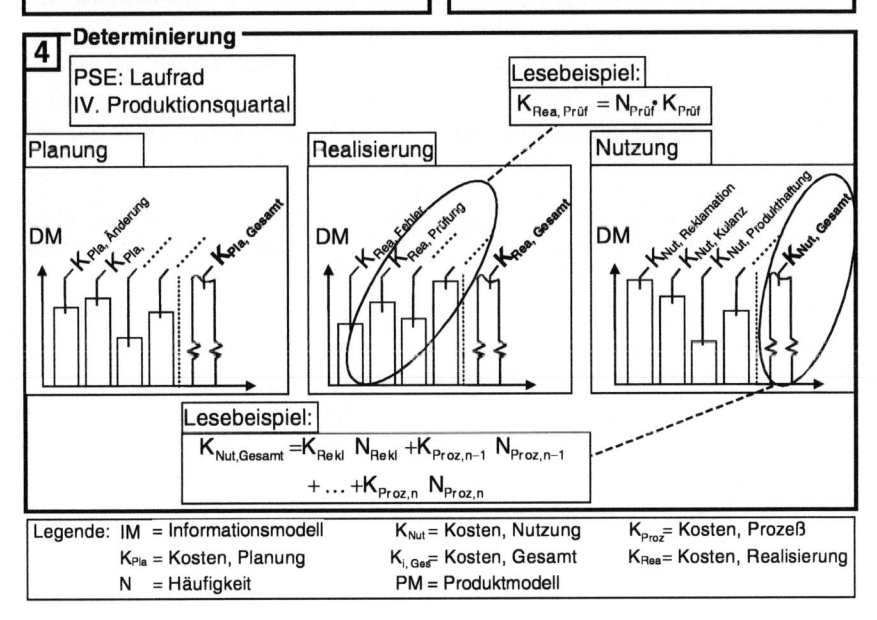

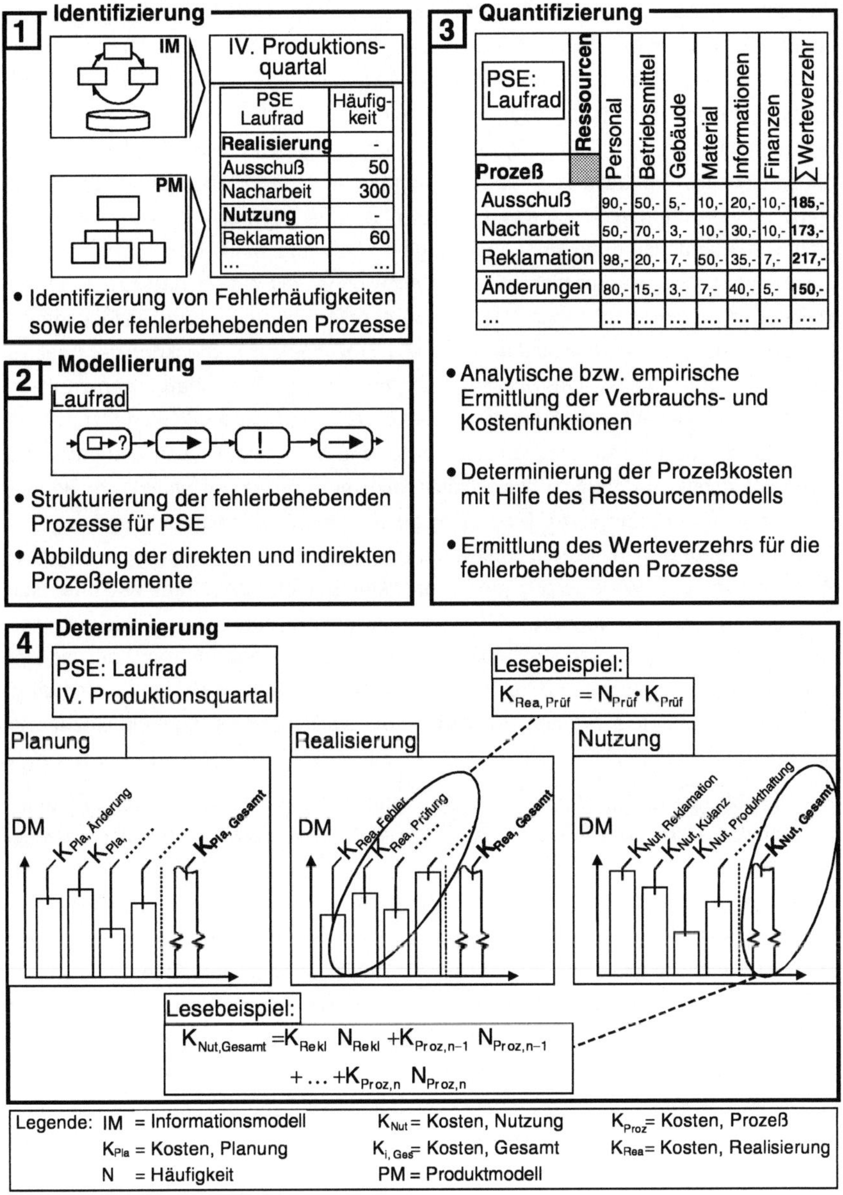

Detaillierung der Methodik — Seite 71

1 Identifizierung

IM / PM

PSE Laufrad IV. Produktionsquartal	Häufigkeit
Realisierung	-
Ausschuß	50
Nacharbeit	300
Nutzung	-
Reklamation	60
...	...

- Identifizierung von Fehlerhäufigkeiten sowie der fehlerbehebenden Prozesse

2 Modellierung

Laufrad

→ □→? → → → ! → →

- Strukturierung der fehlerbehebenden Prozesse für PSE
- Abbildung der direkten und indirekten Prozeßelemente

3 Quantifizierung

PSE: Laufrad

Prozeß \ Ressourcen	Personal	Betriebsmittel	Gebäude	Material	Informationen	Finanzen	∑ Werteverzehr
Ausschuß	90,-	50,-	5,-	10,-	20,-	10,-	185,-
Nacharbeit	50,-	70,-	3,-	10,-	30,-	10,-	173,-
Reklamation	98,-	20,-	7,-	50,-	35,-	7,-	217,-
Änderungen	80,-	15,-	3,-	7,-	40,-	5,-	150,-
...	...	...	...	...	...	...	...

- Analytische bzw. empirische Ermittlung der Verbrauchs- und Kostenfunktionen
- Determinierung der Prozeßkosten mit Hilfe des Ressourcenmodells
- Ermittlung des Werteverzehrs für die fehlerbehebenden Prozesse

4 Determinierung

PSE: Laufrad
IV. Produktionsquartal

Lesebeispiel: $K_{Rea,Prüf} = N_{Prüf} \cdot K_{Prüf}$

Planung: DM — $K_{Pla,Änderung}$, $K_{Pla,...}$, ... $K_{Pla,Gesamt}$

Realisierung: DM — $K_{Rea,Fehler}$, $K_{Rea,Prüfung}$, ... $K_{Rea,Gesamt}$

Nutzung: DM — $K_{Nut,Reklamation}$, $K_{Nut,Kulanz}$, $K_{Nut,Produkthaftung}$, ... $K_{Nut,Gesamt}$

Lesebeispiel:
$$K_{Nut,Gesamt} = K_{Rekl} \cdot N_{Rekl} + K_{Proz,n-1} \cdot N_{Proz,n-1} + ... + K_{Proz,n} \cdot N_{Proz,n}$$

Legende:
IM = Informationsmodell
K_{Pla} = Kosten, Planung
N = Häufigkeit
K_{Nut} = Kosten, Nutzung
$K_{i,Ges}$ = Kosten, Gesamt
PM = Produktmodell
K_{Proz} = Kosten, Prozeß
K_{Rea} = Kosten, Realisierung

Bild 4-11: Bestimmung der Fehlleistungskosten

Zur Determinierung der Qualität in den Lebenszyklusphasen findet das vorgestellte Lebenszyklusorientierte Produktdatenmodell (LPM) Verwendung (vgl. **Bild 4-11**). Für jedes Ausfallvorkommnis eines Produktstrukturelementes müssen die fehlerbehebenden Prozesse definiert werden. Hierbei müssen alle Phasen des Lebenszyklus in die Betrachtung mit einfließen. Typische fehlerbehebende Prozesse in der Planungsphase sind alle Prozesse zur Änderung von bestehenden Planungsunterlagen (z.b. konstruktive Änderungen, Anpassung von Prüfanweisungen etc.) bzw. zur Neuerstellung von Planungsunterlagen (Zeichnungen, Prüfpläne etc.). Eine Quantifizierung dieser Prozesse gestaltet sich meistens schwieriger als die im nachfolgenden beschriebenen fehlerbehebenden Prozesse in der Realisierungs- und Nutzungsphase. Für die Realisierungsphase sind dies u.a. alle Prozesse zur Entdeckung der Fehlleistung (z.b. Prüf- und Sortierprozesse), zur Behebung (z.b. Nacharbeitsprozeß) und eventuell zur Wiederbeschaffung der Produkte (z.B. bei Ausschuß). In der Nutzungsphase sind dies im wesentlichen die Abwicklung berechtigter (z.B. Garantie, Produkthaftungspflicht) und nicht berechtigter Reklamationen (z.b. Kulanz), der Reparaturprozeß sowie Prozesse zur Erbringung zusätzlicher Leistungen aufgrund des Ausfalls der Produkte (z.B. Produktaustausch mit Eigenbeteiligung durch den Kunden). Zur Analyse und Modellierung der Prozeßketten bietet sich die Methode nach TRÄNCKNER[29] an [TRÄNCKNER, 1990]. Mit Hilfe einer formalisierten Beschreibungssprache ist es möglich, die Prozeßketten der Fehlerbehebung differenziert und systematisch zu analysieren und zu modellieren. Neben direkten Prozeßelementen ist es auch möglich, die indirekten Prozesse mit in die weitere Betrachtung einzubeziehen.

Zur Quantifizierung des Werteverzehrs der identifizierten Prozeßelemente der fehlerbehebenden Prozeßketten kann das in Kapitel 3.2.2 vorgestellte Ressourcenmodell verwendet werden. Hierbei soll zur Quantifizierung die erweiterte Ressourcendefinition nach HARTMANN [vgl. HARTMANN, 1993: S. 57] verwendet werden, da insbesondere in der Realisierungs- und Nutzungsphase der materialbedingte Ressourcenverzehr (Ausschuß, Nacharbeit, Ersatzteile etc.) einen erheblichen Anteil verursachen kann. Zur Bewertung des Ressourcenverzehrs bei der Fehlerbehebung ist die Ermittlung der Einfluß- und Bezugsgrößen sowie der Verbrauchs- und Kostenfunktionen notwendig (vgl. Kap. 3.2.2). Mit Hilfe methodischer Unterstützung, z.B. des Ishikawa-Diagramms, können für jeden Prozeßschritt die Einfluß- und Bezugsgrößen systematisch und strukturiert determiniert werden. Die Verbrauchs- und Kostenfunktionen können dann z.B. mit Hilfe von empirischen Versuchen, Erfahrungswerten aus der Vergangenheit oder analytisch ermittelt werden. Aufbauend auf den ermittelten Pro-

---

[29] TRÄNCKNER entwickelte eine Methode zur Analyse und Beschreibung der technischen Auftragsabwicklung. Sie wurde ursprünglich für die Durchlaufzeitverringerung bei Reorganisationsmaßnahmen entwickelt [vgl. TRÄNCKNER, 1990].

zeßkosten der einzelnen Phasen können dann produktspezifisch die fehlerbehebenden Kosten für die einzelnen Phasen (Planung, Realisierung und Nutzung) ermittelt werden.

Nachdem in diesem Kapitel die Algorithmen zur Determinierung der tatsächlich erreichten Produktqualität und der Fehlleistungskosten vorgestellt worden sind, soll nun nachfolgend die Klassifizierung der Produktstrukturelemente, d.h. der Abgleich der technischen und betriebswirtschaftlichen Sollwerte mit den Istwerten entwickelt werden. Optimierungspotentiale auf technischer und betriebswirtschaftlicher Seite können dann sehr schnell identifiziert werden.

4.3.3 Abweichungsanalyse

Notwendige Voraussetzung für eine Abweichungsanalyse der Produktleistung auf technischer und wirtschaftlicher Ebene ist die Definition der optimierungsrelevanten Zielwerte für die einzelnen Produktstrukturelemente. Ein Soll-Ist-Vergleich auf Basis der Bewertungszahlen wird hierdurch ermöglicht und ist Grundlage für die hierauf folgende Auswahl und Optimierung einzelner Produktstrukturelemente. Da Ziele gewöhnlich nicht isoliert nebeneinanderstehen [vgl. ZANGEMEISTER, 1970: S. 89] und von verschiedenen Zielquellen herrühren, kann hier von einem mehrdimensionalen Optimierungszielsystem mit grundsätzlich zwei Zielvariablen (technische und betriebswirtschafliche) gesprochen werden. Zwischen diesen beiden Zielvariablen bestehen Grundbeziehungen[30], die beim Aufbau des Optimierungszielsystems beachtet werden müssen. Da diese beiden Zielvariablen von der Unternehmensstrategie abhängen, ist eine auf dem Optimierungssystem aufbauende Optimierungszielplanung unabdingbar.

Ausgangspunkt für eine Definition der wirtschaftlichen Optimierungsziele sollte immer der Kunde sein. Neben dieser Zielquelle stehen aber noch weitere zusätzliche Zielquellen zur Verfügung, wie z.B. das Unternehmen, der Wettbewerb und der Markt (vgl. **Bild 4-12**). Zur Synchronisation der differierenden Optimierungsziele der einzelnen Zielquellen soll die Zielwertematrix verwendet werden. Auf Basis der gewichteten Einzelziele kann mit Hilfe einer Durchschnittsberechnung der gemittelte Optimierungszielwert für eine Zielvariable berechnet werden.

Meistens liegen diese betriebswirtschaftlichen Optimierungszielwerte nicht für Produktstrukturelemente vor.

---

[30] HEINEN definiert hier als wesentliche Grundbeziehungen die Zielidentität, die Zielneutralität, die Zielkomplementarität, die Zielkonkurrenz und die Zielantinomie [vgl. HEINEN, 1992: S. 101ff. u. KAHLE, 1997: S. 29]. In diesem Kontext sind für die Zielvariablen (Betriebswirtschaftliche und technische Ziele) die Zielkonkurrenz und die Zielantinomie besonders zu beachten.

Um aber einen Soll-Ist-Vergleich sowie ein Controlling des Zielerreichungsgrades für Produktstrukturelemente durchführen zu können, ist eine Zuordnung der Zielwerte bis auf die Elementeebene (Top-Down-Vorgehen) unerläßlich. Für diese Dekompensation der Optimierungsziele soll auf in der betrieblichen Praxis bewährte Methoden, insbesondere von Methoden des Produktplanungsprozesses zurückgegriffen werden. Mit Hilfe des Target Costings ist es möglich, die wirtschaftlichen Optimierungsziele über die sogenannte Zielkostenspaltung bis auf die Produktstrukturelemente herunterzubrechen [vgl. KARSTEN ET AL., 1997: S. 52]. Hierbei müssen in einem ersten Schritt die wesentlichen Kundenanforderungen an ein Produkt erhoben werden [vgl. THEUERKAUF, 1989: S. 1179]. Auf Basis der ermittelten Kundenanforderungen ist dann eine Gewichtung der einzelnen Produktstrukturelemente möglich.

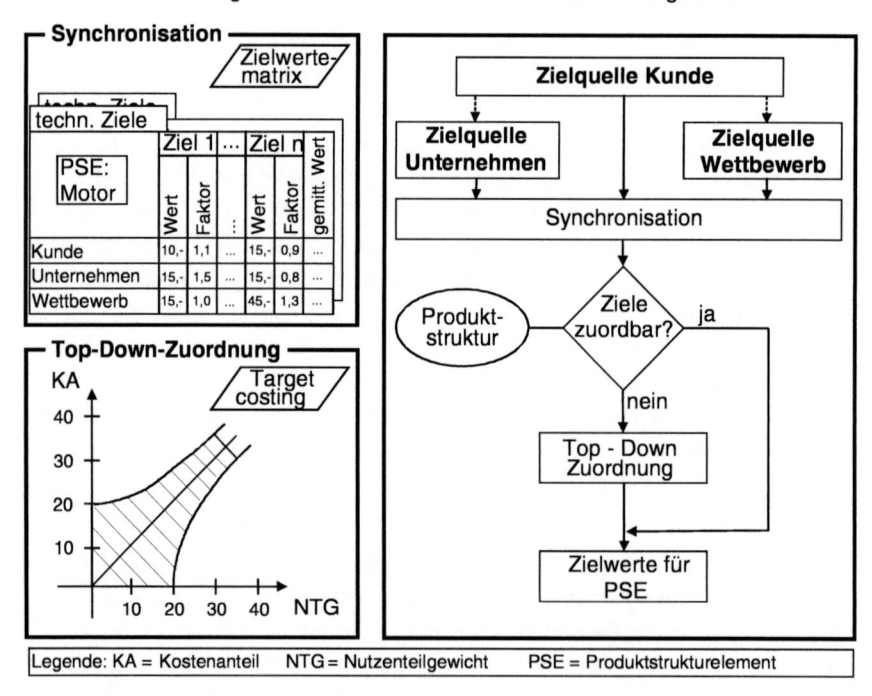

Bild 4-12: Zielwertbestimmung

Die jeweilige Relevanz eines PSE zur Erfüllung einer bestimmten Kundenanforderung wird dabei abgeschätzt [vgl. KARSTEN ET AL., 1997: S. 53]. Ziel der nachfolgenden Optimierungszielkostenspaltung ist es, die festgelegten Zielkosten des Produktes derart auf die Produktkomponenten zu verteilen, daß sie den vom Kunden an das Produkt gestellten Anforderungen entsprechen. Die einzelnen Zielkomponentenkosten sollen sich dabei genauso verhalten wie die einzelnen Gewichtungsfaktoren der

Produktstrukturelemente [vgl. KARSTEN ET AL., 1997: S. 52]. Hierzu kann die sogenannte „Spaltungsmatrix für Optimierungsziele" eingesetzt werden. Auf Basis der ermittelten betriebswirtschaftlichen Zielwerte für die Produktstrukturelemente ist eine Bilanzierung des betrachteten Produktes möglich (vgl. **Bild 4-13**). Hierzu werden die Kosten elementeweise durch einen Soll-Ist-Vergleich verrechnet und die sich ergebenden Differenzen (positiv und negativ) phasenweise zusammengefaßt.

Algorithmus

$$\Delta K_{Nut} = \sum_{i=1}^{n} \Delta K_{Nut,i}$$

$$= \Delta K_{Nut,1} + \Delta K_{Nut,2} + \ldots \Delta K_{Nut,n} + \ldots \Delta K_{Nut,n-1}$$

$$= (K_{Nut,1} - Z_{Nut,1}) + (K_{Nut,2} - Z_{Nut,2}) + \ldots$$

$$+ (K_{Nut,n} - Z_{Nut,n}) + \ldots + (K_{Nut,n-1} - Z_{Nut,n-1})$$

Legende: ▬ = Zielwert
▨ = Abweichungskosten
☐ = zulässige Kosten

Produktbilanz

PSE: Umwälzpumpe

Kostensenkungspotentiale:
$$\Sigma \Delta K_G = \Sigma \Delta K_{Pla} + \Sigma \Delta K_{Rea} + \Sigma \Delta K_{Nut} = < 0$$

Aufwandsreduzierung:
$$\Sigma \Delta K_G = \Sigma \Delta K_{Pla} + \Sigma \Delta K_{Rea} + \Sigma \Delta K_{Nut} = > 0$$

Legende: $\triangle K_G$ = Abweichungskosten, gesamt $\triangle K_{Pla}$ = Abweichungskosten, Planung
$\triangle K_{Nut}$ = Abweichungskosten, Nutzung $\triangle K_{Rea}$ = Abweichungskosten, Realisierung
▨ Betrachtungsbereich Z = Zielwert

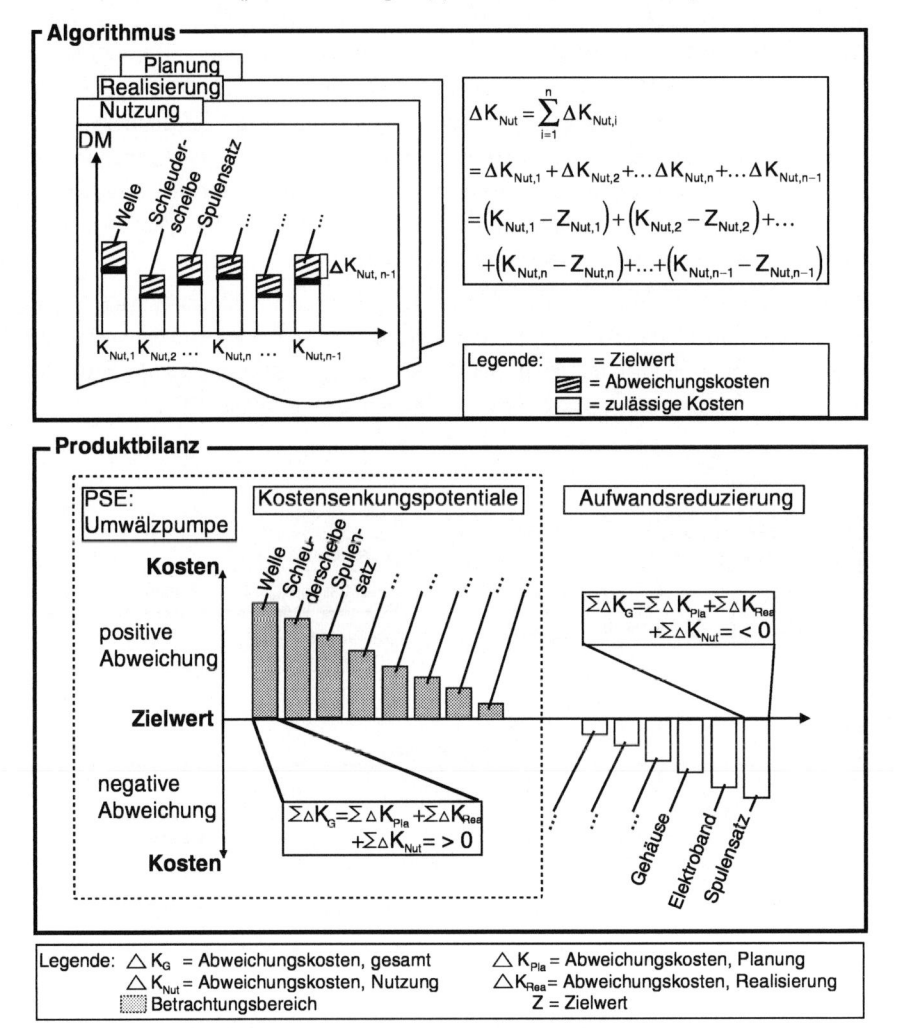

Bild 4-13: Betriebswirtschaftliche Abweichungsanalyse

Ergebnis dieses Schrittes sind die Abweichungskosten für jedes Produktstrukturelement. Als Hilfsmittel zur graphischen Darstellung der Sachverhalte bietet sich das Histogramm an. Durch eine Betrachtung aller Produktstrukturelemente können so elementeorientiert Kostensenkungspotentiale, aber auch potentielle Aufwandsreduzierungen[31] sehr schnell identifiziert werden. Analog zur Vorgehensweise bei der Klassifizierung der wirtschaftlichen Produktleistung kann auch die technische Produktfehlleistung durch einen Soll-Ist-Vergleich für die definierte Maßzahl ermittelt werden. Bei der Bilanzierung der technischen Produktleistung muß für die Realisierungsphase und die Nutzungsphase getrennt vorgegangen werden. Der Grund hierfür liegt in der Verwendung unterschiedlicher Bewertungszahlen zur Beurteilung der Produktqualität. Die technischen Zielwerte für die Realisierungsphase können analog zur Vorgehensweise zur betriebswirtschaftlichen Zielfestlegung ermittelt werden. Da aber in der Regel nur die Zielquelle „Unternehmen" beachtet werden muß, kann auf eine Synchronisation der Zielwerte verzichtet werden.

Durch einen Soll-Ist Vergleich bezüglich des Ausfallverhaltens ist eine Klassifizierung der Produktstrukturelemente möglich (vgl. **Bild 4-14**). Grundsätzlich können bei der Klassifizierung zwei Fälle auftreten. Der Fall II ($\Delta ppm_{Rea} > 0$), d.h. die Aufwandsreduzierung bzw. Zielanpassung, soll dabei im Rahmen dieser Arbeit nicht weiter verfolgt werden.

Produktbilanz

PSE: Laufrad

Lesebeispiel:
Fall I: $\Delta ppm_{Rea} = Z_{Rea} - ppm_{Rea} < 0$

Lesebeispiel:
Fall II: $\Delta ppm_{Rea} = Z_{Rea} - ppm_{Rea} > 0$

P_1 P_2 P_n ... P_{n-1} Prüfprozesse

Legende: ppm_{Rea} = Ausfallrate (in ppm), Realisierungsphase   — = Zielwert
P = Prüfprozeß   ▨ = Optimierungspotential
Z_{Rea} = Zielwert, Realisierungsphase   ☐ = zulässige Ausfallrate
⌐⌐ = Aufwandsreduzierungspotential/ Zielanpassung

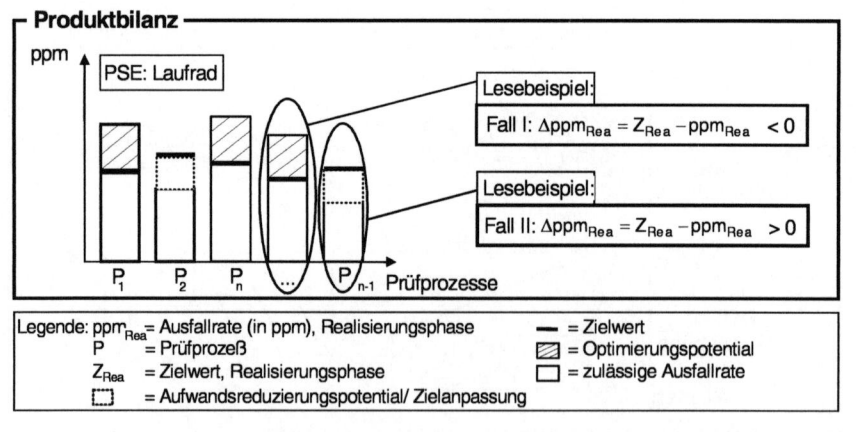

Bild 4-14: Technische Abweichungsanalyse für die Realisierungsphase

Für die Klassifizierung der Produktstrukturelemente in der Nutzungsphase wurde in Kapitel 2 die Ausfallrate definiert. In der Praxis hat sich aber die Ausfallrate als Funktion der Zeit $\lambda(t)$ als ungeeignet herausgestellt. Begründet werden kann dieses durch

---

[31] Der Themenkomplex der Aufwandsreduzierung soll im Rahmen dieser Arbeit nicht betrachtet werden.

Detaillierung der Methodik   Seite 77

die stetige Verteilung der Werte. Ein Abgleich zwischen der Situationsprognose (Zuverlässigkeits-Soll-Werte) und der Situationsdiagnose (Zuverlässigkeits-Ist-Werte) ist nur mit erheblichem mathematischem Aufwand möglich.

Für die Praxis geeigneter hat sich als Maßzahl die durchschnittliche Ausfallrate (bezogen auf einen Zeitraum (t_n, t_{n-1})) herausgestellt. Im wesentlichen ist dieses begründet in der praktikablen Ermittlung sowohl für die Situationsprognose in der Planungsphase als auch für die Situationsdiagnose in der Nutzungsphase [vgl. PAULI ET AL., 1998: S. 382ff.]. Eine Bilanzierung, d.h. also ein Soll-Ist-Vergleich wird somit für die Nutzungsphase ermöglicht.

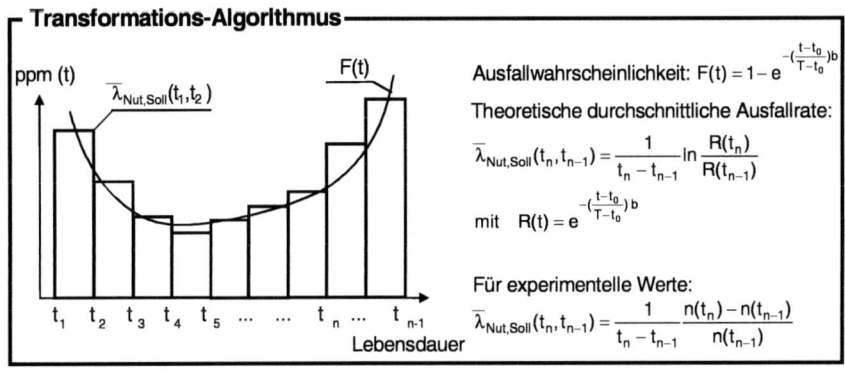

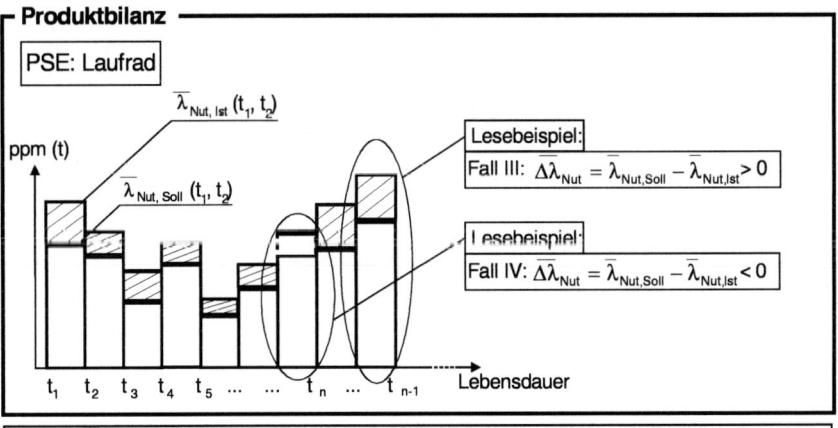

Transformations-Algorithmus

ppm (t), $\overline{\lambda}_{Nut,Soll}(t_1,t_2)$, F(t), Lebensdauer $t_1, t_2, t_3, t_4, t_5, \ldots t_n \ldots t_{n-1}$

Ausfallwahrscheinlichkeit: $F(t) = 1 - e^{-(\frac{t-t_0}{T-t_0})^b}$

Theoretische durchschnittliche Ausfallrate:

$$\overline{\lambda}_{Nut,Soll}(t_n, t_{n-1}) = \frac{1}{t_n - t_{n-1}} \ln \frac{R(t_n)}{R(t_{n-1})}$$

mit $R(t) = e^{-(\frac{t-t_0}{T-t_0})^b}$

Für experimentelle Werte:

$$\overline{\lambda}_{Nut,Soll}(t_n, t_{n-1}) = \frac{1}{t_n - t_{n-1}} \frac{n(t_n) - n(t_{n-1})}{n(t_{n-1})}$$

Produktbilanz

PSE: Laufrad

ppm (t), $\overline{\lambda}_{Nut, Ist}(t_1, t_2)$, $\overline{\lambda}_{Nut, Soll}(t_1, t_2)$, Lebensdauer $t_1, t_2, t_3, t_4, t_5, \ldots t_n \ldots t_{n-1}$

Lesebeispiel:
Fall III: $\Delta\overline{\lambda}_{Nut} = \overline{\lambda}_{Nut,Soll} - \overline{\lambda}_{Nut,Ist} > 0$

Lesebeispiel:
Fall IV: $\Delta\overline{\lambda}_{Nut} = \overline{\lambda}_{Nut,Soll} - \overline{\lambda}_{Nut,Ist} < 0$

Legende:
$\overline{\lambda}_{Nut, Soll}$ = durchschnittliche theoretische Ausfallrate, Nutzungsphase
$\overline{\lambda}_{Nut, Ist}$ = durchschnittliche tatsächliche Ausfallrate, Nutzungsphase
n = Anzahl
t = Lebensdauer
— = Zielwert
PSE = Produktstrukturelement
F(t), R(t) = Zuverlässigkeitsfunktion
___ = Optimierungspotential
⌐⌐⌐ = Aufwandsreduzierungspotential/Zielanpassung

Bild 4-15: Technische Abweichungsanalyse für die Nutzungsphase

Als Zielwert kann daher die theoretische durchschnittliche Ausfallrate $\overline{\lambda(t_n, t_{n-1})}$ verwendet werden. Diese Maßzahl hat sich als besonders geeignet für die Praxis herausgestellt [vgl. PAULI ET AL., 1998: S. 382ff.]. Wesentliche Grundlage hierfür ist die Kenntnis der theoretischen Verteilungsfunktion der Ausfallwahrscheinlichkeit $F(t)$[32] der einzelnen Produktstrukturelemente

$$F(t) = 1 - R(t)$$

Mit der Überlebenswahrscheinlichkeit $R(t)$ der Weibull-Verteilung

$$R(t) = e^{-\left(\frac{t-t_0}{T-t_0}\right)^b}$$

kann die Ausfallrate $\lambda(t)$

$$\lambda(t) = -\frac{d(\ln R(t))}{dt}$$

bestimmt werden. Die kumulierte Ausfallrate $\lambda_{Kum}(t_n, t_{n-1})$ kann dann mit Hilfe der Ausfallrate

$$\lambda_{Kum}(t_n, t_{n-1}) = \int_{t_n}^{t_{n-1}} \lambda(\tau) d\tau$$

$$= -\int_{t_n}^{t_{n-1}} \frac{d\ln R(t)}{d\tau} d\tau$$

$$= \ln R(t_n) - \ln R(t_{n-1}) = \ln \frac{R(t_n)}{R(t_{n-1})}$$

berechnet werden.

Die durchschnittliche theoretische Ausfallrate $\overline{\lambda_{theo}(t_n, t_{n-1})}$ ergibt sich als Integralmittelwert der kumulierten Ausfallrate $\lambda_{Kum}(t_n, t_{n-1})$

$$\overline{\lambda_{theo}(t_n, t_{n-1})} = \frac{1}{t_{n-1} - t_n} \int_{t_n}^{t_{n-1}} \lambda(\tau) d\tau$$

$$= \frac{1}{t_{n-1} - t_n} \ln \frac{R(t_n)}{R(t_{n-1})}$$

Liegen nur empirische Daten vor, z.B. aus Tests, so kann die zulässige Näherung

$$\overline{\lambda^*_{theo}(t_n, t_{n-1})} = \frac{1}{t_{n-1} - t_n} \frac{n(t_n) - n(t_{n-1})}{n(t_{n-1})}$$

---

[32] Zur Bestimmung der Ausfallwahrscheinlichkeit in der Planungsphase von Produkten sei auf die zahlreich vorhandene Literatur verwiesen, z.B. BERTSCHE [BERTSCHE, 1990].

Detaillierung der Methodik   Seite 79

zur Bestimmung der durchschnittlichen Ausfallrate verwendet werden.
Die reale durchschnittliche Ausfallrate, d.h. das tatsächliche Ausfallverhalten der PSE für die Nutzungsphase

$$\overline{\lambda_{Nut,Ist}}(t_n, t_{n-1})$$

kann dann mit Hilfe von Daten aus dem Isochronendiagramm ermittelt werden (vgl. Kap. 4.3.1). Ein Soll-Ist-Vergleich für die technische Produktleistung ist dann über den Vergleich der theoretischen bzw. der empirischen durchschnittlichen Ausfallraten mit der realen Ausfallrate möglich (vgl. **Bild 4-15**). Auch hier soll im Rahmen der vorliegenden Arbeit der Fall IV: $\overline{\Delta\lambda_{Nut}}(t_n, t_{n-1}) < 0$, nicht weiter betrachtet werden.

4.4 Analysemodell

Grundlage einer Methodik zur Optimierung der Produktqualität von Serienprodukten ist die umfassende Analyse der Ausfälle. Unter einer Fehleranalyse soll in diesem Kontext die Analyse der zur Verfügung stehenden Phasendaten der Fehlleistungsprodukte, aber auch die physische Analyse der schadhaften Produktstrukturelemente verstanden werden (vgl. **Bild 4-16**).

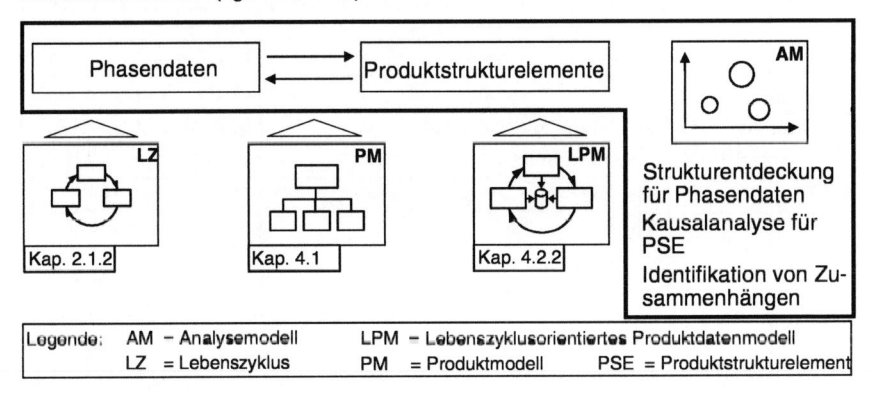

Bild 4-16: Analysemodell

Es wurde bereits angeführt, daß das Lebenszyklusorientierte Produktdatenmodell (LPM) neben der Identifizierung der Fehlerschwerpunkte auch die weitergehende Fehleranalyse unterstützen soll. Ziel ist es hier, in der Gesamtheit aller vorliegenden Daten der ausgefallenen Produkte Strukturen zu erkennen, die Rückschlüsse auf die Ausfallgründe der Produkte zulassen. Aus diesem Grund wurden in den Datenkomplexen für die einzelnen Lebenszyklusphasen auch Daten (Realisierungs- bzw. Nutzungsdaten) aufgenommen, die mit dem direkten Produktausfall nichts zu tun haben, aber trotzdem Zusatzinformationen beinhalten können (z.B. Umgebungstemperatur). Bei der Auswertung der vorliegenden empirischen Daten bedarf es aufgrund der hohen Datenvielfalt und Komplexität einer methodischen Unterstützung durch geeignete Hilfsmittel der empirischen Forschung. Fundamente der empirischen Forschung der Realwissenschaften sind hierbei die Methoden der multivariaten Datenanalyse [vgl. BACKHAUS, 1994: S. X].

Aus wissenschaftstheoretischer Sicht besteht die Notwendigkeit, die zur Verfügung stehenden relevanten Methoden zu untersuchen, wobei zwei Ziele verfolgt werden. Einerseits ist eine kritische Würdigung der Methoden im Anwendungszusammenhang vorzunehmen. Andererseits sind Schnittstellen für die Integration existierender Instrumente zu schaffen bzw. Erkenntnisse der angrenzenden Arbeiten auf die vorliegende Problemstellung zu übertragen [vgl. SCHMITZ, 1996: S. 21]. Vor diesem Hintergrund sollen nachfolgend multivariate Analysemethoden bezüglich des möglichen Adaptionspotentials untersucht werden.

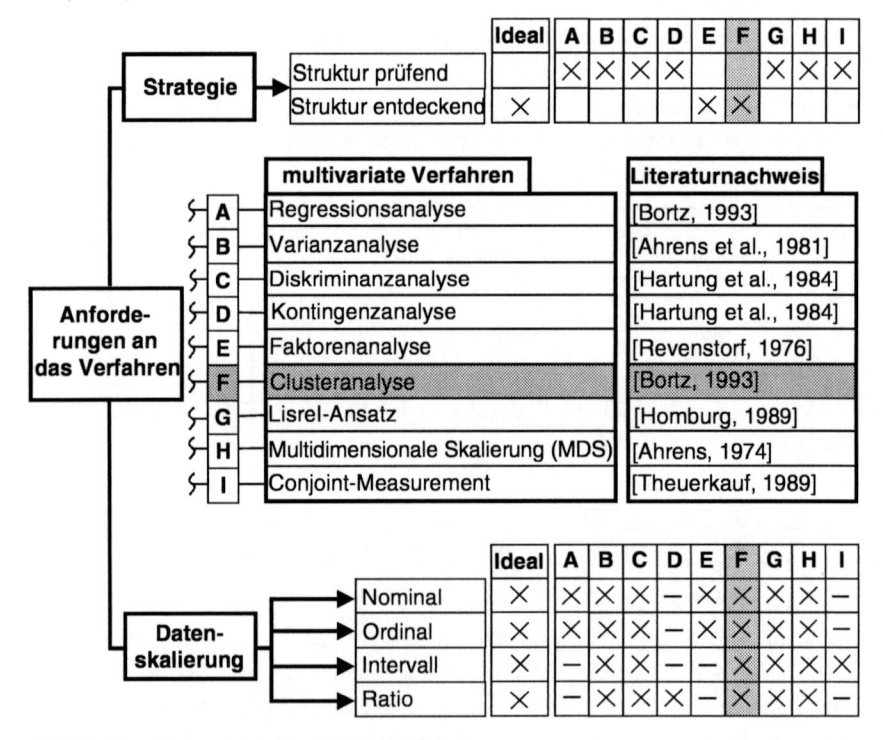

Strategie		Ideal	A	B	C	D	E	F	G	H	I
	Struktur prüfend		×	×	×	×			×	×	×
	Struktur entdeckend	×					×	×			

		multivariate Verfahren	Literaturnachweis
Anforderungen an das Verfahren	A	Regressionsanalyse	[Bortz, 1993]
	B	Varianzanalyse	[Ahrens et al., 1981]
	C	Diskriminanzanalyse	[Hartung et al., 1984]
	D	Kontingenzanalyse	[Hartung et al., 1984]
	E	Faktorenanalyse	[Revenstorf, 1976]
	F	Clusteranalyse	[Bortz, 1993]
	G	Lisrel-Ansatz	[Homburg, 1989]
	H	Multidimensionale Skalierung (MDS)	[Ahrens, 1974]
	I	Conjoint-Measurement	[Theuerkauf, 1989]

Datenskalierung		Ideal	A	B	C	D	E	F	G	H	I
	Nominal	×	×	×	×	–	×	×	×	–	
	Ordinal	×	×	×	×	–	×	×	×	–	
	Intervall	×	–	×	×	–	–	×	×	×	×
	Ratio	×	–	×	×	×	–	×	×	×	–

Bild 4-17: Bewertung der Analyseverfahren

Durch einen Vergleich mit den inhaltlichen Anforderungen können sowohl der prinzipielle Anwendungsbezug als auch die eventuell zusätzlich bestehenden Defizite der untersuchten Methoden ermittelt werden. **Bild 4-17** zeigt die Ergebnisse einer Anforderungsuntersuchung von ausgewählten, für diesen Anwendungsbezug besonders geeigneten Verfahren. Prinzipiell ist die Clusteranalyse aufgrund der hohen Überdeckung des Anforderungs- mit dem Leistungsprofil für diesen Anwendungszusammenhang geeignet. Bei einer weitergehenden Analyse können jedoch methodische Defizite für den vorliegenden Anwendungsfall determiniert werden, die einen Routineeinsatz bis heute nicht zulassen. Als wesentliche Defizite des Verfahrens in Bezug auf die konkrete Problemstellung können hier festgehalten werden:

- eine fehlende methodische Unterstützung bezüglich der im Vorfeld notwendigen Auswahl und Reduzierung der zu betrachtenden Entities,
- geringe Unterstützung bei der Behandlung von gemischt skalierten Datensätzen und
- ein generell hoher mathematische Aufwand verbunden mit einem hohen Komplexitätsgrad.

Aufgrund der aufgezeigten Nachteile konnte sich daher das Verfahren für diesen Anwendungsfall bis heute nicht in der betrieblichen Praxis etablieren. Nachfolgend sollen für diese methodischen Defizite die entsprechenden Hilfsmittel und Instrumente entwickelt werden, die einen Einsatz dieses Verfahrens ermöglichen.

4.4.1 Auswahl und Reduktion relevanter Entitäten

Aufgrund der Tatsache, daß bestehende Serienprodukte mit ausreichend langer Serienlaufzeit betrachtet werden, stehen eine Vielzahl von Entities aus allen Phasen zur Auswertung zur Verfügung. Eine Komplexitäts- und Aufwandsreduzierung kann erreicht werden, wenn nur einige wenige repräsentative Entities einer Gruppenbildung und anschließenden Interpretation unterzogen werden. Zur Auswahl und Reduktion der relevanten Entities wurde ein zweistufiges Verfahren entwickelt.

In der ersten Stufe sollte versucht werden, die prinzipiell für eine Auswertung vorhandenen Entities des Lebenszyklusorientierten Produktdatenmodells LPM auf einige wenige, relevante Entities zu reduzieren. Prinzipiell stehen hierzu die

- analytische Reduzierung und die
- empirische Reduzierung

zur Verfügung.

Meistens liegen zwischen einzelnen Entitäten Abhängigkeiten vor, die ein Ergebnis sehr verfälschen können. Zur Identifizierung dieser Abhängigkeiten können im Rahmen einer analytischen Reduzierung mathematische Verfahren eingesetzt werden. Beziehungen zwischen einer abhängigen und einer oder mehreren unabhängigen Entities können mit Hilfe der Regressionsanalyse überprüft und quantitativ abgeschätzt werden [vgl. BACKHAUS, 1994: S. XVII]. Eine Bündelung auf einige zentrale

Entities (Faktoren) kann durch die explorative Faktorenanalyse erreicht werden. Hochkorrelierte Variablen werden dabei identifiziert und zu einigen wenigen Faktoren zusammengefaßt. Meistens ist mit der Anwendung dieses Verfahrens aber auch ein Verlust von Ausgangsinformationen verbunden, was sich in späteren Schwierigkeiten bei der Identifizierung von Strukturen und der Gruppenbildung äußern kann. Expertenwissen über das Verhalten der Produkte aus der laufende Serie (z.B. aus dem technischen Kundendienst) oder von vorhergehenden vergleichbaren Serienprodukten sollte für eine empirische Reduzierung genutzt werden. Meistens ist dieses Wissen jedoch datentechnisch nicht erfaßt und damit schwer zugänglich. Nach der Auswahl der relevanten Entities kann in einer zweiten Stufe eine weitere Komplexitäts- und Aufwandsreduzierung durch eine Beschränkung der auszuwertenden Produktstrukturelemente, d.h. der Grundgesamtheit erfolgen. Einer Beschränkung der Datensätze steht aber dann natürlich auch eine statistische Unsicherheit der Aussage gegenüber. Wesentlich beeinflußt wird die statistische Unsicherheit durch die zulässige vorher zu definierende Konfidenzintervallbreite. Mit Hilfe der „Fehlerspannformel"[33] ist es möglich, für einen Vertrauensbereich (Konfidenz-Intervallbreite) den notwendigen Stichprobenumfang n zu ermitteln (vgl. **Bild 4-18**).

$$n = \frac{z^2 pq}{k^2}$$

Dabei repräsentieren p und q die Anteilswerte der Verteilung eines Merkmals in der Grundgesamtheit, z den Konfidenzkoeffizienten und k die Konfidenzintervallbreite. In der Praxis wird der Konfidenzkoeffizient $z=2$[34] verwendet. Generell gilt, daß mit kleiner werdendem Konfidenzintervall bei konstantem Konfidenzkoeffizienten der benötigte Stichprobenumfang quadratisch wächst [vgl. BORTZ, 1993: S. 101]. Zur schnellen und einfachen Ermittlung von Stichprobenumfängen können Nomogramme verwendet werden. Die Vorgehensweise zur Ermittlung des Stichprobenumfangs zeigt Bild 4-18.

---

[33] Wesentliche Voraussetzung für die Anwendung der Formel ist, daß die Merkmale einer Normalverteilung unterliegen [vgl. WETTSCHUREK, 1974: S. 174ff.]. Für den vorliegenden Fall kann dies vorausgesetzt werden.
[34] Argumentationen mit einem Konfidenzkoeffizienten von $z=2$ besitzen ein Signifikanzniveau von 2σ (Sicherheitsgrad 95%) [vgl. WETTSCHUREK, 1974: S. 177].

Fehlerspannformel

homograder Fall:
(von p-k bis p+k)

$$n = \frac{z^2 p q}{k^2}$$

heterograder Fall:
(von $\bar{x}-k$ bis $\bar{x}+k$)

$$n = \sqrt{\frac{k}{z \sum (\bar{x} - x)^2}}$$

Legende:
k = Konfidenzintervallbreite
n = Umfang, Stichprobe
p, q = Anteilswerte der Verteilung
x = Mittelwert der Stichprobe
z = Konfidenzkoeffizient

Nomogramm

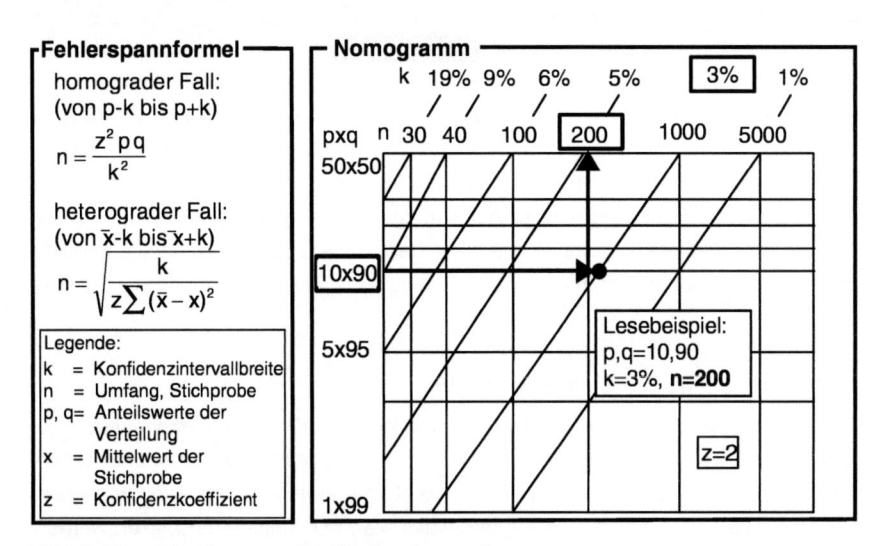

k 19% 9% 6% 5% [3%] 1%
pxq n 30 40 100 [200] 1000 5000
50x50
10x90
5x95
1x99

Lesebeispiel:
p,q=10,90
k=3%, n=200

z=2

Bild 4-18: Bestimmung des Stichprobenumfangs

Im **Anhang B** ist ein solches Nomogramm vollständig abgebildet. Durch eine Variation der verschiedenen Parameter kann die Stichprobengröße nachhaltig beeinflußt werden. Zu beachten ist, daß die Fehlerspannformel völlig unabhängig von der Grundgesamtheit N ist. Sie besitzt nur Gültigkeit, wenn das Verhältnis des Auswahlsatzes n:N sehr klein ist. Bei größeren Auswahlsätzen muß ein Korrekturfaktor K_F berücksichtigt werden [vgl. WETTSCHUREK, 1974: S. 178].

$$K_F = \sqrt{\frac{N-n}{N-1}}$$

Deutlich gesenkt werden kann die Anzahl der Datensätze, wenn statt der Zufallsstichprobe eine stratifizierte oder geschichtete Stichprobe eingesetzt wird. Hierbei müssen aber die Determinanten, die die Verteilung der Merkmale beeinflussen, z.B. durch Expertenwissen, bekannt sein [vgl. WETTSCHUREK, 1974: S. 196]. Auf Basis dieser Determinanten kann dann eine Stichprobe zusammengestellt werden, die einen kleineren Umfang aufweist als die Zufallsstichprobe. Sind die Entities sowie die Anzahl der dazugehörigen Datensätze definiert, empfiehlt es sich, einen Test bezüglich der Datenqualität der Datensätze durchzuführen. Wesentliche Untersuchungsschwerpunkte sollten hierbei

- Vollständigkeit,
- Plausibilität und
- Homogenität

sein. Insbesondere bei Daten aus der Nutzungsphase hat die Erfahrung gezeigt, daß Datensätze unvollständig bzw. nicht konsistent aus dem Feld übermittelt werden. Für einen Test auf Homogenität bietet sich hier das Single-Linkage-Verfahren an [vgl. BACKHAUS, 1994: S. 313]. Ausreißer können hiermit sehr schnell identifiziert und somit von einer weiteren Betrachtung ausgeschlossen werden. Nachdem in diesem Kapitel die wesentlichen Punkte zur Auswahl der Entities sowie der Bestimmung der Qualität und Quantität der Datensätze vorgestellt wurden, sollen nun nachfolgend die wesentlichen Algorithmen zur Gruppenbildung und Strukturerkennung dargestellt werden.

4.4.2 Bestimmung des Proximitätsmaßes

Um Gruppen zwischen einzelnen Elementen bilden und Strukturen erkennen zu können, ist es notwendig, Ähnlichkeiten zwischen den einzelnen Produktstrukturelementen festzustellen und diese dann mit Hilfe von Grenzwerten zu Gruppen zusammenzufassen. Die hierzu benötigten Algorithmen sollen nachfolgend entwickelt werden. Als wesentliches Maß zur Quantifizierung der Ähnlichkeit zwischen Produktstrukturelementen soll das Proximitätsmaß verwendet werden. Hierbei wird zwischen dem Distanzmaß und dem Ähnlichkeitsmaß unterschieden. Das Distanzmaß wird verwendet, wenn der absolute Abstand zwischen zwei PSE von Interesse ist. Das Ähnlichkeitsmaß findet hingegen Anwendung, wenn die Ähnlichkeit zwischen den PSE von Bedeutung ist und das absolute Niveau nicht von Interesse ist. Für den vorliegenden Anwendungsfall kann keine allgemeingültige Anwendungsregel abgeleitet werden. Die Entscheidung, welches Maß zum Einsatz kommt, muß für jede Entität individuell gefällt werden. Bei der mathematisch-analytischen Bestimmung des Proximitätsmaßes muß berücksichtigt werden, daß die Rohdaten des Lebenszyklusorientierten Produktdatenmodells LPM in unterschiedlicher Ausprägung vorliegen. Grundsätzlich unterscheiden sich die Datensätze hierbei durch das beschreibende Skalenniveau[35]. Man spricht in diesem Zusammenhang auch von gemischt-skalierten Datensätzen. Zur Ermittlung des Proximitätsmaßes bei gemischt-skalierten Datensätzen stehen zwei Verfahren zur Verfügung [vgl. BORTZ, 1993: S. 527]:

- Transformation von Datensätzen mit höherem Skalenniveau (metrische Skalen) in Daten mit niedrigerem Skalenniveau (nicht-metrische Skalen). Durch diese Transformation ist aber immer eine „Verzerrungsgefahr" bei den Ergebnissen zu erwarten [vgl. BACKHAUS, 1994: S. 265].

- Getrennte Berechnung der Proximitätsmaße für die verschiedenen Skalen eines PSE mit anschließender Bestimmung eines gewichteten Gesamtproximitätsma-

---

[35] Generell unterscheidet man zwischen metrischen (Intervall- und Ratioskala) und nicht metrischen (Ordinal- und Nominalskalen) Skalen [vgl. BORTZ, 1993: S. 20ff.].

ßes. Hierbei können auch Ähnlichkeitsmaße und Distanzmaße miteinander verbunden werden.

Für den vorliegenden Anwendungsfall bietet es sich an, den zweiten Lösungsweg zu wählen. Neben einer „Verzerrung" der Ergebnisse kann damit auch der Vorteil der Integration von Ähnlichkeits- und Distanzmaß genutzt werden. Auf Basis der ausgewählten Produktstrukturelemente (PSE) mit den zusammengehörigen Phasendaten aus dem Lebenszyklusorientierten Produktdatenmodell (LPM) kann die sogenannte „Phasenrohdatenmatrix" für Produktstrukturelemente aufgebaut werden (vgl. **Bild 4-19**). Welches Produktstruktelement ausgewählt wird, hängt im wesentlichen von den Ergebnissen und Auswertungen aus dem Potentialmodel (PoM) ab. Hierbei können sinnvollerweise sowohl Baugruppen als auch Einzelteile für eine weitere Betrachtung bestimmt werden. Grundsätzlich sollte aber versucht werden, möglichst auf den unteren Stufen der Produktstruktur (Einzelteil- bzw. Baugruppenebene) eine Clusteranalyse durchzuführen. Zum einen ist die Komplexität geringer, zum anderen ist meistens auch die Qualität und Quantität der Daten besser. Die Qualität der erreichten Ergebnisse kann hiermit wirkungsvoll beeinflußt werden.

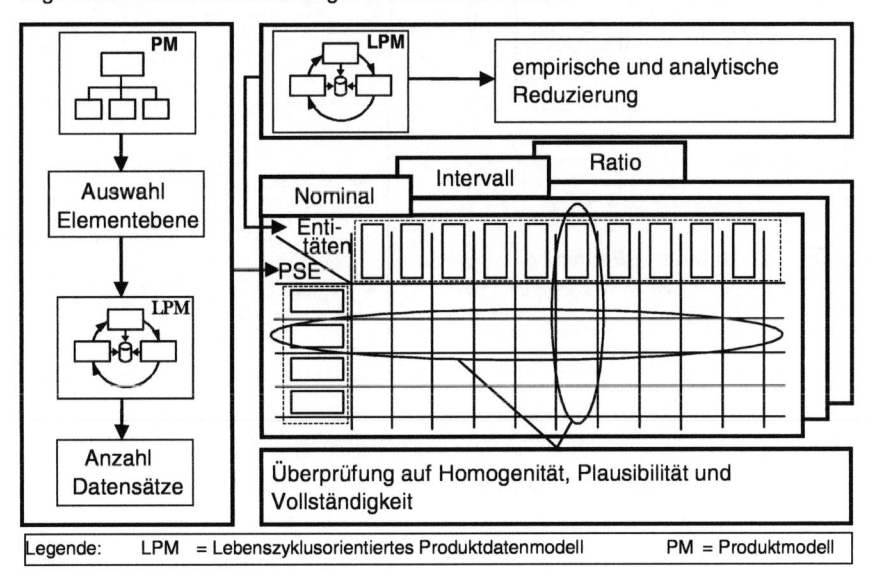

Bild 4-19: Phasenrohdatenmatrix

Für die ausgewählten PSE der Stichprobe (Zufallsstichprobe oder stratifizierte Stichprobe) werden in einer Matrix die dazugehörigen Entities und Datensätze aufgetragen. Zur Bestimmung des Proximitätsmaßes wird die Phasenrohdatenmatrix in eine Proximitätsmaßmatrix überführt (vgl. **Bild 4-20**).

Phasendatenmatrix (Nominal) (n x m)

PSE, 9805XS, 9803XS, $a_{n,m}$

Ähnlichkeit:

$$a_{n,m} = \frac{b + \alpha c}{b + \alpha c + \beta(c + d)}$$ mit:

a, b, c, d = Eigenschaften
$a_{n,m}$ = Ähnlichkeit zwischen den PSE n, m
α, β = Gewichtungsfaktoren

Zusammengesetztes Proximitätsmaß (y x z)

PSE, 9805XS, 9803XS, $p_{y,z}$

Phasendatenmatrix (Intervall oder Ratio) (k x l)

PSE, 9805XS, 9803XS, $d_{k,l}$ oder: $a_{k,l}$

$$p_{y,z} = \frac{\gamma d_{k,l} + \eta(1 - a_{n,m})}{2}$$ mit:

$p_{y,z}$ = Proximitätsmaßstab
γ, η = Gewichtungsfaktoren

Distanz:

$$d_{k,l} = \left[\sum_{j=1}^{J} |x_{k,j} - x_{l,j}|^2\right]^{1/2}$$

$d_{k,l}$ = Distanz der PSE k und l
$x_{k,j}; x_{l,j}$ = Ausprägung der Eigenschaft j bei PSE k (bzw. l)

Legende: PSE = Produktstrukturelement

Ähnlichkeit:

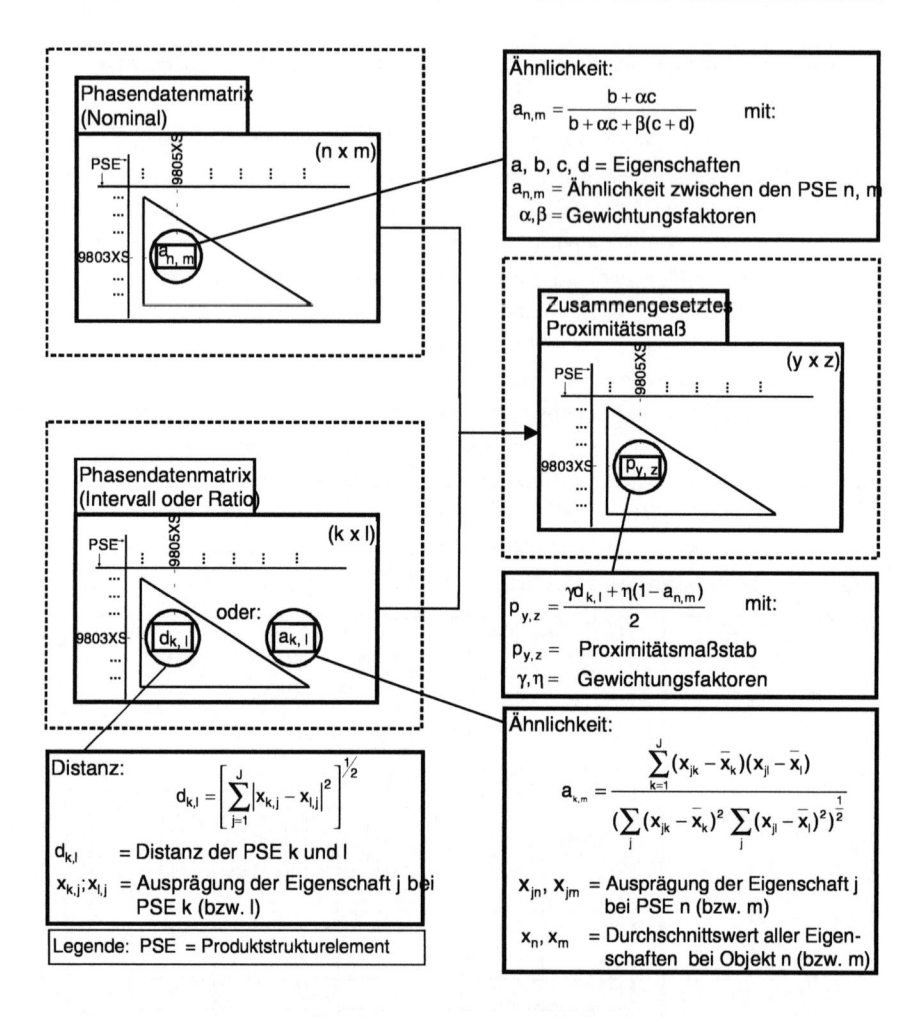

$$a_{k,m} = \frac{\sum_{k=1}^{J}(x_{jk} - \bar{x}_k)(x_{jl} - \bar{x}_l)}{(\sum_j (x_{jk} - \bar{x}_k)^2 \sum_j (x_{jl} - \bar{x}_l)^2)^{\frac{1}{2}}}$$

x_{jn}, x_{jm} = Ausprägung der Eigenschaft j bei PSE n (bzw. m)
x_n, x_m = Durchschnittswert aller Eigenschaften bei Objekt n (bzw. m)

Bild 4-20: Ähnlichkeitsrechnungen für Produktstrukturelemente

Gemäß der gewählten Lösungsstrategie werden für die verschiedenen Skalierungsarten getrennte Proximitätsmaßmatrizen benötigt. Nominale Merkmale, die aus mehr als zwei Merkmalsausprägungen bestehen, werden hierbei in binäre Hilfsvariablen zerlegt[36]. Die Berechnung des Proximitätsmaßes ist damit möglich. Für jede Matrix ist zu entscheiden, welches Maß (Ähnlichkeits- oder Distanzmaß) zu verwenden ist. Es wurde bereits angedeutet, daß aufgrund der verschiedenen Skalenniveaus mehrere einzelne Proximitätsmaße zu einem Gesamtproximitätsmaß zusammengeführt

---

[36] Die entsprechenden Algorithmen zur Transformation sind in der Literatur ausreichend beschrieben, z.B. bei BACKHAUS [BACKHAUS, 1994].

werden müssen. Liegen nur Einzelproximitätsmaße p_i einer Art vor (z.B. Ähnlichkeitsmaße), so kann das Gesamtproximitätsmaß P_{ges} der Formel

$$P_{Ges} = \sum_{i=1}^{n} p_i$$

berechnet werden. Hierbei entsprechen die Einzelproximitätsmaße entweder alle dem Ähnlichkeitsmaß $p_i=a_i$ oder dem Distanzmaß $p_i=d_i$. Gegebenfalls können die einzelnen Proximitätsmaße noch mit Gewichtungsfaktoren versehen werden [vgl. BORTZ, 1993: S. 527]. Den Spezialfall, daß Ähnlichkeits- und Distanzmaße bei gemischt skalierten Attributen zusammengeführt werden müssen, zeigt **Bild 4-20** [vgl. BORTZ, 1993: S. 527]. Zur Ermittlung des zusammengesetzten Proximitätsmaßes wird das arithmethische Mittel eingesetzt. Auch hier können gegebenenfalls das Ähnlichkeits- und Distanzmaß mit Gewichtungsfaktoren vorgesehen werden. Nachdem die wesentlichen Algorithmen zur Bestimmung der Ähnlichkeit von Produktstrukturelementen auf Basis der vorhandenen Phasendaten entwickelt worden sind, sollen nun nachfolgend die wesentlichen Algorithmen zur Fusionierung und Strukturerkennung vorgestellt werden. Hierzu müssen geeignete Algorithmen zur Bestimmung der Ähnlichkeit bzw. der Distanz der einzelnen Produktstrukturelemente hergeleitet und beschrieben werden. Auf Basis der identifizierten Ähnlichkeiten/Distanzen können dann entsprechende Strukturen und Gruppen gebildet werden.

4.4.3 Fusionierungsalgorithmus und Strukturerkennung

Die bisherigen Ausführungen haben gezeigt, wie aus den Ausgangsdaten des Lebenszyklusorientierten Produktdatenmodells (LPM) die Proximitätsdatenmatrix erstellt werden kann und wie sich im folgenden die zusammengesetzten Proximitätsmaße errechnen lassen. Zur weiteren Fehler-Ursache-Betrachtung ist aber ein Zusammenfassen (Fusionierung) der Produktstrukturelemente zu Clustern notwendig. Auf Basis der Cluster (Strukturerkennung) ist dann eine zielgerichtete Fehler-Ursache-Analyse, d.h. eine Interpretation der Struktur, möglich. Für die Fusionierung der Produktstrukturelemente und die sich hieraus direkt ableitende Strukturerkennung sollen nun nachfolgend die entsprechenden Algorithmen entwickelt werden. Zur Gruppenbildung der Produktstrukturelemente bieten sich die polythetischen[37] Verfahren der Clusteralgorithmen an.

---

[37] Neben den polythetischen Verfahren sind prinzipiell auch noch die monothetischen Verfahren einsetzbar. Monothetische Verfahren zeichnen sich aber dadurch aus, daß sie zur Gruppierung nur eine Variable heranziehen [vgl. BACKHAUS, 1993: S. 281]. Sie sollen aufgrund dieser Tatsache in diesem Zusammenhang nicht eingesetzt werden.

Bei diesen Verfahren werden simultan alle Variablen der Produktstrukturelemente zur Gruppenbildung herangezogen. Für andere ähnlich lautende Fragestellungen in den Ingenieurswissenschaften haben sich in der Verfahrensgruppe der polythetischen Verfahren die hierachischen[38] und insbesondere hier das agglomerative Verfahren bewährt. Dieses Verfahren soll daher aufgrund der hohen Eignung für ingenieurwissenschaftliche Fragestellungen nachfolgend zum Einsatz kommen.

Man beginnt bei diesem Verfahren mit der feinsten Partionierung, d.h. jedes Produktstrukturelement bildet eine eigene Gruppe. In weiteren nachfolgenden Iterationen werden dann zunehmend mehrere Produktstrukturelemente zu Gruppen zusammengefaßt, bis schließlich alle Elemente eine Gruppe bilden [vgl. BORTZ, 1993: S. 528]. Den konkreten Anwendungsalgorithmus zur Fusionierung der einzelnen Produktstrukturelemente zeigt **Bild 4-21**.

Algorithmus

Start
↓
Suche nach den beiden PSE mit der geringsten Distanz/ größten Ähnlichkeit
↓
Zusammenfassung der beiden PSE zu einem Cluster
↓
Berechnung neuer Distanzen/ Ähnlichkeiten für die übrigen PSE
↓
Alle PSE in einer Gruppe? — nein ↑
↓ ja
Ende

Transformationsalgorithmus

Single Linkage

$D(PSEX, PSE1+PSE2) = A \, D(PSEX, PSE1) + B \, D(PSEX, PSE2) - G[D(PSEX, PSE1) - D(PSEX, PSE2)]$

Complete Linkage

$D(PSEX, PSE1+PSE2) = A \, D(PSEX, PSE1) + B \, D(PSEX, PSE2) + G[D(PSEX, PSE1) - D(PSEX, PSE2)]$

Berechnungsfaktoren

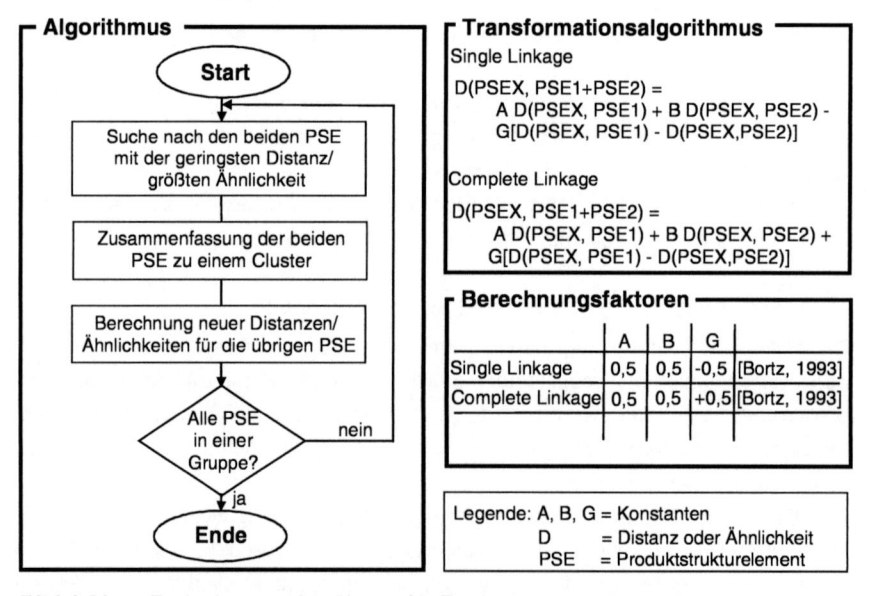

	A	B	G	
Single Linkage	0,5	0,5	-0,5	[Bortz, 1993]
Complete Linkage	0,5	0,5	+0,5	[Bortz, 1993]

Legende: A, B, G = Konstanten
D = Distanz oder Ähnlichkeit
PSE = Produktstrukturelement

Bild 4-21: Fusionierungsalgorithmus für Produktstrukturelemente

Ausgehend von den berechneten Proximitätsmaßen für die Ähnlichkeit bzw. Distanzmaße[39] wird aus der Phasendatenmatrix das Proximitätsmaß zwischen zwei

---

[38] Als weitere Verfahrensgruppe können hier noch die partionierenden Verfahren genannt werden [BORTZ, 1993].
[39] Es wurde schon in Kapitel 4.4.2 darauf hingewiesen, daß die Entscheidung, welches Maß zum Einsatz kommt, von den individuellen Entities der Produktstrukturelemente abhängt. Für die weitere mathematische Verwendung ist es unerheblich, ob das Distanz- oder das Ähnlichkeitsmaß verwendet wird.

Produktstrukturelementen ausgewählt, das entweder die geringste Distanz (bei Distanzmaßen) oder die größte Ähnlichkeit (bei Ähnlichkeitsmaßen) besitzt. Diese beiden Produktstrukturelemente (PSE 1, PSE 2) faßt man dann zu einer Gruppe zusammen. Die Zahl der Gruppen nimmt um eins ab. Für die übrigen Produktstrukturelemente wird dann eine neue (reduzierte) Phasendatenmatrix berechnet. Grundsätzlich reduziert sich die neue Phasendatenmatrix gegenüber der vorhergehenden jeweils um eine Zeile und eine Spalte. Die Berechnung der neuen Proximitätsmaße, d.h. die Vereinigung der Produktstrukturelemente (PSE X) mit der neuen Gruppe (PSE 1, PSE 2), kann unter Zuhilfenahme des Single-Linkage-Verfahren[40] bzw. des Complete-Linkage-Verfahren[41] durchgeführt werden. Die Algorithmen zur Anwendung der Fusionierung zeigt Bild 4-21. Dieser Algorithmus wird solange angewendet bis alle Produktstrukturelemente einer Gruppe zugeteilt sind. Welches Verfahren zur Fusionierung letztendlich zum Einsatz kommt, hängt hier sowohl von den Eingangsdaten als auch von den erwarteten Ergebnissen ab. Es empfiehlt sich, beide Verfahren durchzurechnen, um dann die Ergebnisse hinsichtlich Plausibilität und Konsistenz zu vergleichen und das für den speziellen Anwendungsfall geeignetste auszuwählen.

Die Ergebnisse der Fusionierung der Produktstrukturelemente können in sogenannten Dendogrammen graphisch dargestellt werden. **Bild 4-22** zeigt ein solches Diagramm. In Abhängigkeit der durchgeführten Durchläufe können so die in Clustern zusammengefaßten Produktstrukturelemente identifiziert werden. Zusätzlich können die Distanzen bzw. Ähnlichkeiten zwischen den Clustern entnommen werden. Gleichzeitig können Ausreißer identifiziert werden und aus einer weiteren Betrachtung ausgeschlossen werden. Zu beachten ist, daß soviele Durchläufe durchgeführt werden, bis alle Produktstrukturelemente einem Cluster (d.h. alle Produktstrukturelemente gehören einem Cluster an) zugeteilt sind. Welche Clusterung (d.h. relevanter Durchlauf) nun letztendlich für die Interpretation und weitere Fehler-Ursache-Analyse ausgewählt wird, hängt von der Deutung und Beurteilung durch Experten ab. Für die Fehler-Ursache-Analyse ist es daher sinnvoll, eine Clusterung zu verwenden, für die gilt: Anzahl der Durchläufe << Anzahl der Elemente. Auf Basis der identifizierten Cluster ist es nun möglich, eine systematische Fehler-Ursache-Analyse für die einzelnen Cluster durchzuführen. Eine genaue Analyse der Phasendatensätze kann zu einer gezielten Strukturerkennung genutzt werden.

---

[40] Das Single-Linkage-Verfahren wird zu den kontrahierenden Verfahren gezählt. Ausreißer können in einem Objektraum sehr gut identifiziert werden. Nachteilig wirkt sich hierbei aber die Gefahr der Kettenbildung aus [vgl. HARTUNG, 1984: S. 457].

[41] Demgegenüber wird das Complete-Linkage-Verfahren zu den dilatierenden Verfahren gezählt. Aufgrund des Algorithmus neigt dieses Verfahren zur Bildung gleich großer Gruppen [vgl. HARTUNG, 1984: S. 457].

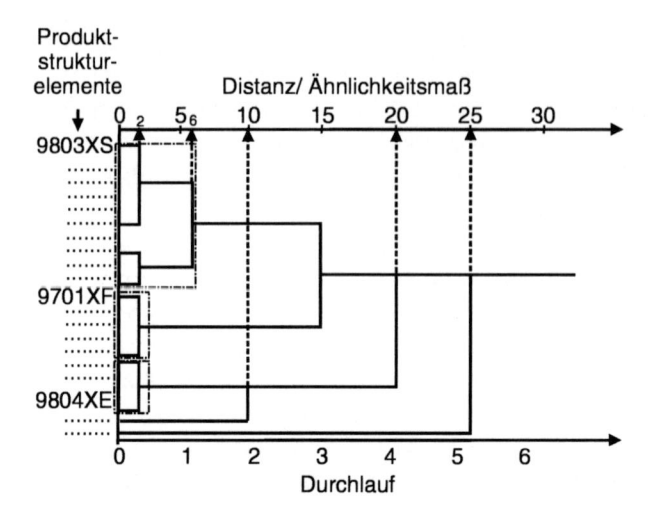

Bild 4-22: Dendogramm für Phasendaten

Ab einer gewissen Anzahl von zu untersuchenden Entities bietet es sich aber zur Komplexitätsbeherrschung an, eine weitere detaillierte Clusteranalyse durchzuführen. Durch die Gruppenbildung für einige wenige ausgewählte Phasendatensätze der Produktstrukturelemente können die Ergebnisse der Gruppenbildung so hinsichtlich ihrer Qualität deutlich positiv beeinflußt werden. Gleichzeitig müssen aber die verursachenden Gründe für den Produktausfall, soweit sie vom technischen Kundendienst[42] datentechnisch erfaßt worden sind und nicht schon von vornherein in die Clusteranalyse bzw. in die Auswahl der Produktstrukturelemente der Phasenrohdatenmatrix mit eingeflossen sind, zur Interpretation hinzugezogen werden. Ein Zusammenführen beider Analyseergebnisse kann dann Rückschlüsse auf die verantwortlichen Fehler-Ursache-Zusammenhänge der Produktstrukturelemente geben. Die Vorgehensweise zur detaillierten Analyse und Interpretation der identifizierten Cluster zeigt **Bild 4-23**. Die datentechnische Auswertung der Phasendaten aus dem Lebenszyklusorientierten Produktdatenmodell (LPM) zur Ermittlung von Fehler-Ursache-Zusammenhängen ist mit der Entwicklung der Fusionierungsalgorithmen abgeschlossen. In einem nächsten Kapitel soll nun die physische Kausalanalyse von ausgefallenen Produkten zur zusätzlichen Analyse vorgestellt werden

---

[42] Die Erfahrung hat gezeigt, daß die Angaben des technischen Kundendienstes bezüglich der ausfallverursachenden Gründe i.d.R. nicht vollständig sind.

```
PSE  5  10 15 20 25 30       Distanz/ Ähnlichkeitsmaß
      Cluster                 Phasendaten
                              Analyse der Phasendaten
                              => Identifizierung von Strukturen

      1 2 3 4 5 6 7 8         Iterationen

Produktstrukturelemente
Zusammenstellung der datentechnisch        Ableitung von Fehler-Ursache-
erfaßbaren Ausfallgründe                   Zusammenhängen
```

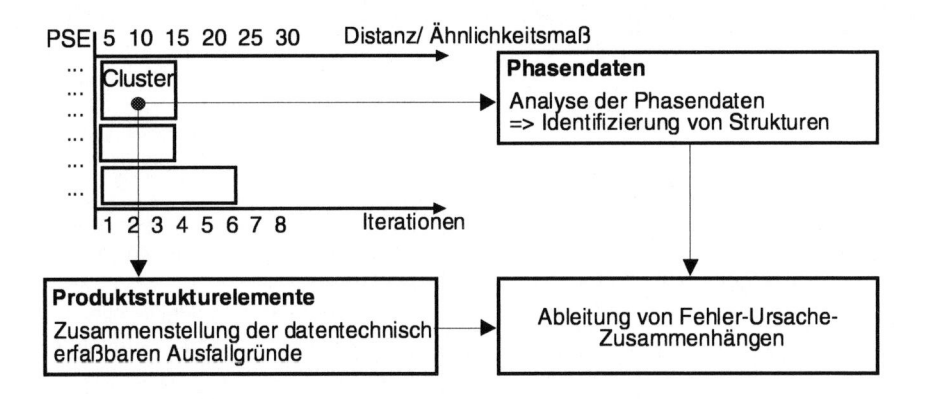

Bild 4-23: Zusammenführen von Analyseergebnissen

4.4.4 Kausalanalyse

Neben der reinen Analyse der Phasendaten können zusätzliche Informationen aus einer Kausalanalyse der schadhaften Produktstrukturelemente gewonnen werden. Meistens gibt es bei Unternehmen der Konsumgüterindustrie einen Rückfluß schadhafter Produktstrukturelemente durch den technischen Kundendienst. Gerade im Garantiezeitraum können so nahezu alle schadhaften Produktstrukturelemente einer Analyse unterzogen werden. Schwieriger gestaltet es sich aber bei der Auswertung von schadhaften Produktstrukturelementen, die keine Garantiefälle sind. Erfahrungsgemäß ist hier die Grundgesamtheit der zur Verfügung stehenden Produkte geringer, da hier der technische Kundendienst nicht mehr alle Produkte wartet bzw. instandsetzt. Die Vorgehensweise bei der Kausalanalyse von schadhaften Produktstrukturelementen differiert für einzelne Elementebenen erheblich. Nachfolgend soll daher auf Basis des Produktstrukturmodells eine ebenenangepaßte Vorgehensweise entwickelt werden. Grundsätzlich empfiehlt es sich, bei der Kausalanalyse eine Top-Down-Strategie zu wählen, d.h. bei der Analyse von der höchst möglichen Produktebene auszugehen. Gegebenenfalls können auch mehrere aufeinanderfolgende Analysen auf verschiedenen Ebenen sinnvoll sein. Hierbei wird differenziert zwischen der Kausalanalyse auf Produktebene (Fall I), auf Baugruppenebene (Fall II) und auf Einzelteilebene (Fall III). Eine Analyse auf Vormaterialebene führt in den meisten Fällen zu nicht eindeutigen Aussagen. Sie soll daher in diesem Kontext nicht weiter ausgeführt werden.

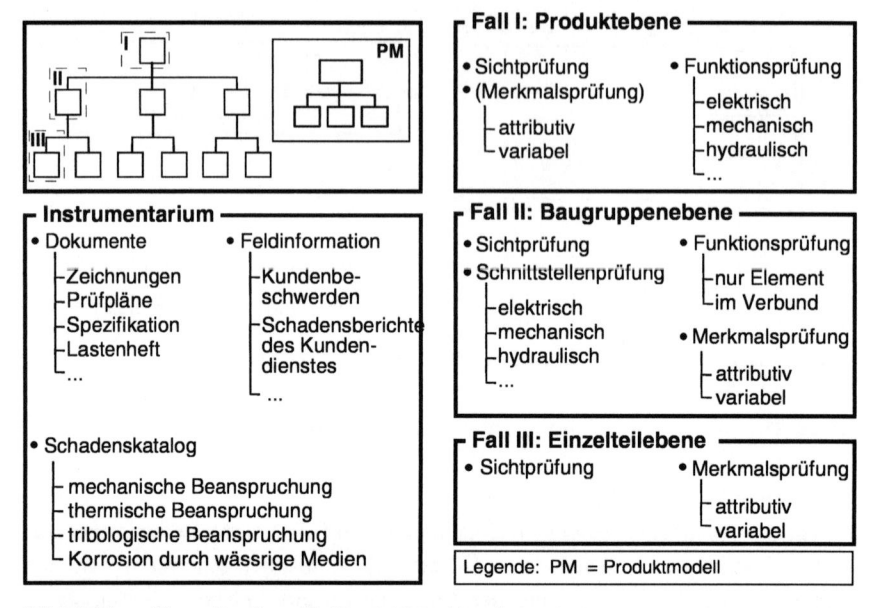

Fall I: Produktebene
- Sichtprüfung
- (Merkmalsprüfung)
  - attributiv
  - variabel
- Funktionsprüfung
  - elektrisch
  - mechanisch
  - hydraulisch
  - ...

Instrumentarium
- Dokumente
  - Zeichnungen
  - Prüfpläne
  - Spezifikation
  - Lastenheft
  - ...
- Feldinformation
  - Kundenbeschwerden
  - Schadensberichte des Kundendienstes
  - ...

- Schadenskatalog
  - mechanische Beanspruchung
  - thermische Beanspruchung
  - tribologische Beanspruchung
  - Korrosion durch wässrige Medien

Fall II: Baugruppenebene
- Sichtprüfung
- Schnittstellenprüfung
  - elektrisch
  - mechanisch
  - hydraulisch
  - ...
- Funktionsprüfung
  - nur Element
  - im Verbund
- Merkmalsprüfung
  - attributiv
  - variabel

Fall III: Einzelteilebene
- Sichtprüfung
- Merkmalsprüfung
  - attributiv
  - variabel

Legende: PM = Produktmodell

Bild 4-24: Kausalanalyse für Produktstrukturelemente

Parallel zur Kausalanalyse sollten begleitend die notwendigen Dokumente, Feldinformationen sowie ein Schadenskatalog[43] hinzugezogen werden. Hierdurch kann eine Analyse nachhaltig unterstützt werden. In den meisten Fällen wird eine Auswertung aller schadhafter Produktstrukturelemente aufgrund der unternehmensintern nicht darstellbaren Aufwände nicht möglich sein. Zur Aufwandsreduzierung kann auch hier analog das in Kapitel 4.4.1 entwickelte Verfahren zur Reduzierung des Datenvolumens angewendet werden.

4.5 Handlungsmodell

Ziel der Anwnedung des Handlungsmodells ist es, auf Grundlage der Erkenntnisse und Informationen der Wissensbasis (Analysemodell (AM), Lebenszyklusorientierten Produktdatenmodell (LPM) und Potentialmodell (PoM)) qualitätsorientierte Produktverbesserungsmaßnahmen abzuleiten. Zu diesem Zweck soll ein geeigneter Optimierungszyklus entwickelt und beschrieben werden (vgl. **Bild 4-25**). Die Aufgabenstellung, d.h. das Ableiten von Optimierungsmaßnahmen (also das systematische Durchlaufen des „Optimierungszyklus"), kann hierbei durch ein geeignetes Instrumentarium wirkungsvoll unterstützt werden. Hierbei sollen sowohl geeignete Methoden identifiziert und beschrieben werden, als auch die Eignung dieser hinsichtlich

---

[43] Eine ausführliche Beschreibung von Schadensfällen gibt die VDI-Norm 3822 [VDI-Norm 3822, Blatt 1, 1984]. Auf eine Beschreibung sei daher an dieser Stelle verzichtet.

einer Anwendung in den einzelnen Phasen des Optimierungszyklusses festgestellt und bewertet werden. Nachfolgend sollen der Optimierungszyklus sowie das Unterstützungsinstrumentarium (Handlungsfelder und Hilfsmittel) des Handlungsmodells (HM) entwickelt und detailliert beschrieben werden.

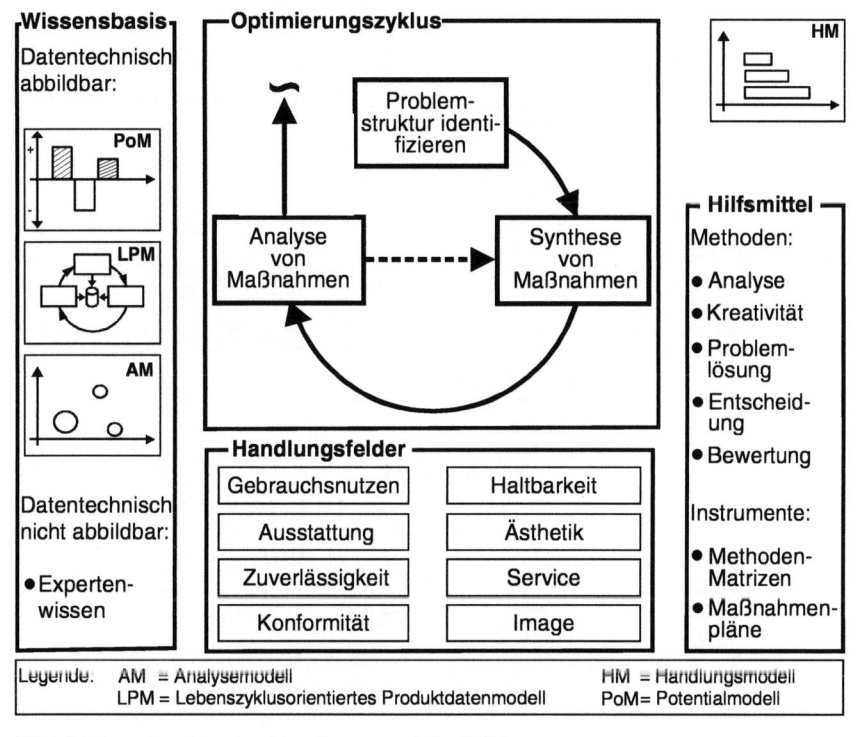

Bild 4-25: Struktur des Handlungsmodells (HM)

4.5.1 Optimierungszyklus

Die zur Problemlösung ablaufenden kreativen Denkprozesse sind bereits seit mehreren Jahrzehnten Gegenstand zahlreicher Forschungsarbeiten [vgl. DEWEY, 1910; WEINERT, 1991]. Es wird in der Literatur aber die Meinung vertreten, daß ein geeigneter Problemlösungszyklus wesentliche Voraussetzung für die Erarbeitung von kreativen Lösungen ist [vgl. HABERFELLNER ET AL., 1994: S. XIX]. Nachfolgend soll daher ein geeigneter Optimierungszyklus zur Ableitung von produktorientierten Optimierungsmaßnahmen entwickelt werden (vgl. **Bild 4-26**).

```
Wissensbasis (Kap. 4.2 - 4.5)
```

[A] Problemstruktur identifizieren
- [A1] → [A2] → [A3] → [A4]

[A1] Ursachen ermitteln
[A2] Ursachen analysieren
[A3] Ursachen bewerten
[A4] Ursachen klassifizieren

[B] Synthese der Maßnahmen
- [B1] → [B2] → [B3]

[B1] Maßnahmen generieren
[B2] Maßnahmen strukturieren
[B3] Maßnahmen konkretisieren

[C] Analyse der Maßnahmen
- [C1] → [C2] → [C3] → [C4]

[C1] Maßnahmen bewerten
[C2] Maßnahmen auswählen
[C3] Maßnahmenkonzept erarbeiten
[C4] Maßnahmenplan ableiten

```
Bewertungsmodell (Kap. 4.6)
```

Bild 4-26: Optimierungszyklus

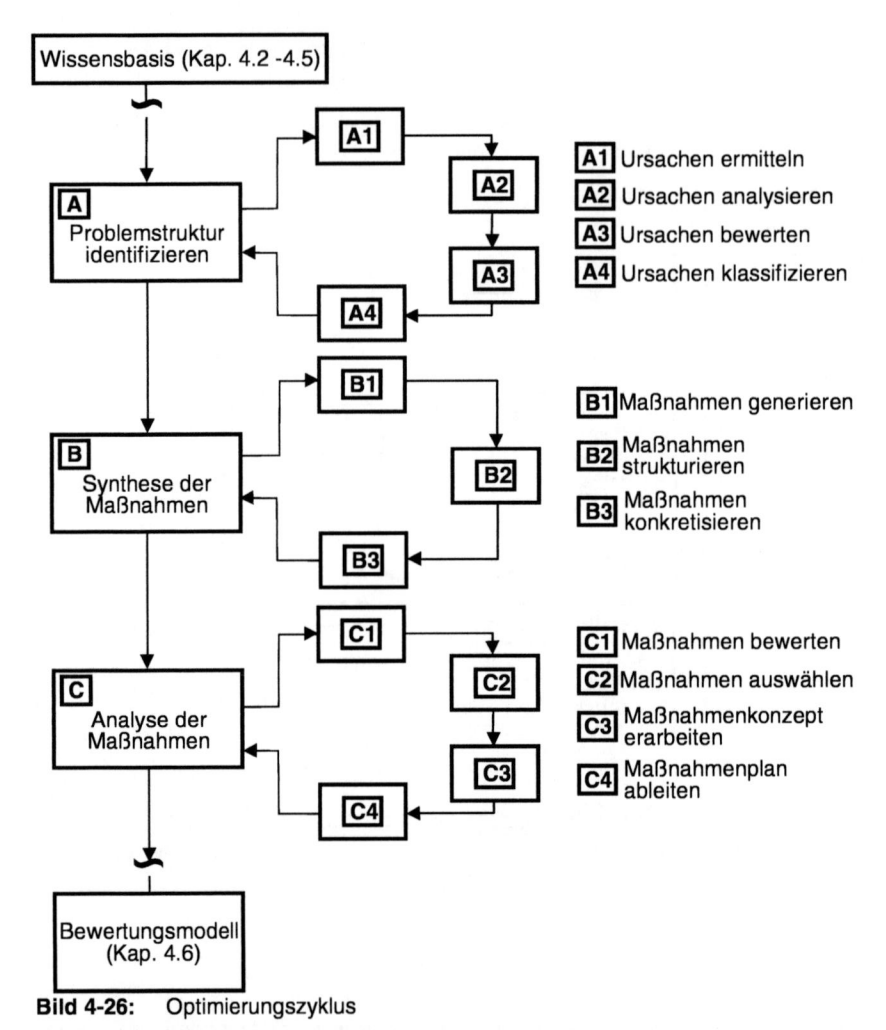

Gemäß den Prinzipien des Systems Engineering [vgl. HABERFELLNER ET AL., 1994] wurde für den Optimierungszyklus eine Aufteilung in drei Phasen vorgenommen. Die Ergebnisse jeder Phase sind die Eingangsinformationen der darauf folgenden Phase. Hierbei werden die Eingangsinformationen aus dem qualitativen Ist-Zustand (Wissensbasis) über die einzelnen Module hinweg in eine Handlungsempfehlung zum Herbeiführen des qualitativen Sollzustandes umgewandelt. Die grundlegenden Schritte der Problemlösung nach HABERFELLNER [vgl. HABERFELLNER ET AL., 1994: S. 47ff], die Synthese und Analyse, werden hierbei als Hauptphasen berücksichtigt. Eine prinzipiell sich anschließende Bewertung der abgeleiteten Optimierungsmaßnahmen wird in diesem Zyklus nicht vorgesehen. Aufgrund des hohen Stellenwertes dieser Aktivität wird in Kapitel 4.6 ein eigenständiges Bewertungsmodell für die Optimierungsmaßnahmen entwickelt. Im folgenden sollen die abgeleiteten Phasen des Optimierungszyklusses näher vorgestellt werden.

Die Identifizierung der Problemstruktur und die damit direkt zusammenhängende Ursachenforschung wird in der ersten Phase behandelt. Neben den schon bekannten Zusammenhängen aus dem Analysemodell (AM), durch welches Erkenntnisse aus datentechnisch abbildbaren Informationen aus den Phasen generiert werden können, ist es notwendig, auch zusätzliches Expertenwissen, d.h. also nicht datentechnisch abbildbares Wissen, in die Problemstrukturierung und Ursachenforschung mit einzubeziehen. Ziel dieser Phase ist es, alle potentiellen Ursachen, Ursachen-Ketten und -Vernetzungen zu determinieren. Die einzelnen Subschritte für die operative Ursachenforschung können Bild 4-26 entnommen werden. Das Ergebnis dieses Schrittes ist die Identifizierung der Problemstruktur sowie eine strukturierte, abgegrenzte und bewertete Darstellung der Gründe für den Ausfall der Produkte. Die genaue Ursachenbeschreibung und Abgrenzung des Untersuchungsfeldes ist die zentrale Eingangsgröße für die sich nun anschließende Phase der Problemlösung, d.h. den kreativen Prozeß der Maßnahmenermittlung.

Die Synthese von Maßnahmen bildet die zweite Phase des Optimierungszyklusses. Auf Basis der im ersten Modul identifizierten Problemstruktur soll eine Unterstützung bei der Ableitung von produktorientierten Optimierungsmaßnahmen gegeben werden. Unter Berücksichtigung von formulierten Zielen und definierten unternehmensspezifischen Randbedingungen wird in einem ersten Schritt eine möglichst große Anzahl von potentiellen Lösungen erarbeitet. Dieses Modul bildet daher den kreativen Kern bei der Ableitung von Optimierungsmaßnahmen. Die Vorgehensvorschrift zur Maßnahmenermittlung kann ebenfalls Bild 4-26 entnommen werden. Im Rahmen der kreativen Maßnahmenermittlung werden neben einer Vielzahl von Maßnahmen auch solche ermittelt, die von anderen Maßnahmen überlagert werden, oder jene, die nur einen geringen Beitrag zur Zielerreichung beitragen. Um den Aufwand in den sich anschließenden Phasen zu reduzieren, empfiehlt es sich, diese Maßnahmen in der dritten Phase des Optimierungszyklusses durch eine detaillierte Analyse zu identifizieren und von der weiteren Problemlösung bzw. Umsetzung auszuschließen.

Das dritte und letzte Modul des Optimierungszyklusses, die Analyse von Maßnahmen, dient der Verifikation des potentiellen Zielerreichungsgrades der erarbeiteten Lösungen vor Umsetzungsbeginn. Ziel dieses Schrittes ist es daher, die erarbeiteten Lösungsvorschläge durch eine methodisch unterstützte Grobauswahl auf einige wenige, aber sinnvolle und realistisch umsetzbare Maßnahmen zu reduzieren. Die so ausgewählten Maßnahmen sind zusätzlich auf Maßnahmendependenzen (einseitige Wirkbeziehung zwischen Maßnahmen) und Maßnahmeninterdependenzen (wechselseitige Wirkbeziehung zwischen Maßnahmen) zu analysieren. Auf Basis der ermittelten Maßnahmen ist ein detaillierter Maßnahmenplan zu erarbeiten, der als Eingangsgröße für die sich anschließende Umsetzung dient. Die einzelnen Schritte zur Maßnahmenanalyse zeigt Bild 4-26. Zur Unterstützung und Beschleunigung der kreativen Denkprozesse in der Phase der Maßnahmensynthese sollen nachfolgend geeignete Handlungsfelder definiert und beschrieben werden.

4.5.2 Handlungsfelder

Zur Unterstützung der kreativen Denkprozesse bei der Synthese von Maßnahmen sollen Handlungsfelder (vorgegebene Aktionsbereiche) definiert werden. Hierzu wurden in Anlehnung an die Qualitätsdefinition von GARVIN [vgl. GARVIN, 1994: S. 23ff.] acht prinzipielle Handlungsfelder für die Maßnahmenableitung definiert (vgl. Bild 4-25). Diese prinzipiellen Handlungsfelder sind jedoch nur als Anhalt zu verstehen, sie können je nach Bedarf unternehmensindividuell angepaßt werden. In Abhängigkeit der Ergebnisse aus der Analyse sollen so die kreativen Denkprozessse gelenkt und beschleunigt werden. Hierbei müssen aber die Aktivitäten der Maßnahmenableitung in einem Rahmen erfolgen, der durch die Zielplanung des Unternehmens vorgegeben wird. Jedes Unternehmen unterliegt hinsichtlich seiner Möglichkeiten, geeignete Verbesserungsmaßnahmen zur Optimierung der Produktqualität abzuleiten und umzusetzen, spezifischen Beschränkungen. Diese Beschränkungen sind gegeben durch die materiellen und immateriellen Mittel, die im Unternehmen vorhanden sind, aber auch durch die spezifischen Anforderungen des betrachteten Produkts. Die Handlungsfelder müssen daher unternehmens- und produktspezifisch ausgewählt und definiert werden. Ausgangspunkt für die Aufstellung und Auswahl von geeigneten unternehmensspezifischen Handlungsfeldern muß daher die Erfassung und Analyse der Unternehmensrandbedingungen sein.

Auf Basis der Unternehmensrandbedingungen können dann die spezifischen Anforderungen der Produkte definiert werden. Hierbei ist neben der Komplexität des Produktes auch der Stand des Produktes im Produktlebenslauf ein wichtiges Kriterium. So macht es z.B. wirtschaftlich keinen Sinn, in ein auslaufendes Serienprodukt Optimierungen im Bereich des Handlungsfeldes „Ästhetik" zu tätigen. Mit Hilfe dieser Kenntnis (Unternehmensrandbedingungen, Produktanforderungen) können dann die prinzipiellen Handlungsfelder hinsichtlich verschiedener Kriterien bewertet und für eine spezifische Optimierungsaufgabe ausgewählt werden. Sind die unternehmensspezifischen Handlungsfelder ausgewählt, müssen diese hinsichtlich des Planungshorizontes bei der Optimierung (kurz-, mittel-, langfristig) weiter konkretisiert werden. Je kurzfristiger sich die Ergebnisse einer Produktoptimierung auswirken sollen, desto mehr sind die vorgegebenen Handlungsfelder zu konkretisieren, wohingegen im langfristigen Bereich eine zu starke Detaillierung zu vermeiden ist.

4.5.3 Unterstützungsinstrumentarium

Die Erarbeitung von Optimierungsmaßnahmen unter Nutzung der Vorgehensweise des Optimierungszyklusses kann wirkungsvoll durch den Einsatz von Methoden unterstützt werden. Die richtige und zielgerichtete Methodenauswahl und -anwendung ist ein zentraler Erfolgsfaktor bei der Problemlösung. Grundsätzlich stehen für die produktorientierte Ableitung von Maßnahmen Methoden aus der Konstruktionstechnik, dem Qualitätsmanagement und der Systemtechnik zur Verfügung. Hierbei lassen sich die zur Verfügung stehenden Methoden allgemein in Problemlösungs- und Kreativitätsmethoden, Analysemethoden sowie Bewertungs- und Entscheidungsmethoden einteilen. Die Problemlösungsmethoden werden in methodisch intuitive, systematisch-diskursive und heuristisch-diskursive Methoden unterschieden [vgl. VDI 2221, 1993: S. 34ff.]. Welche Methoden bei der Anwendung des Optimierungszyklusses zum Einsatz kommen, hängt im wesentlichen von der Struktur des Problems ab. Man differenziert in strukturierte, unstrukturierte und kombinierte Probleme.

Strukturierte Probleme zeichnen sich durch konkrete Zielvorstellungen, genaue Kenntnis der Problemstruktur und ein im Vorfeld bekanntes systematisches Vorgehen bei der Lösungssuche aus. Bei unstrukturierten Problemen sind nicht alle Problemfelder und die übergeordnete Problemstruktur bekannt. Oft existieren keine genau differenzierten Zielvorstellungen. Eine effiziente und effektive Ableitung von Optimierungsmaßnahmen wird so behindert. Unstrukturierte Probleme sind ohne methodische Unterstützung schwer zu lösen. Kombinierte Probleme zeichnen sich durch eine definierte Zielvorstellung, aber keine genaue Kenntnis über den Lösungsweg aus. Die Erfahrung hat gezeigt, daß bei der Optimierung von bestehenden Produkten unstrukturierte Probleme vorliegen. Analysemethoden dienen dazu, Strukturen und Strukturmuster zu erkennen [vgl. SCHLICKSUPP, 1992: S. 150]. Aufgrund der zentralen Bedeutung der Ursachenanalyse und -forschung bei der Pro- duktoptimierung kommt der Anwendung dieser Methoden eine besondere Bedeu-tung zu.

Zur Unterstützung von Bewertungsaufgaben können ebenfalls Methoden eingesetzt werden. Entscheidungen können unter Berücksichtigung von mehreren Kriterien so systematisch und strukturiert vorbereitet werden. Da in jeder Phase Bewertungen durchgeführt werden, kann auch hier eine sinnvolle Unterstützung durch geeignete Methoden gegeben werden.

Die Beschreibung der einzelnen Methodenarten vor dem Hintergrund der Zielsetzung der vorliegenden Arbeit hat deutlich gemacht, daß alle drei Methodenarten sinnvoll bei der Ableitung von Optimierungsmaßnahmen eingesetzt werden können.

Nachfolgend sind für die einzelnen Phasen des Optimierungszyklus die Methoden aus dem Qualitätsmanagement, der Konstruktionstechnik und der Systemtechnik aufgeführt und hinsichtlich Ihrer Eignung bewertet worden. Als Bewertungskriterien wurden hierzu

- die Unterstützung hinsichtlich vorgegebener Zielerreichung und

- das Aufwand-Nutzen-Verhältnis bei der Anwendung

definiert. Zur Auswahlunterstützung wurden für die einzelnen Phasen im Optimierungszyklus jeweils einzelne Methoden-Matrizen entwickelt. Eine schnelle und zielgerichtete Auswahl von Methoden wird somit optimal für jede Phase im Zyklus unterstützt. Der methodische Schwerpunkt in der ersten Phase liegt in der Ursachenforschung und der Problemstrukturierung. Aus diesem Grund sind in diesem Schritt die Analysemethoden sowie die Problemlösungsmethoden gegenüber den Bewertungsmethoden deutlich überrepräsentiert. Da, wie schon oben angeführt, unstrukturierte Probleme bei der Optimierung von Produkten vorliegen, kommen hier im wesentlichen die intuitiven Methoden zum Einsatz. Im **Anhang C** wird ein Überblick über die in den einzelnen Schritten sinnvoll einsetzbaren Methoden gegeben.

Die eigentliche Maßnahmengenerierung und -ableitung kann im wesentlichen methodisch durch Problemlösungs- bzw. Kreativitätstechniken unterstützt werden (vgl.Anhang C). Die gesamte Phase sollte grundsätzlich durch ein interdisziplinäres Team bearbeitet werden. Insbesondere beim Einsatz der Kreativitätstechniken ist der Erfolg und die Qualität der erarbeiteten Lösung sehr stark von der Zusammensetzung des Teams abhängig.

Die Bewertung der Optimierungsmaßnahmen steht im Vordergrund der letzten Phase. Diese kann daher grundsätzlich hinsichtlich der Bewertung (Erarbeitung von Kriterien, Strukturierung der Kriterien, Gewichten der Kriterien etc.) methodisch sinnvoll unterstützt werden. Hierfür stehen eine ausreichende Anzahl von Methoden zur Verfügung. Ausgewählt wurden auch hier Methoden, die sich in der Praxis für ähnliche Aufgabenstellungen bewährt haben. Sie sind in Anhang C aufgeführt und hinsichtlich ihrer Eignung bewertet worden. Zur weitergehenden Information sind im **Anhang D** die einzelnen Methoden in Form von Methodendatenblättern detailliert beschrieben. Hierdurch ist eine schnelle und übersichtliche Information über die notwendigen Randbedingungen sowie die prinzipielle Vorgehensweise/Anwendung möglich.

4.6 Bewertungsmodell

Der Bewertung von Optimierungsmaßnahmen wird in der Literatur allgemein eine hohe Bedeutung beigemessen. Es wurde schon ausgeführt, daß aus diesem Grund ein eigenständiges Modell für diese Funktion der vorliegenden Optimierungsmethodik entwickelt werden soll. Wesentliches Ergebnis der Anwendung des Handlungsmodells sind einzelne oder mehrere Maßnahmen, die zu Maßnahmensystemen zusammengefaßt sein können (vgl. Kap. 4.5). Zu Beginn der Umsetzung ist das Wissen über den potentiell zu erreichenden Zielerfüllungsgrad der konzipierten Maßnahmen noch sehr gering. Erst bei der weiteren Konkretisierung der Maßnahmen während der Umsetzung kann eine Aussage bezüglich des Zielerfüllungsgrades (Reduzierung der ppm, Erhöhung der Lebensdauer) getroffen werden. Die frühe Kenntnis über den Zielerfüllungsgrad bei der Maßnahmenumsetzung eröffnet die Möglichkeit, durch eine zielorientierte Maßnahmenanpassung die Fehlleistungsaufwände zu reduzieren. Aus diesem Grund ist eine mitlaufende Bewertung bei der Konkretisierung der Maßnahmen während der Umsetzung unerläßlich (vgl. **Bild 4-27**). Mit Hilfe dieser Bewertungsart ist der Aufbau von „kurzen Regelkreisen" während der Umsetzung möglich. Unnötige Aufwände können so im Vorfeld identifiziert und vermieden werden. Eine weitere wichtige Bewertungsaufgabe ist die abschließende Betrachtung der Gesamtaufwände in Relation zum Gesamtergebnis.

Leistungsdimension

Mitlaufende Bewertung	Nachkalkulation
• Kontinuierliche Bewertung der Maßnahmen während der Umsetzung	• Bewertung des Gesamtaufwandes zum Gesamtergebnis

zeitliche Dimension

mitlaufende Bewertung — Nachkalkulation

M1, M2, M3, M4, M5, M6, M7, M8 → Zeit

Kriterien

Zielerreichungsgrad bezüglich
- Senkung Fehlkosten
- Reduzierung der Fehler
- Erhöhung der Lebensdauer
- Erhöhung der Produktqualität

Unternehmensinterne Randbedingungen
- verfügbares Personal
- Betriebsmittel
- Zeit
- Investitionsmittel

Legende: BM = Bewertungsmodell   M = Maßnahme

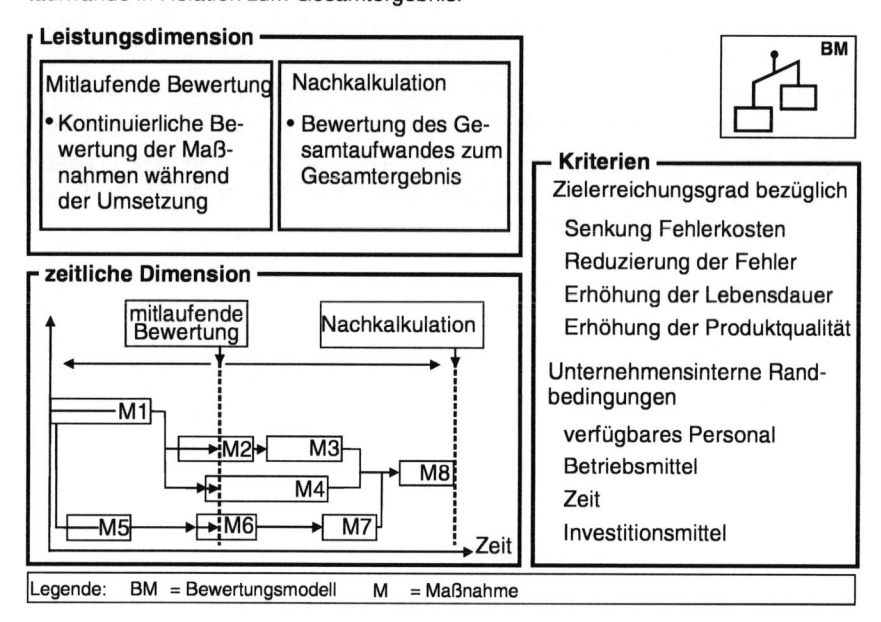

Bild 4-27: Dimensionen des Bewertungsmodells (BM)

Diese Kenntnisse stellen die wesentliche Grundlage für den Aufbau einer Wissensbasis (Erfahrungssicherung) auf Vergangenheitsdaten für nachfolgende Produktoptimierungen dar.

4.6.1 Mitlaufende Bewertung

Aufbauend auf den erarbeiteten Maßnahmenkonzepten muß während der operativen Umsetzung der qualitätsorientierten Maßnahmen kontinuierlich abgeschätzt werden, ob das formulierte qualitätsorientierte Ziel (Reduzierung der ppm, bzw. Verbesserung des Lebensdauerverhaltens) erreicht werden kann. Da Maßnahmensysteme, d.h. vernetzte und voneinander abhängige Maßnahmen (zeitlich, technisch etc.), definiert worden sind, ist eine einfache Abschätzung bezüglich des potentiell zu erreichenden Zielerreichungsgrades für das gesamte Maßnahmensystem oft zu ungenau. Eine kontinuierliche Bewertung von qualitätsorientierten Maßnahmensystemen ist daher zur Erhöhung der Effizienz der Umsetzungsqualität unerläßlich. Ein unterstützendes Hilfsmittel, welches bei der Anwendung eine geeignete mitlaufende Bewertung der Maßnahmen erlaubt, soll nachfolgend entwickelt werden. Es wurde bereits dargelegt, daß häufig mehrere Maßnahmen mit Abhängigkeiten definiert werden und diese ein sogenanntes Maßnahmensystem bilden. Dies Maßnahmensystem kann bei einer Dekomposition wieder bis auf Einzelmaßnahmen aufgeteilt werden. Jede Einzelmaßnahme trägt dabei mit einem Summenanteil zum Erreichen des definierten Qualitätsziel bei. Aufgrund der unscharfen Datenlage während der begleitenden Bewertung können für die einzelnen Summenanteile nur Schätzungen bezüglich des Summenanteils für die Einzelmaßnahmen getroffen werden. Naturgemäß unterliegen diese Einzelschätzungen y_i sowie die Summenschätzung y_{Ges} aber einem relativen Fehler[44]. Der relative Fehler E_{ges} [vgl. DIN 1319, Teil 4, 1985: S. 6] der Summenschätzung kann aus den relativen Einzelschätzungen gemäß

$$E_{ges} = \frac{\sqrt{\sum_{i=1}^{n}(E_i y_i)^2}}{y_{Ges}^2}$$

berechnet werden. Gilt für die Ergebnisse y_i der Einzelschätzungen die Beziehung

$$y_1 = y_2 = y_3 = ... = y_n$$

und für die relativen Fehler E_i der Einzelschätzungen die Gleichung

$$E_1 = E_2 = E_3 = ... = E_n$$

dann erhält man die Formel

---

[44] Eine mathematisch exakte Definition für den Fehlerbegriff findet sich in der DIN 1319, Teil 3 [DIN 1319, Teil 3, 1972].

Detaillierung der Methodik   Seite 101

$$E_{Ges} = \frac{E_i}{\sqrt{n}}.$$

Die Formel bestätigt den Zusammenhang, daß der Fehler E_{ges} der Summenschätzung nicht gleich den Fehlern E_i der Einzelschätzungen ist. Im allgemeinen werden die Ergebnisse von Einzelschätzungen y_i nicht gleich sein. Vielmehr sind die relativen Fehler der Einzelschätzungen abhängig von den Anteilen der Einzelschätzungen (y_i/y_{Ges}). **Bild 4-28** zeigt den Zusammenhang, wie groß bei einem zulässigen Fehler E_{ges} für die Summenschätzung die relativen Fehler E_i der Einzelschätzungen sein dürfen. Die eigentliche Vorgehensweise zur mitlaufenden Bewertung zeigt ebenfalls Bild 4-28. Auf Basis eines definierten gesamtzulässigen Fehlers für das Maßnahmensystem, d.h. also der Abschätzung, wie hoch die Gesamtabweichung vom Zielerreichungsgrad maximal sein darf (Risikoabschätzung), und den Schätzungen der Einzelmaßnahmen können dann mit Hilfe der logarithmierten Darstellung aus Bild 4-28 die maximal zulässigen relativen Fehler für die Einzelmaßnahmen abgelesen werden. Überschreitet nun, aufgrund fortgeschrittener Lerneffekte und einer stabileren Wissensbasis in der Umsetzung der Maßnahmen, der tatsächlich erreichte Fehler der Einzelmaßnahmen den durch Bild 4-28 abgeleiteten prognostizierten relativen Fehler, so muß in einem kurzen Regelkreis eine Nachoptimierung der Einzelmaßnahme durchgeführt werden.

$$E_{Ges} = \frac{\sqrt{\sum_{i=1}^{n}(E_i \, y_i)^2}}{y_{Ges}^2}$$

Legende: E_i = relativer Fehler E_{Ges} = gesamtzulässiger Fehler
         y_i = Einzelschätzung y_{Ges} = Summe der Einzelschätzungen

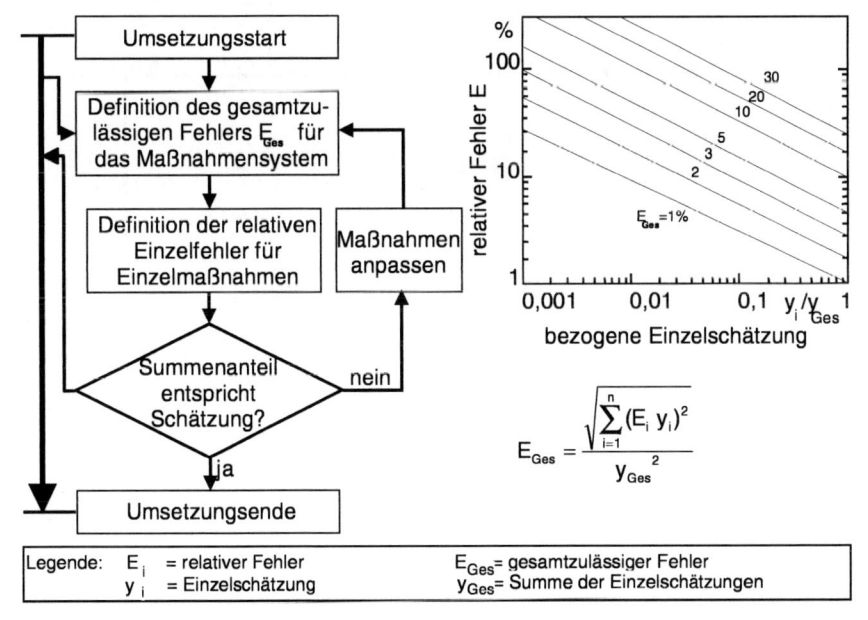

Bild 4-28: Mitlaufende Bewertung der Maßnahmen (Fehlerabschätzung)

Durch einen mehrfachen Einsatz der mitlaufenden Bewertung während einer Maßnahmenumsetzung kann eine hohe Effektivität sichergestellt werden. Das Risiko, daß unnötige Aufwände bei der Umsetzung entstehen, kann durch den Einsatz der mitlaufenden Bewertung minimiert werden.

4.6.2 Nachkalkulation

Im Rahmen einer Nachkalkulation werden die erreichten Ist-Daten den geforderten Soll-Daten gegenübergestellt. Ziel der Nachkalkulation für eine durchgeführte Produktoptimierung ist es daher, durch eine Soll/Ist-Analyse vorhandene Abweichungen[45] festzustellen, diese zu analysieren und für eine sich anschließende Erfahrungssicherung zu dokumentieren (vgl. **Bild 4-29**).

Abweichungsanalyse bezüglich der Zielerreichung

- **Maßnahmenebene**
  - Aufwände und Kosten
  - Termine und Zeiten
  - Methoden und Hilfsmittel

- **Randbedingungen**
  - Unternehmensstrategie
  - Ressourcen
  - Zeiten
  - Hilfsmittel

- **Ziele**
  - Qualitätsziele
    - Lebensdauer
    - Zuverlässigkeit
  - Kostenziele
    - Fehlleistungsaufwände
    - Garantie
    - Kulanz

- **Produktebene**
  - Qualität
    - ppm
    - Lebensdauer
  - Kosten
    - Fehlleistungskosten
    - Projektkosten

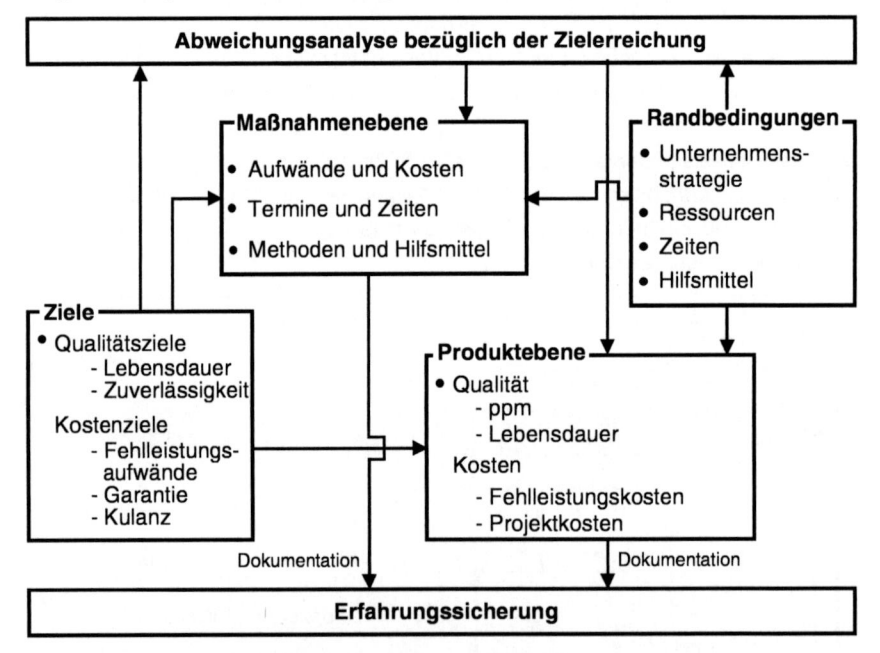

Dokumentation → **Erfahrungssicherung** ← Dokumentation

Bild 4-29: Betrachtungsfelder für die Nachkalkulation

Zum einen muß eine solche Nachkalkulaltion für die Produktebene durchgeführt werden. Zum anderen ist eine Betrachtung und Auswertung auf Maßnahmen-ebene unerläßlich. Nachfolgend sollen diese beiden Felder näher erläutert werden. Auf Produktebene muß eine zweigeteilte Abweichungsanalyse durchgeführt werden. Dies

---

[45] Nach BURGHARDT ergeben sich bei Projekten (i.e.S. ist eine Produktoptimierung ein Projekt) immer i.d.R. Abweichungen. Die Analyse von Abweichungen dürfen aber nicht so sehr unter dem Gesichts-punkt der Projektqualität gesehen werden, sondern vielmehr als Lerneffekt für nachfolgende Projekte [vgl. BURGHARDT, 1997: S. 430].

bedeutet, daß sowohl der Parameter Qualität (i.e.S. Produktqualität) und der Parameter Kosten detailliert untersucht werden muß. Aufgrund der definierten Qualitätsparameter für die einzelnen Phasen (Realisierungsphase: Ausschuß, Nutzungsphase: Lebensdauer) müssen je nach optimierter Phase die entsprechenden Soll-werte (Ziele, vgl. Kap. 4.3.3) mit den tatsächlichen Ist-Werten verglichen werden. Neben den Qualitätsparametern sollte aber auch die betriebswirtschaftliche Seite einer Abweichungsanalyse unterzogen werden. In Kapitel 4.3.2 wurde ausgeführt, daß Produktausfälle in der Realisierungs- und Nutzungsphase u.U. zu erheblichen kontinuierlichen Fehlleistungskosten führen können. Demgegenüber stehen die durch die Produktoptimierung einmalig anfallenden Projektkosten[46]. Da sowohl die Fehlleistungskosten als auch die Projektkosten verursachungsgerecht (d.h. Zuordnung zu definiertem Produkt bzw. Produktstrukturelement) ermittelt werden können, ist eine Verrechnung beider Kostenarten zulässig. Stellt man die Fehlleistungskosten vor der Produktoptimierung den reduzierten Fehlleistungskosten nach der Produktoptimierung und den durch die Produktoptimierung entstandenen Projektkosten gegenüber, so kann eine Wirtschaftlichkeitsanalyse der Produktoptimierung durchgeführt werden. In der Literatur sind die zur Verfügung stehenden Methoden[47] ausreichend dokumentiert, z.B. bei GRÄFE [vgl. GRÄFE, 1997: S. 171]. Sie werden daher an dieser Stelle nicht weiter diskutiert und ausgeführt. Für den zweiten Betrachtungsschwerpunkt, die Maßnahmenebene, wird ebenfalls ein Soll-/Ist-Vergleich (geplant/erreicht) hinsichtlich der

- Aufwände und Kosten,
- der Termine und Zeiten sowie
- der Effizienz der eingesetzten Methoden und Hilfsmittel

durchgeführt werden. Es bietet sich an, hierbei die Zustände vor Umsetzungsbeginn und nach Umsetzungsende zu vergleichen. Eventuell auftretende Abweichungen sollten vor dem Hintergrund der unternehmensspezifischen Randbedingungen analysiert und die Ergebnisse für nachfolgende Produktoptimierungen genutzt werden.

4.7 Vorgehensmodell

Zur eigentlichen Anwendung der Methodik ist es sinnvoll, ein entsprechendes Vorgehensmodell als Handlungsanweisung zur Verfügung zu stellen. Auf Basis der Prinzipien der Structured Analysis and Design Technique (SADT) wurde eine Ablaufstruktur für die Gesamtmethodik modelliert. Das Knotenverzeichnis der Methodik sowie

---

[46] BURGHARDT faßt unter den Projektkosten die Personal-, Sach- und Dienstleistungskosten und Kapitaleinsatzkosten zusammen [vgl. BURGHARDT, 1998: S. 269].
[47] Mögliche Verfahren sind die Projektrenditerechnung, das Projektkosten-Schätzverfahren und die Projektkostendeckungsrechnung [vgl. GRÄFE, 1997: S. 170].

die funktionell-hierachische Tiefengliederung kann **Bild 4-30** entnommen werden. Die in den Kapiteln 4.1-4.6 entwickelten Erklärungs- und Entscheidungsmodelle werden in das Vorgehensmodell integriert. Die funktionale Integration der Modelle in die Planungsschritte kann dem im **Anhang D** dargestellten SADT-Modell entnommen werden.

- **[A0]** Qualitätsorientierte Produktoptimierung
  - **[A1]** Aufbau der Informations- und Datenbasis
    - Identifizierung der Produktdaten
    - Strukturierung der Produktdaten
    - Abbildung der Kundenanforderungen
    - Abbildung der Marktanforderungen
    - Abbildung der Wettbewerbsprodukte
    - Abbildung der Unternehmensstrategie
  - **[A2]** Identifizierung von Potentialen
    - Identifizierung der Produktfehlleistungen (Realisierungsphase)
    - Abweichungsanalyse (Realisierungsphase)
    - Identifizierung der Produktfehlleistungen (Nutzungsphase)
    - Abweichungsanalyse (Nutzungsphase)
    - Identifizierung der betriebswirtschaftlichen Produktfehlleistung (Realisierungs- und Nutzungsphase)
    - Abweichungsanalyse (Realisierungs- und Nutzungsphase)
  - **[A3]** Analyse von Produktstrukturelementen
    - Auswahl der Produktstrukturelemente
    - Bestimmung der Proximitätsmaße
    - Strukturerkennung
    - Schadensanalyse
  - **[A4]** Ableitung von Optimierungmaßnahmen
    - Identifizierung der Problemstruktur
    - Synthese von Maßnahmen
    - Analyse von Maßnahmen
  - **[A5]** Bewertung von Optimierungsmaßnahmen
    - Mitlaufende Bewertung
    - Nachkalkulation auf Produktebene
    - Nachkalkulation auf Maßnahmenebene

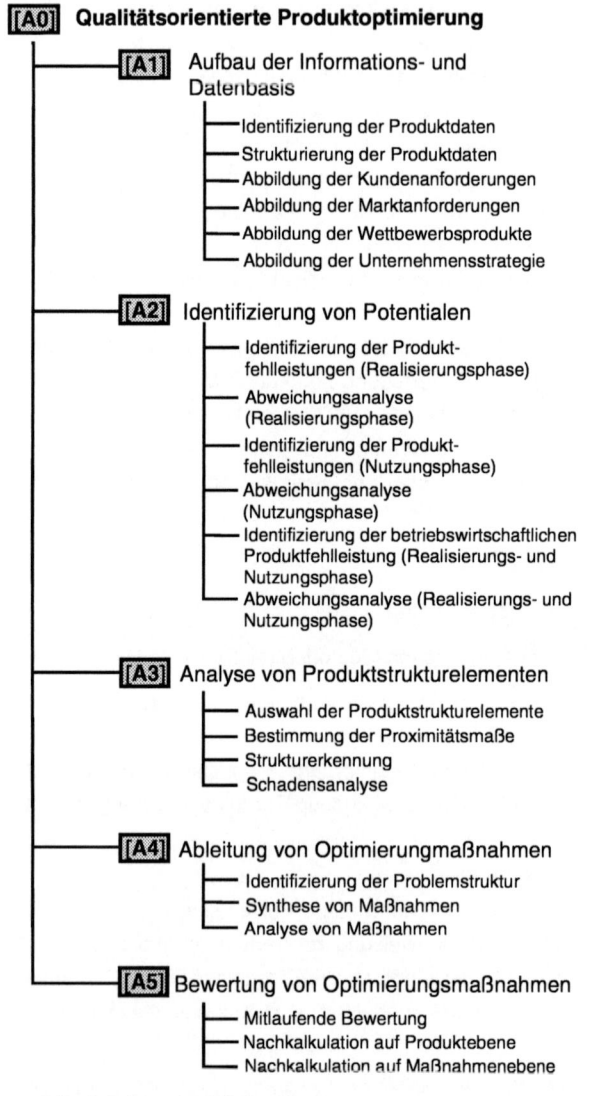

Bild 4-30: Ablaufstruktur der Methodik

4.7.1 Handlungsanleitung

Insgesamt läßt sich die Handlungsanleitung in sechs Hauptaktivitäten parzellieren. Nachfolgend sollen die einzelnen Hauptaktivitäten weiter detailliert und in ihren Grundzügen beschrieben werden. Die Zahlen in den geschweiften Klammern beziehen sich auf die einzelnen Aktivitäten Im Vorgehensmodell (vgl. Bild 4-30).

Die Erhebung und Strukturierung der zur Verfügung stehenden Produktdaten und Informationen {A1} als erster Hauptaktivität bildet die wesentliche Grundlage für den Aufbau der notwendigen Wissensbasis. Die hierfür notwendigen sechs Aktivitäten sollen nachfolgend näher erläutert werden. Zur Identifikation der produktseitigen Fehlleistungsschwerpunkte (technisch und betriebswirtschaftlich) ist es notwendig, die relevanten Produktdaten aus allen Phasen zu identifizieren {A11} sowie diese in einer geeigneten Form zu strukturieren und abzubilden {A12}. Hierbei ist es zweckmäßig, alle verfügbaren Datenbank- und Informationssysteme in die Betrachtung einzubeziehen. Ergebnis dieser beiden Aktivitäten ist eine transparente, auf qualitativen Produktdaten aus dem ganzen Lebenszyklus basierende Datenbasis. Hierbei kann es sinnvoll sein, die ermittelten Daten in einem Datenbanksystem abzulegen und mit Hilfe geeigneter Software auszuwerten. Neben den Produktdaten aus dem Lebenszyklus ist es notwendig, zusätzliche Informationen aus dem Produktumfeld in die Wissensbasis zu integrieren. An erster Stelle sind hier die Anforderungen der Kunden (interne und externe) {A13} zu nennen. Zusätzlich sind die Anforderungen der Märkte an das Produkt {A14} bezüglich eventueller Gesetze, Qualitätsvorschriften etc., aufzunehmen und zu dokumentieren. Zur Identifizierung des Stands der Technik ist es unerläßlich, ein systematisches und strukturiertes Bench-marking der Wettbewerbsprodukte {A15} durchzuführen. Zur Unterstützung der Zielfindung für die Optimierungsrichtung und um Konflikt- und Konkurrenzsituationen bei der Zieldefinition frühzeitig zu determinieren, ist es notwendig, die verfolgte Produktstrategie (Qualitäts,- Kosten- oder Mischstrategie) zu identifizieren und in geeigneter Weise zu dokumentieren {A16}.

Zur Auswahl der zu optimierenden Produktstrukturelemente muß die aufgebaute Wissenbasis mit Hilfe von geeigneten Hilfsmitteln in eine Entscheidungsbasis zur Auswahl der relevanten Produktstrukturelemente transferiert werden. Hierzu muß auf Basis der abgelegten Produktdaten in einer zweiten Hauptaktivität das ausgewählte Produkt bilanziert werden {A2}. Funktional wird bei der Bilanzierung in die einzelnen Aktivitäten „Identifizierung der Fehlleistung" sowie die „Klassifizierung dieser Fehlleistung" differenziert. Wesentliche Grundlage der Klassifizierung ist hierbei der Abgleich des Soll-Profils (Zielwerte) mit dem tatsächlichen Ist-Profil (reales Verhalten) der einzelnen Produktstrukturelemente. Hierbei sollen sowohl die Realisierungs- als auch die Nutzungsphase des zu betrachtenden Produktes in den Untersuchungsraum mit einbezogen werden. Neben der Bilanzierung der technischen Produktfehlleistung für die Lebenszyklusphasen Realisierung {A21 und A22} und Nutzung {A23, A24} werden auch die Kosten, die durch die Fehlleistungen in den einzelnen Lebenszyklusphasen entstehen, erfaßt und bewertet {A25 und A26}. Auf Basis dieser Ergebnisse ist eine mehrkriteriale Auswahl der zu optimierenden Produktstrukturelemente, d.h. entweder der fehlerintensiven und/ oder der kostenintensiven Produktstrukturelemente, möglich. Basierend auf den identifizierten Produktstrukturelementen muß im weiteren eine datenorientierte Analyse für die Produktstrukturelemente {A3} erfolgen. Ziel dieses Schrittes ist es, die identifizierung von Fehler-Ursache-Zusammenhänge sowohl durch Strukturerkennung auf Basis der vorhandenen Produktdaten aus den Lebenszyklusphasen als auch durch eine physische Analyse der schadhaften Produkte vorzubereiten. Um den Auswertungsaufwand bei der Datenanalyse möglichst gering und handhabbar zu halten, ist es sinnvoll, die prinzipiell zur Analyse zur Verfügung stehenden Daten auf ein vertretbares Maß zu reduzieren {A31}. Wesentliche Grundlage für die Strukturerkennung ist die Berechnung der Proximitätsmaße {A32}. Mit Hilfe der entwickelten Fusionierungsalgorithmen ist eine Strukturerkennung bei den betrachteten Produktstrukturelemente möglich {A33}. Neben der datenorientierten Analyse können Erkenntnisse bezüglich vorliegender Fehler aus der physischen Analyse der schadhaften Produkte {A34} gewonnen werden. Wesentliche Grundvoraussetzung hierfür ist aber, daß die schadhaften Produkte über den Kundendienst dem Unternehmen zugeführt werden.

Die eigentliche Ableitung von Optimierungsmaßnahmen wird im vierten Hauptplanungsschritt {A4} behandelt. Kern dieses Schrittes ist der dreistufige Optimierungszyklus. Neben den Erkenntnissen aus der Daten- und Produktanalyse wird in dieser Hauptaktivität auch zusätzliches Expertenwissen, d.h. datentechnisch nicht abbildbare Informationen, zur eigentlichen Fehler-Ursachenanalyse der betrachteten Produktstrukturelemente hinzugezogen. Ziel der ersten Subaktivität {A41} ist es, eine strukturierte, abgegrenzte und bewertete Darstellung der ausfallverursachenden Gründe (Problemstruktur) für das betrachtete Produktstrukturelement zu erhalten. Die eigentliche Synthese potentieller qualitätsorientierter Optimierungsmaßnahmen {A42}, d.h. die Lösungsfindung durch kreative Denkprozesse, wird durch eine sich anschließende Analyse der erarbeiteten Maßnahmen {A43} unterstützt. Ergebnis dieser Aktivität sind potentielle Optimierungsmaßnahmen in einem Maßnahmenplan. Im Rahmen der sich anschließenden Detaillierung müssen die erarbeiteten Maßnahmen unter Berücksichtigung der spezifischen Unternehmensrandbedingungen weiter konkretisiert werden. Bei der weiteren Detaillierung fallen hierbei i.d.R. hohe unternehmensinterne Aufwände an.

Ziel der nachfolgenden Bewertung ist es daher, die erarbeiteten Maßnahmen während der Detaillierung (d.h. bei zunehmendem Erkenntnisstand) kontinuierlich hinsichtlich ihres Zielerreichungsgrades zu bewerten und gegebenenfalls von der weiteren Umsetzung auszuschließen {A51}. Unnötige Aufwände während der Umsetzungsphase können so frühzeitig erkannt und vermieden werden. Die Nachbewertung bzw. Nachkalkulation auf Produkt- und Maßnahmenebene {A52} liefert am Ende einer Umsetzung von Optimierungsmaßnahmen eine technische und wirtschaftliche Nutzen-/Aufwandsrechnung. Die Zielüberprüfung und -erreichung der Produktoptimierung kann damit letztendlich festgestellt werden.

4.7.2 Integration der Erklärungs- und Entscheidungsmodelle

Nachdem die Ablaufstruktur für die Methodik entwickelt worden ist, muß nun in einem sich anschließenden Schritt die Integration der in den Kapiteln 4.1-4.6 entwickelten Modelle geschehen. Hierbei haben alle Modelle eine die Ablaufstruktur unterstützende Funktion, die aber in verschiedenen Ausprägungen vorliegen kann. Differenziert werden soll nachfolgend in eine strukturelle, datentechnische, informatorische und algorithmische Unterstützung (vgl. **Bild 4-31**). Die Aufbereitung von Daten und Informationen wird durch die datentechnische Unterstützung gewährleistet. Die Bereitstellung von Algorithmen (mathematisch und/oder methodisch) hingegen ist die zentrale Aufgabe der algorithmischen Unterstützung.

Ein Modell kann mehrere Unterstützungsfunktionen haben. Zur Systematisierung und Strukturierung von komplexen Zusammenhängen und Realitäten ist es notwendig, entsprechende Modelle zu entwickeln. Als Beispiel hierfür kann das Lebenszyklusmodell (LM) genannt werden. Weiterhin ist ein Bedarf an Informationen und Daten zum Aufbau der Wissensbasis vorhanden. Gemäß der Definition für Daten und Informationen (vgl. Kap. 4.2.1) sind hierzu entsprechende Unterstützungsmodelle vorgesehen. Als Beispiel für eine datentechnische Unterstützung kann das Lebenszyklusorientierte Produktdatenmodell (LPM) und für eine informatorische Unterstützung das Informationsmodell (IM) angeführt werden. Der Einsatz von mathematischen Algorithmen zur Auswertung von Attributen erfordert eine entsprechende mathematisch-analytische Unterstützung, welche z.B. durch das Analysemodell (AM) zur Verfügung gestellt wird. Die eigentliche Integration der Modelle in die einzelnen Funktionen des Vorgehensmodells ist im hierachischen SADT-Modell wiedergegeben. Mit der Entwicklung des Vorgehensmodells ist die Entwicklung der Methodik zur qualitätsorientierten Optimierung von Serienprodukten der technischen Konsumgüterindustrie abgeschlossen.

1 Aufbau der Informations- und Datenbasis
- LZ
- IM
- LPM

2 Identifizierung von Potentialen
- PM
- LZ
- LPM
- IM
- PoM

3 Analyse von Produktstrukturelementen
- PM
- AM
- PoM

4 Ableitung von Optimierungsmaßnahmen
- IM
- HM

5 Bewertung von Optimierungsmaßnahmen
- BM
- PoM
- PM

Legende:
AM = Analysemodell
BM = Bewertungsmodell
HM = Handlungsmodell
IM = Informationsmodell
LPM = Lebenszyklusorientiertes Produktdatenmodell
LZ = Lebenszyklus
PM = Produktmodell
PoM = Potentialmodell

Legende: ⟶ = strukturelle Unterstützung ⇢ = algorithmische Unterstützung
·····▶ = datentechnische Unterstützung ➔ = informatorische Unterstützung

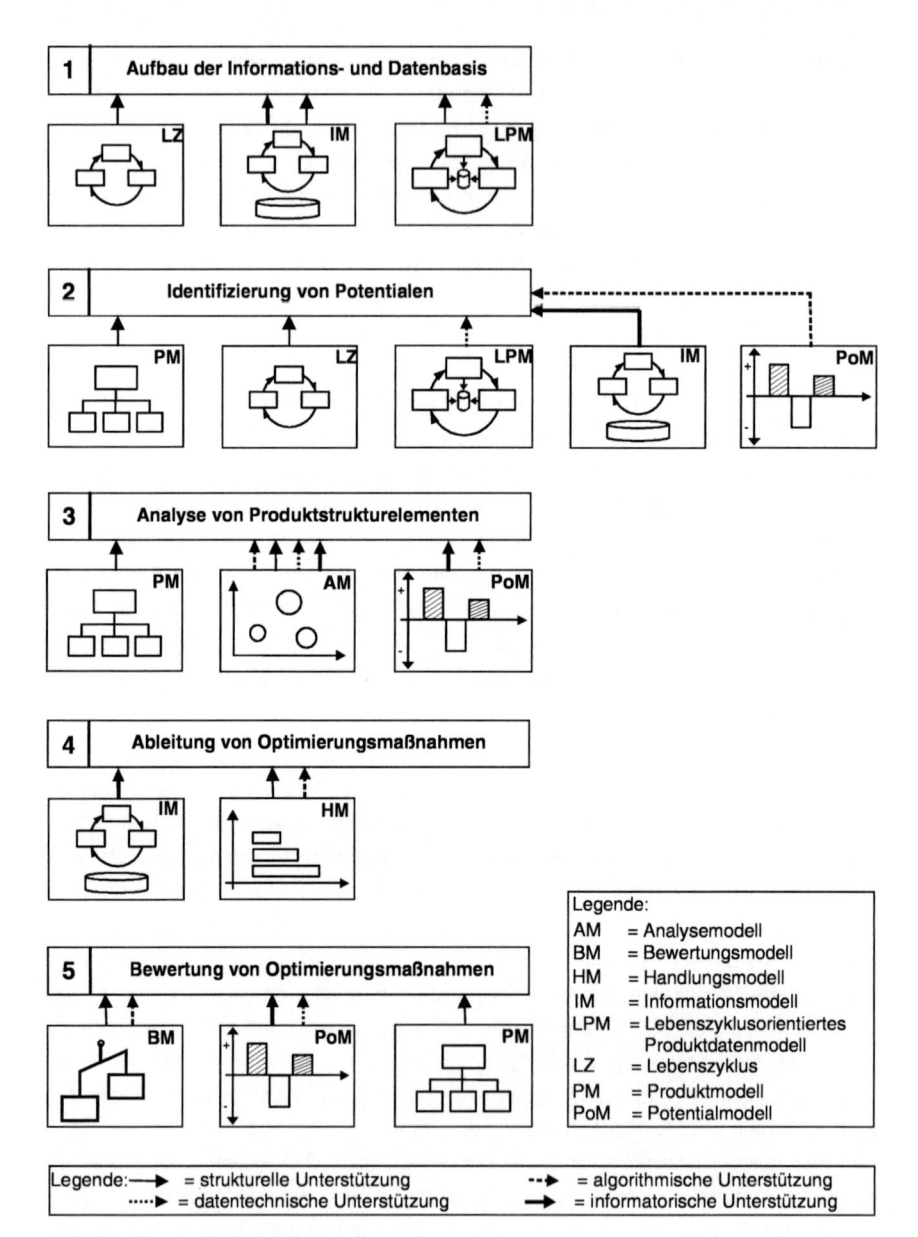

Bild 4-31: Integrierte Modelle

5 Evaluierung

Die in dieser Arbeit entwickelte Methodik zur qualitätsorientierten Produktoptimierung wurde im Rahmen von zwei realen Fallbeispielen bei verschiedenen Konsumgutherstellern überprüft. Ausgangspunkt bei beiden Unternehmen waren Qualitätsprobleme[48] bei im Markt eingeführten Serienprodukten.

5.1 Fallbeispiel I (Umwälzpumpe)

Das im ersten Fallbeispiel betrachtete Unternehmen entwickelt und produziert Haushaltsgeräte („Weisse Ware"). Das Unternehmen sieht sich als Qualitäts- und Innovationsführer. Das Unternehmen ist in allen Bereichen nach DIN ISO 9000ff. zertifiziert. Zur Erfüllung der Garantieansprüche und als Reparaturdienstleister wird von dem betrachteten Unternehmen ein eigener technischer Kundendienst unterhalten. Der Garantieumfang der Produkte beträgt zwei Jahre. Die Daten aus dem Feld werden von dem technischen Kundendienst ins Unternehmen zurückgeführt. Durch eine Vernummerung (Serialnummern) der einzelnen Komponenten ist eine eindeutige Identifizierung der Baugruppen gegeben. Die Außer-Haus-Verwaltung von Serialnummern ist damit prinzipiell möglich. Die Produkte bestehen aus mehreren komplexen technischen Subsystemen, die sich wiederum aus einer Vielzahl von Einzelteilen zusammensetzen. Neben rein mechanischen Baugruppen werden auch elektronische und elektrische Baugruppen in den Produkten eingesetzt. Die Produkte werden in mittleren bis großen Serien hergestellt.

Ausgewählt wurde zur Evaluierung der vorliegenden Methodik ein Produkt aus der Produktlinie der Geschirrspüler. Das Produkt ist seit mehreren Jahren im Markt eingeführt und wird weiterhin in erheblichen Stückzahlen verkauft. Somit steht eine ausreichende Anzahl von Datensätzen aus der Realisierungs- und Nutzungsphase für die Auswertung zur Verfügung. Durch eine Vorauswahl wurde eine repräsentative Baugruppe (Umwälzpumpe) festgelegt. Der zugrundeliegende Motortyp ist nach dem Einphasen-Betriebskondensatorprinzip ausgelegt. Die Umwälzpumpe zeichnet sich aufgrund der für das gewählte Funktionsprinzip notwendigen mechanischen und elektrischen Komponenten durch eine mittlere Komplexität aus. Die Baugruppe wird in einem separaten Werk des Unternehmens gefertigt und montiert. Zum Zeitpunkt

---

[48] Aufgrund der vertraulichen Daten und gewonnen Erkenntnisse wird nachfolgend verfremdetes Datenmaterial wiedergegeben.

der Betrachtung wurden zwischen 2000 und 3000 Umwälzpumpen pro Monat produziert. Dem Werk stehen sowohl Daten aus der Realisierungsphase als auch aus der Nutzungsphase zur Verfügung. Hierbei werden die schadhaften und vom Kundendienst ausgetauschten Umwälzpumpen dem Unternehmen zur Verfügung gestellt. Zur Auswertung und Analyse der schadhaften Umwälzpumpen wird im Werk eine eigene Rückläuferauswertung durchgeführt. Die Anforderungen und Randbedingungen an den Betrachtungsraum sowie das Betrachtungsobjekt sind somit erfüllt.

Anlaß für eine Optimierung der Produktqualität der Umwälzpumpe waren die im Vergleich zu anderen Produkten überdurchschnittlich hohen Fehlerraten und Fehlleistungskosten. Im Rahmen der Anwendung der Methodik wurde in einem ersten Schritt die notwendige Informations- und Datenbasis {**A1**} aufgebaut. Hierfür wurden die Daten aus mehreren Datenbanken (Fehlersammeldatenbank, PPS-System, Instandhaltungssystem und die Rückläuferdatenbank etc.) verwendet und produktorientiert abgelegt. Zur Abbildung der Daten in einer produktorientierten Struktur wurde hierbei das Produktstrukturmodell genutzt. Die Produktstruktur des ausgewählten Repräsentanten ist im **Anhang E** als Produktstrukturmodell wiedergegeben.

Für die Identifizierung der Potentiale auf Produktseite {**A2**} wurden die Daten entsprechend dem entwickelten Algorithmus für die Phasen Realisierung und Nutzung aufbereitet und in entsprechender Form dargestellt (vgl. **Bild 5-1**). Für die einzelnen Phasen des Lebenszyklus (Realisierung und Nutzung) wurden Untersuchungen bezüglich wirtschaftlicher und technischer Potentiale durchgeführt. Hierbei wurden Daten und Informationen aus allen im Unternehmen zur Verfügung stehenden Datenquellen zusammengeführt (vgl. Bild 5.1). Die ausführlichen Ergebnisse dieser Potentialuntersuchung sind im Anhang E wiedergegeben. Insgesamt zeigte sich, daß das Produktstrukturelement „Läufer" in der Realisierungsphase durch hohe Ausfallraten auffiel. Die von der Werkleitung festgelegten Zielwerte und die damit zulässigen Grenzwerte wurden in erheblichem Maße überschritten.

Zur Identifizierung der wirtschaftlichen Potentiale wurde eine prozeßorientierte Ressourcenanalyse durchgeführt. Auch hier zeigte sich, daß die Fehlleistungskosten des Läufers überproportional hoch waren und die zulässigen Grenzwerte (Zielwerte) überstieg. Der Läufer der Umwälzpumpe wurde somit für eine weitergehende Untersuchung ausgewählt.

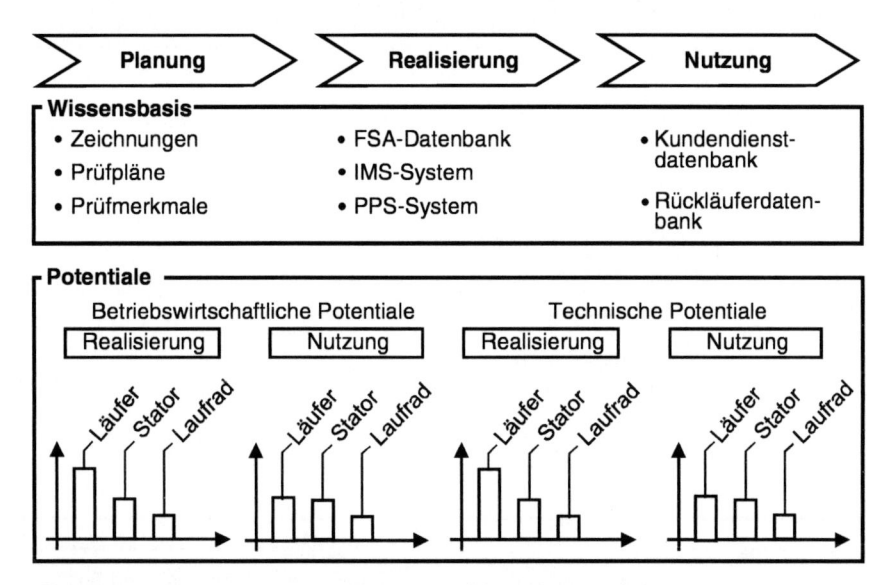

Bild 5-1: Identifizierung von Potentialen (Umwälzpumpe)

Für die weitere Fehler-Ursache-Analyse **{A3}** wurde eine ausführliche Analyse der zur Verfügung stehenden Daten durchgeführt. Gemäß den Vorgaben des in Kapitel 4 entwickelten Analysemodells (AM) wurde hierzu ein entsprechendes Datenmodell für den Läufer aufgebaut. Neben Daten aus verschiedenen Datenquellen wurde hier versucht, vorhandenes Expertenwissen mit Hilfe von geeigneten Entitäten abzubilden. Das komplette Datenmodell ist im Anhang E wiedergegeben. Dieses Datenmodell bildet die wesentliche Grundlage für eine weitergehende Analyse der Produktdaten aus der Realisierungsphase. Um die Auswertungsaufwände in einem vertretbaren Rahmen zu halten, wurden Daten aus dem II. Produktionsquartal verwendet. Ausgewählt wurden die Daten aus diesem Quartal, da der Läufer hier durch besonders hohe Ausfallquoten auffiel. Folgende Ergebnisse konnten durch die Analyse der Daten ermittelt werden (vgl. **Bild 5-2**):

- Der Fehler Höhenschlag wird durch die eigentliche Bearbeitung erzeugt. Hiervon betroffen sind 41,6% der betrachteten Läufer.

- Die Fehler Schulterbeschädigung und Riefen werden durch die automatische Beschickung verursacht (17,6%).

- Die übrigen Fehler werden durch den Zulieferer (vorgelagertes Segment) verursacht
  (40,8%).

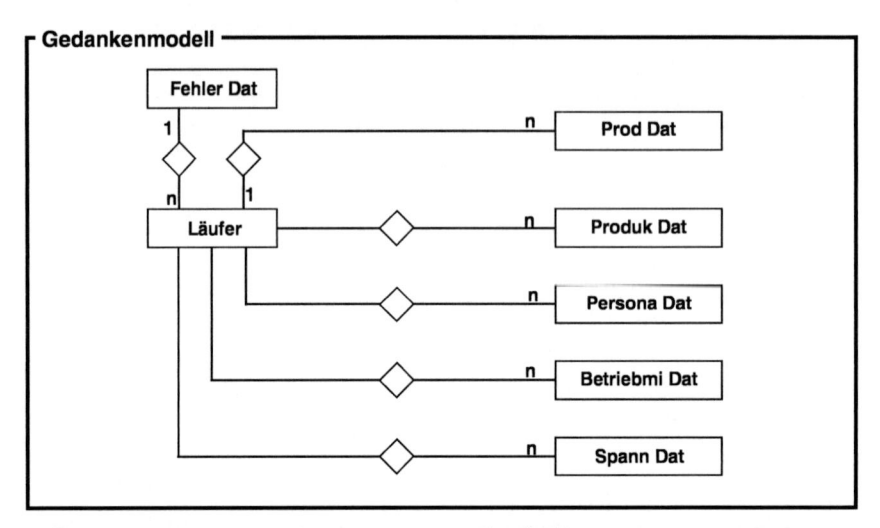

```
┌─ Gedankenmodell ─────────────────────────────────────┐
│                  ┌──────────┐                        │
│                  │ Fehler Dat│                       │
│               1  └──────────┘         n  ┌─────────┐ │
│                ◇─────────────────────────│ Prod Dat│ │
│              n│ │1                        └─────────┘│
│           ┌───────┐                       ┌──────────┐│
│           │ Läufer│◇──────────────────n───│Produk Dat││
│           └───────┘                       └──────────┘│
│               │                           ┌───────────┐│
│               ├──────◇────────────────n───│Persona Dat││
│               │                           └───────────┘│
│               │                           ┌────────────┐│
│               ├──────◇────────────────n───│Betriebmi Dat││
│               │                           └────────────┘│
│               │                           ┌──────────┐ │
│               └──────◇────────────────n───│Spann Dat │ │
│                                           └──────────┘ │
└────────────────────────────────────────────────────────┘
```

┌─ Randbedingungen ─────────────┐ ┌─ Ergebnisse ──────────────────┐
│ • Beschränkung auf ein Produk- │ │ • Die Fehler Höhenschlag und   │
│   tionsquartal, da hier erhöh- │ │   Späne werden durch die   │
│   tes Fehleraufkommen vorlag   │ │   eigentliche Bearbeitung   │
│   │ │   erzeugt (41,6%)   │
│ • Identifizierung der PSE durch│ │   │
│   Chargen-Nr.   │ │ • Die Fehler Schulterbeschädi- │
│   │ │   gung und Riefen werden durch │
│ • Nutzung des Gedankenmodells │ │   die automatische Beschickung │
│   für die Festlegung der   │ │   verursacht (17,6%)   │
│   Auswertestrategie   │ │   │
│   │ │   Die übrigen Fehler werden   │
│   │ │   durch den Zulieferer (vorge- │
│   │ │   lagertes Segment) verursacht │
│   │ │   (40,8%)   │
└────────────────────────────────┘ └────────────────────────────────┘

Bild 5-2: Analyse für Läufer

Eine Kausalanalyse durch Experten aus Produktion und Konstruktion hatte ergeben, daß mehrere Fehler mit unterschiedlichen Fehlerausprägungen[49] vorlagen. Im einzelnen wurden für den Läufer die folgenden Fehlertypen näher definiert:

• Fehler I: Schulterbeschädigungen

Die Laufrad-Anlagenschulter wird durch einen Fluchtungsfehler zwischen Läufer und Spannzange beschädigt.

• Fehler II: Umlaufende Riefen durch Schlupf

---

[49] Bei der Beschreibung der Fehler wurde hierbei oft der eigentliche Fehler mit den verursachenden Gründen verwechselt. Dies kann die nachfolgende Analyse erheblich erschweren.

Die Spannkraft des Systems ist kleiner als die Reibkraft zwischen Welle und Spannzange.

- Fehler III: Fresser
Die Spannkraft des Systems ist kleiner als die Reibkraft zwischen Welle und Spannzange, es kommt zum Schlupfverhalten zwischen Welle und Spannzange. Hierbei steht die Welle kurzzeitig still, die Spindelspannzange aber dreht sich weiter.

- Fehler IV: Druckstellen
Kurze Späne im Spannzangenbereich verursachen Druckstellen auf der Zylindermantelfläche des Kugellagersitzes.

- Fehler V: Höhenschlag
Zylinderformabweichung der Läufer-Mantelfläche, bezogen auf verschiedene Lagerpunkte.

Insgesamt nicht betrachtet wurde bei dieser Vorgehensweise, daß Fehler zueinander in Beziehung stehen können und diese gegenseitigen Abhängigkeiten auch einen Ausfall der Läufer verursachen können. Zur Komplexitätsreduzierung und Aufwandsreduzierung ist es aber zulässig, diese vereinfachte Auswertung zuzulassen. Im Rahmen der weiteren Ableitung von Optimierungsmaßnahmen {A4} wurde ein interdisziplinäres Team aus Produktion, Qualitätssicherung, Entwicklung und Einkauf gebildet. Hierdurch wurde gewährleistet, daß vor dem Hintergrund der funktionsübergreifenden Problemstellung entsprechend fundierte Optimierungsmaßnahmen erarbeitet werden können. Als Handlungsanleitung zur weiteren Problemlösung wurde der entwickelte Optimierungszyklus eingesetzt. Für die Identifizierung der vorliegenden Problemstruktur (vgl. **Bild 5-3**), d.h. die Identifizierung der konkreten Fehler-Ursache-Zusammenhänge, wurde vom Team das Fischgrätendiagramm ausgewählt. Für jede definierte Fehlerausprägung wurden entsprechende Fischgrätendiagramme (vgl. Anhang E) erstellt. Bei der Erarbeitung und Identifizierung der Problemstruktur zeigte sich, daß tatsächlich eine vernetzte Problemstruktur vorlag, d.h. der Ausfall der Läufer wurde durch mehrere gleichzeitig vorliegende Ursachen bedingt. Zur weiteren Identifizierung der Problemstruktur wurde daher eine sogenannte Beziehungsmatrix erstellt. Die Abhängigkeiten zwischen den einzelnen Fehlern und Ursachen konnten so detailliert erfaßt und zugeteilt werden. Die sich anschließende Identifizierung der genauen Problemstruktur konnte so sehr gut unterstützt werden. Zur Maßnahmensynthese wurden mehrere Methoden gemäß der entwickelten Methoden-Matrizen ausgewählt und durch das interdisziplinäre Team angewendet.

```
┌─ Problemstruktur ─┐                                    ┌─ Team ─────────────
│ • vernetzt         │                                    │ Interdisziplinär zu-
│ • komplex          │                                    │ sammengesetzt
│ • mehrere Fehler mit│         ┌──────────────┐          │ • Einkauf
│   verschiedenen Aus-│         │ Problemstruktur│         │ • Produktion
│   prägungen        │         │ identifizieren │         │ • Entwicklung
└────────────────────┘         └──────────────┘          │ • Qualität
                                                         └────────────────────

                      ┌─────────┐         ┌─────────┐
                      │ Phase   │- - - - -│ Phase   │
                      │Maßnahmen│         │Maßnahmen│
                      │ analyse │         │synthese │
                      └─────────┘         └─────────┘
┌─ Ergebnis ──────────┐   Optimierungs-              ┌─ Methoden ──────────
│ • Reduzierung der    │      zyklus                  │ • Brainstorming/
│   Fehlerrate (ppm)   │                              │   Brainwriting
│   um 50 %            │                              │ • Listenreduzierung
│ • Reduzierung der    │                              │ • Ishikawa
│   Fehlleistungskosten│                              │ • Beziehungsmatrix
│   um einen sechs-    │                              └────────────────────
│   stelligen Betrag   │
└──────────────────────┘
```

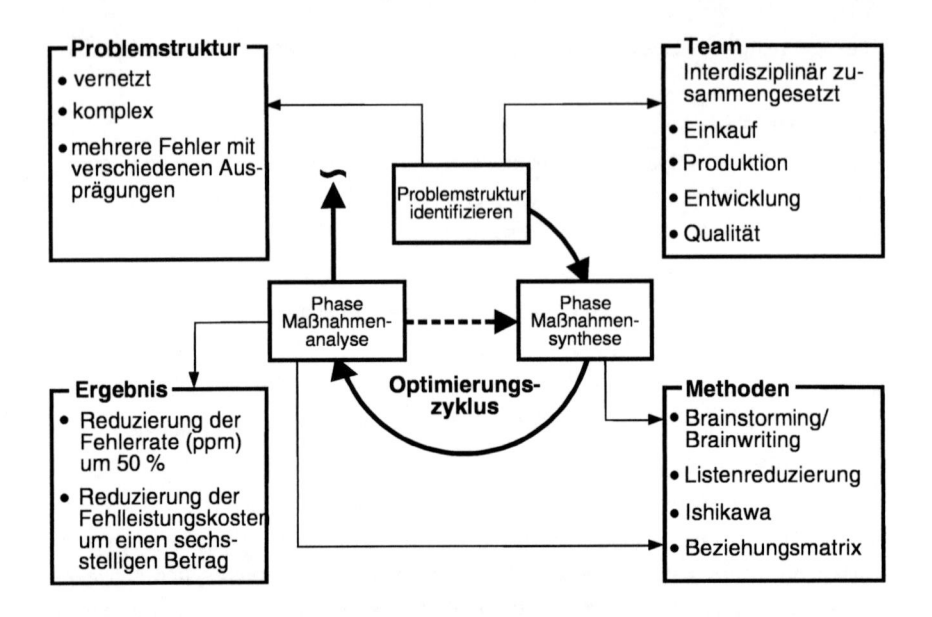

Bild 5-3: Anwendung des Optimierungszyklus (Läufer)

Zur Lenkung der Ideenfindung und der kreativen Denkprozesse wurden sechs Handlungsfelder definiert:

- Werkzeugmaschine,
- Werker,
- Greifer,
- Spannzange,
- Rohteilzustand und
- Positionierung der Einzelteile.

Mit Hilfe methodischer Unterstützung (Brainstorming, Nebenfeldintegration, SIL-Methode) wurden in mehreren Teamsitzungen für diese Handlungsfelder potentielle Maßnahmen erarbeitet. Es zeigte sich aber, daß eine Reihe von Lösungen bei einer tieferen Betrachtung nicht oder nur sehr unwesentlich zur definierten Zielerreichung beitragen würden. Aus diesem Grund wurde beschlossen, die erarbeiteten Lösungen einer Überprüfung (Maßnahmenanalyse) zu unterziehen. Eine Reduzierung der erarbeiteten Lösungsvorschläge auf ein sinnvolles Maß wurde durch eine Listenreduzierung erreicht. Hierbei wurden für die definierten Handlungsfelder Kriterien definiert. Um eine gleichmäßige und transparente Bewertung durchzuführen, wurde entschieden, die Bewertungskriterien für alle Handlungsfelder gleich zu definieren. Folgende Kriterien wurden festgelegt:

- Die Kosten der Umsetzung der Maßnahmen,
- der Beitrag zur Problemlösung und
- die Realisierbarkeit unter Unternehmensrandbedingungen.

Durch diese Bewertung konnte die Anzahl der angedachten Maßnahmen um fast 50% reduziert werden. Für die verbliebenen Maßnahmen wurde zur Vorbereitung der weiteren Umsetzung ein entsprechender Maßnahmenplan erarbeitet (vgl. Anhang E). Der Maßnahmenplan bestand aus einem Gantt-Chart sowie einem Ablaufplan. Bei der Erstellung dieser Hilfsmittel zeigte sich, daß bei der zeitlichen Umsetzung der Maßnahmen erhebliche Abhängigkeiten zwischen einzelnen Maßnahmen bestanden. Neben diesen zeitlichen Abhängigkeiten wurden auch inhaltliche Abhängigkeiten zwischen den Maßnahmen festgestellt. Es lag somit ein vernetztes Maßnahmensystem vor. Die Zielerreichung hing damit von der planmäßigen Erreichung aller Einzelziele (der Einzelmaßnahmen) ab.

Zur Reduzierung der Aufwände wurde parallel zur Maßnahmenumsetzung eine mitlaufende Bewertung {A5} durchgeführt. Hierbei wurde für die Handlungsfelder zu zwei definierten Zeitpunkten (t_1 und t_2) eine mitlaufende Bewertung durchgeführt. Ausgehend von einem gesamtzulässigen Fehler wurden die entsprechenden relativen Einzelfehler ermittelt und mit den tatsächlich erreichten prozentualen Zielerreichungsgraden bzw. den Abweichungen verglichen. Bei Abweichungen wurden entsprechende Korrekturen der Maßnahmen eingeleitet. Die parallele Maßnahmenbewertung (mitlaufende Bewertung) reduzierte die sonst übliche Bearbeitungszeit bei ähnlichen und vergleichbaren Problemfällen um ca. 30%. Unternehmensinterne Ressourcen konnten wirkungsvoll geschont werden sowie die Einhaltung des angedachten Zeitplans zur Umsetzung der Maßnahmen im wesentlichen eingehalten werden. Die sich anschließende Dokumentation der Lerneffekte und Kennzahlen konnte nachhaltig die Erfahrungssicherung gewährleisten (vgl. **Bild 5-4**).

Durch die Anwendung der vorliegenden Methodik konnte in dem betrachteten Unternehmen die Produktqualität des betrachteten Läufers nachhaltig verbessert werden. Wesentliche Voraussetzung war dabei die Strukturierung der optimierungsrelevanten Daten und Informationen durch das Informations (IM)- und das Lebenszyklusorientierte Produktdatenmodell (LPM).

Maßnahmensystem
- Werkzeugmaschine
- Greifer
- Spannzange

t_0 t_1 t_2 t_3 Zeit

Nachkalkulation

Produktebene
- Abgleich der Soll/Ist-Werte
- Zielerfüllungsgrad

Maßnahmenebene
- Controlling
- Randbedingungen
- Unternehmensstrategie

Mitlaufende Bewertung

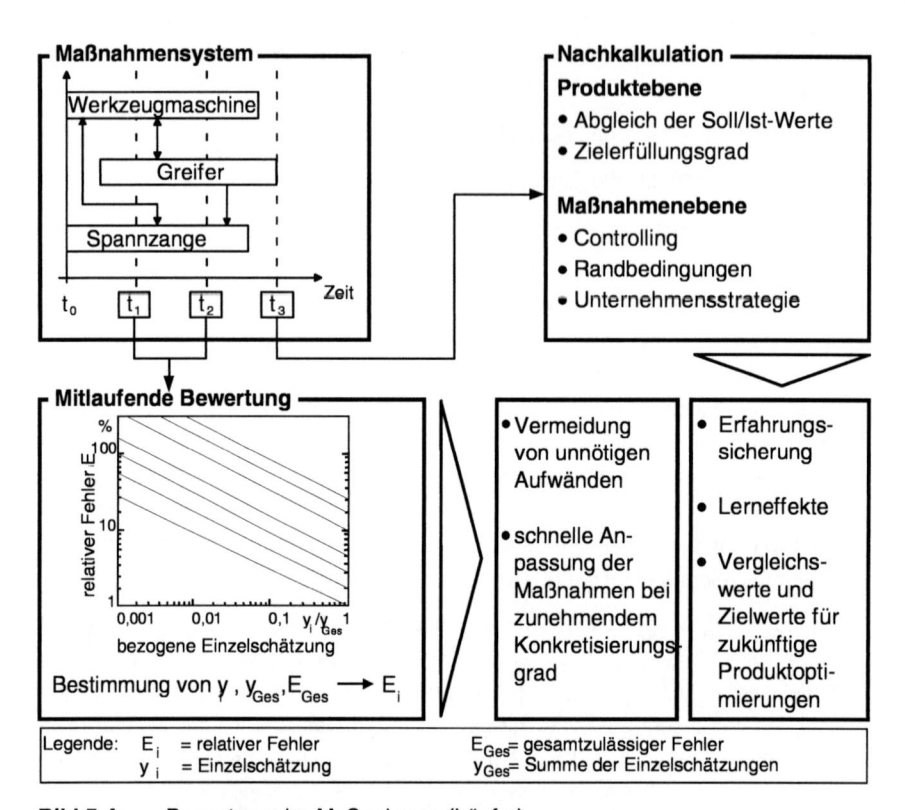

relativer Fehler E_i [%]
bezogene Einzelschätzung y_i/y_{Ges}

Bestimmung von y, y_{Ges}, E_{Ges} → E_i

- Vermeidung von unnötigen Aufwänden
- schnelle Anpassung der Maßnahmen bei zunehmendem Konkretisierungsgrad

- Erfahrungssicherung
- Lerneffekte
- Vergleichswerte und Zielwerte für zukünftige Produktoptimierungen

Legende: E_i = relativer Fehler E_{Ges} = gesamtzulässiger Fehler
y_i = Einzelschätzung y_{Ges} = Summe der Einzelschätzungen

Bild 5-4: Bewertung der Maßnahmen (Läufer)

Eine sich an den Lebenszyklusphasen orientierende Strukturierung der Daten erlaubte eine schnelle Detektion der Fehlerschwerpunkte in den Lebenszyklusphasen Realisierung und Nutzung für die Produktstrukturelemente. Durch die vorgebenen Strukturierungshilfsmittel konnten die Daten schnell in die benötigte Datenform transformiert werden. Die entwickelten Algorithmen zur Fehler-Ursache-Analyse konnten durch Standardsoftware abgebildet werden, so daß eine schnelle Fehler-Ursache-Analyse gewährleistet werden konnte. Mit Hilfe der entwickelten Hilfsmittel konnte die Erarbeitung und Ableitung von Optimierungsmaßnahmen durch interdisziplinäre Teams wirkungsvoll unterstützt werden. Insbesondere die schnelle und sichere Auswahl der Methoden durch die Methodenmatrizen ermöglichte eine zielorientierte und methodisch unterstützte Ableitung von Maßnahmen. Durch die mitlaufende Bewertung konnten die sonst üblichen Verzögerungen bei der Umsetzung von Maßnahmen rechtzeitig erkannt und durch „Nachregelungen" angepaßt werden. Die definierten Zieltermine konnten so eingehalten werden.

Insgesamt konnte durch die Anwendung der Methodik die Fehlerrate des betrachten Produktes um ca. 50% reduziert werden. Gleichzeitig konnten die durch die Fehlleistung entstehenden Kosten um einen sechsstelligen Betrag gesenkt werden. Hiermit wurde ein wesentlicher Beitrag zur Sicherung des wirtschaftlichen Erfolges des Unternehmens geleistet.

5.2 Fallbeispiel II (Heizgerät)

Das im zweiten Fallbeispiel betrachtete Unternehmen der Konsumgüterindustrie gehört zu den führenden Systemanbietern für Heiztechnik. Hierbei werden Produkte zum Heizen, Regeln und zur Warmwasseraufbereitung auf Basis der Energieträger Gas und Strom entwickelt und produziert. Diese werden in der Regel in verschiedenen Typen und Länderausführungen hergestellt. Zu den erklärten Unternehmenszielen gehören zum einen die Marktführerschaft und zum anderen eine ausgesprochene Kundenorientierung. Weiterhin sind erklärte Unternehmensziele, die Qualitäts- und Innovationsführerschaft in diesen Produktbereichen zu erreichen. Das Unternehmen ist mit allen Werken nach DIN ISO 9000ff. zertifiziert.

Das Unternehmen unterhält weiterhin einen firmeneigenen Kundendienst, um die Produkte auch in der Nutzungsphase bei den Kunden fachgerecht und kundenorientiert betreuen zu können. Der vom Unternehmen gewährte Garantieumfang beträgt 2 Jahre.

Die Produkte selbst bestehen aus mechanischen und elektrischen Komponenten. Hierbei müssen für verschiedene Durchflußmedien, z.B. Gas und Wasser, in einem Produkt geeignete konstruktive Lösungen realisiert werden.

Zur Überprüfung der Methodik wurde ein Produkt aus der Linie der Umlaufwasserheizer ausgewählt. Verwendung findet das Produkt bei der Wohnraumheizung mit kombinierter Warmwasseraufbereitung. Durch einen dreistufigen Prozeß erhitzen die heißen Verbrennungsgase das durchgeführte Wasser. Aufgrund der innovativen Technik werden deutlich höhere Wirkungsgrade erreicht, als bei vergleichbaren Wettbewerbsprodukten. Das Produkt besitzt begründet durch die prozeßtechnische Integration von zwei Durchflußmedien eine mittlere Komplexität. Aufgrund des Energieträgers Gas werden an einzelne Baugruppen weiterhin hohe Sicherheitsanforderungen gestellt. Diese Anforderungen sind im Qualitätsmanagementsystem berücksichtigt worden und in den entsprechenden Unternehmensbereichen umgesetzt. Das Produkt selbst setzt sich aus verschiedenen Baugruppen mit einer hohen Anzahl von verschiedenen Einzelteilen zusammen. Aufgrund der geringen Fertigungstiefe werden sehr viele Einzelteile aber auch Baugruppen von nationalen und internationalen Lieferanten zugekauft. Das Produkt ist seit mehreren Jahren auf dem Markt eingeführt und wird weiterhin in hohen Stückzahlen verkauft. Somit steht eine ausreichende Anzahl von Datensätzen aus der Realisierungs- und Nutzungsphase zur Verfügung. Die Beschreibung des ausgewählten Unternehmens und des Produktes hat gezeigt, daß die Anforderungen und Randbedingungen an den Betrachtungsraum und an das Betrachtungsobjekt erfüllt sind. Die Auswahl dieses Fallbeispieles ist damit zulässig.

Gemäß der definierten Vorgehensweise wurde in einem ersten Schritt die notwendige Informations- und Datenbasis **{A1}** aufgebaut. Hierzu wurden Daten aus verschiedenen EDV-Systemen (z.B. Kundendienstdatenbank, PPS-System etc.) zusammengeführt und produktorientiert strukturiert. Die für eine Produktoptimierung notwendigen Informationen wurden ebenfalls nach den vorgegebenen Regeln und Hilfsmitteln der entwickelten Methodik strukturiert und abgelegt.

Zur weiteren Potentialerkennung (wirtschaftlich und technisch) wurden Abweichungsanalysen **{A2}** für die Realisierungs- und Nutzungsphase durchgeführt. Hierbei zeigte sich, daß die Ausfallraten des betrachteten Repräsentanten in der Nutzungsphase die in der Unternehmensstrategie festgelegten Ausfallraten (vgl. **Bild 5-5**) überschreiten.

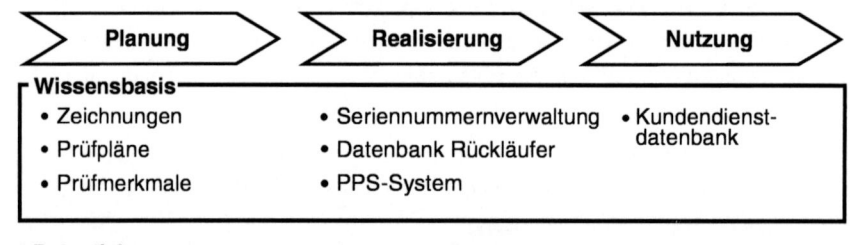

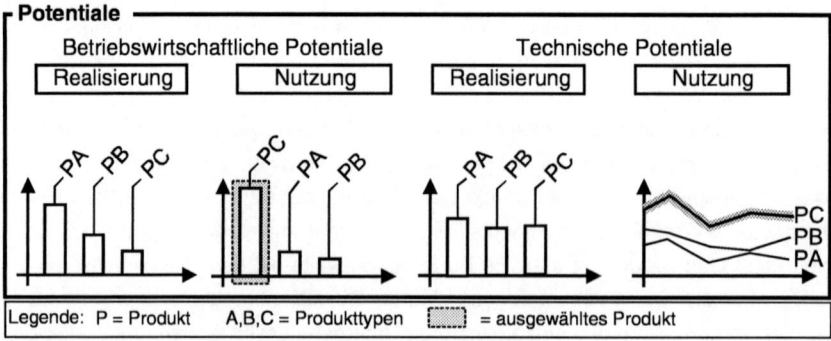

Bild 5-5: Identifizierung von Potentialen (Heizgerät)

Hierdurch werden überproportional hohe Fehlerkosten im Rahmen der Kundendiensteinsätze verursacht. Bei der genaueren Abweichungsanalyse zeigte sich, daß insbesondere im Bereich der Frühausfälle die Werte nicht den geforderten Zielwerten entsprachen (vgl. **Bild 5-6**). Im Bereich der Zufallsausfälle lagen die Werte im zulässigen Rahmen. Dieses Produktverhalten ließ darauf schließen, daß grundsätzliche funktionale Probleme in den ersten Betriebsmonaten vorlagen. Das Zuverlässigkeitsverhalten im Feld bei längeren Betriebszeiträumen erlaubt aber die Aussage, daß eine an sich robuste Konstruktion vorhanden war.

Abweichungsanalyse für Nutzungsphase

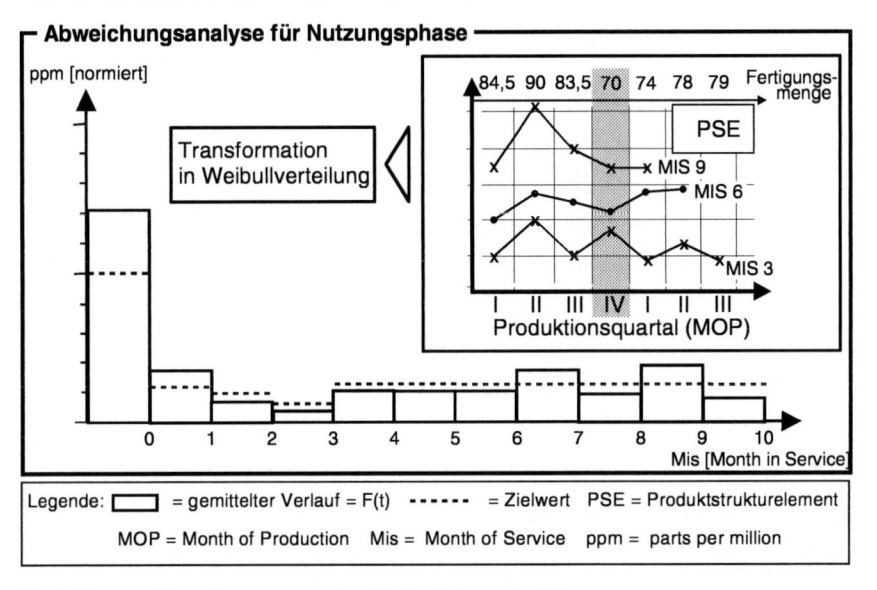

Legende: ☐ = gemittelter Verlauf = F(t)   ‐‐‐‐‐ = Zielwert   PSE = Produktstrukturelement
MOP = Month of Production   Mis = Month of Service   ppm = parts per million

Bild 5-6:   Abweichungsanalyse für die Nutzungsphase

Die weiteren Analysen im Rahmen der Produktoptimierung beschränkten sich daher im wesentlichen auf die Nutzungsphase und hier insbesondere auf die Frühausfälle. Die für die Anwendung notwendige Produktstruktur des gewählten Repräsentanten ist im **Anhang F** als Produktstrukturmodell wiedergegeben. Zur Analyse der Daten {A3} wurden die vorhandenen Felddaten gemäß den Regeln strukturiert und ausgewertet. Hierbei wurde eine Datenanalyse für den siebten Produktionsmonat durchgeführt. Eine Reduzierung auf einen Produktionsmonat war zulässig (empirische Reduktion), da die Produkte aus anderen Produktionsmonaten das gleiche Ausfallverhalten aufwiesen. Zur Komplexitätsreduzierung wurden hierbei nur die Frühausfälle und hier wiederum nur die Datensätze Mis 0 (MiS = Month in Service) betrachtet (vgl. **Bild 5-7**). Eine durchgeführte Schwerpunktbildung bezüglich der ausfallverursachenden Einzelteile für eine Hauptbaugruppe zeigte, daß mehrere Cluster gebildet werden können. Hierbei wurde festgestellt, daß nicht nur 1:1-Beziehungen bestanden, sondern auch mehrere Einzelteile gleichzeitig (1:n-Beziehung) einen Ausfall verursachten. Zur weiteren detaillierten Untersuchung wurde ein repräsentatives Einzelteil mit einer 1:1-Beziehung ausgewählt.

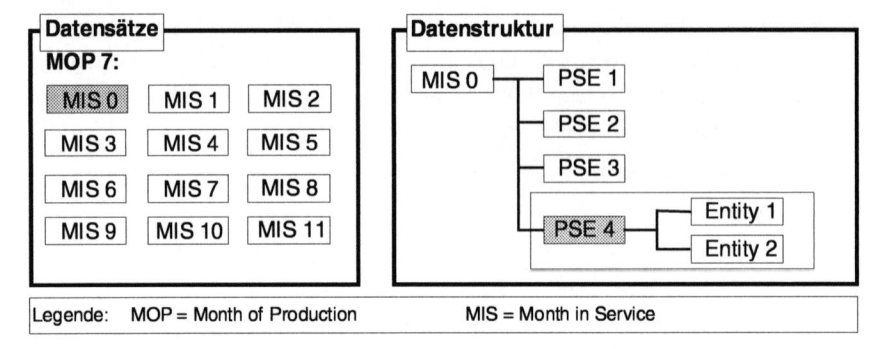

```
┌─Datensätze─────────────────────┐   ┌─Datenstruktur──────────────────┐
│ MOP 7:                         │   │  ┌─────┐   ┌─────┐             │
│  ▓MIS 0▓  │MIS 1│  │MIS 2│     │   │  │MIS 0│───│PSE 1│             │
│                                │   │  └─────┘ │ └─────┘             │
│  │MIS 3│  │MIS 4│  │MIS 5│     │   │          │ ┌─────┐             │
│                                │   │          ├─│PSE 2│             │
│  │MIS 6│  │MIS 7│  │MIS 8│     │   │          │ └─────┘             │
│                                │   │          │ ┌─────┐             │
│  │MIS 9│  │MIS 10│ │MIS 11│    │   │          ├─│PSE 3│             │
│                                │   │          │ └─────┘  ┌────────┐ │
│                                │   │          │ ┌─────┐──│Entity 1│ │
│                                │   │          └─│▓PSE 4▓│ └────────┘│
│                                │   │            └─────┘──│Entity 2│ │
│                                │   │                     └────────┘ │
└────────────────────────────────┘   └────────────────────────────────┘
┌──────────────────────────────────────────────────────────────────────┐
│ Legende:  MOP = Month of Production        MIS = Month in Service    │
└──────────────────────────────────────────────────────────────────────┘
```

Bild 5-7: Reduzierung der Entities und Datensätze

Im Rahmen der weiteren Analyse wurde für diese Baugruppe durch Experten eine detaillierte Kausalanalyse der Rückläufer, d.h. der schadhaften Teile durchgeführt. Der zentrale Fehler, die Undichtigkeit, trat hierbei an mehreren Stellen auf:

- Fehler I:

Wasserseitig undicht am Verbindungsstück

- Fehler II:

Wasserseitig undicht am Messinganschluß

- Fehler III:

Wasserseitig undicht zwischen Stahl und Messingmuffe

- Fehler IV:

Wasserseitig undicht am Knoten

- Fehler V:

Wasserseitig undicht am Anschluß

Zur Identifizierung der Problemstruktur {A4} wurden (vgl. **Bild 5-8**) für jeden Fehler entsprechende Ishikawa-Diagramme (s.a. Anhang F) erstellt. Hierbei flossen auch die Ergebnisse der Analyse der Phasendaten aus der Nutzungsphase mit ein. Für die sich anschließende Maßnahmensynthese wurden für die erkannten Fehler-Ursache-Zusammenhänge ebenfalls die Ergebnisse mit methodischer Unterstützung erarbeitet.

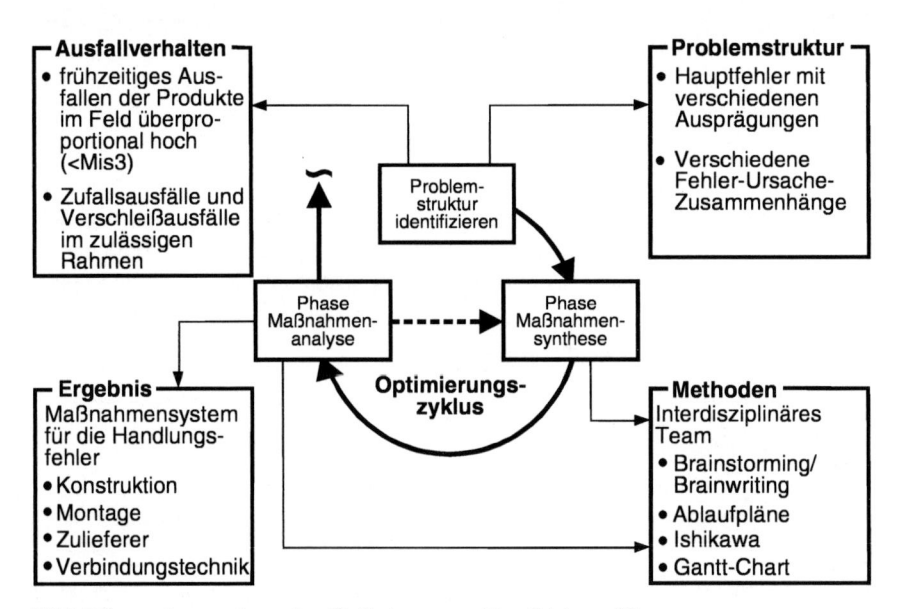

Bild 5-8: Anwendung des Optimierungszyklus (Heizgerät)

Zur Lenkung der Ideenfindung und der Problemlösungskreativität wurden vier Handlungsfelder definiert:

- Konstruktion,
- Montage,
- Zulieferer und
- Verbindungstechnik.

Für die Erarbeitung der Maßnahmen in den einzelnen Handlungsfeldern wurden wiederrum Methoden (z.B. Brainstorming etc.) eingesetzt. Auch in diesem Fallbeispiel zeigte sich, daß eine Reihe von Lösungen bei einer weitergehenden Betrachtung nicht oder nur sehr unwesentlich zur definierten Zielerreichung beitragen würde. Aus diesem Grund wurden die erarbeiteten Maßnahmen einer nachfolgenden Analyse (Maßnahmen-analyse) unterzogen. Durch diese Vorgehensweise konnten die unter den vorgegebenen Randbedingungen (Realisierungszeithorizont, Unternehmensrandbedingungen etc.) am besten geeigneten Maßnahmen identifiziert werden. Für diese Maßnahmen wurde ein Maßnahmenplan erarbeitet. Der Maßnahmenplan bestand aus der zeitlichen Terminierung der Maßnahmen sowie einem Ablaufplan. Bei der Erstellung dieser Hilfsmittel zeigte sich, daß bei der zeitlichen Umsetzung der Maßnahmen erhebliche Abhängigkeiten zwischen den Maßnahmen bestanden. Neben diesen zeitlichen Abhängigkeiten bestanden aber auch inhaltliche Abhängigkeiten. Somit lag ein vernetztes Maßnahmensystem vor. Die planmäßige Zielerreichung auf Produktebene hing damit von der planmäßigen Erreichung aller Einzelziele (der Einzelmaßnahmen) ab. Um unnötige Zeitverzögerungen und Aufwände während der Umsetzung zu vermeiden, wurde eine kontinuierliche Maßnahmenbewertung {**A5**} durchgeführt. Hierzu wurde für die definierten vier Handlungsfelder zu einem diskreten Zeitpunkt t_1 eine entsprechende Bewertung durchgeführt (vgl. **Bild 5-9** und Anhang F). Durch eine entsprechende „Nachregelung" der Maßnahmen konnten während der weiteren Konkretisierung die Maßnahmen angepaßt werden und damit wirkungsvoll größere Zeitverschiebungen verhindert und zusätzliche unnötige Aufwände verhindert werden.

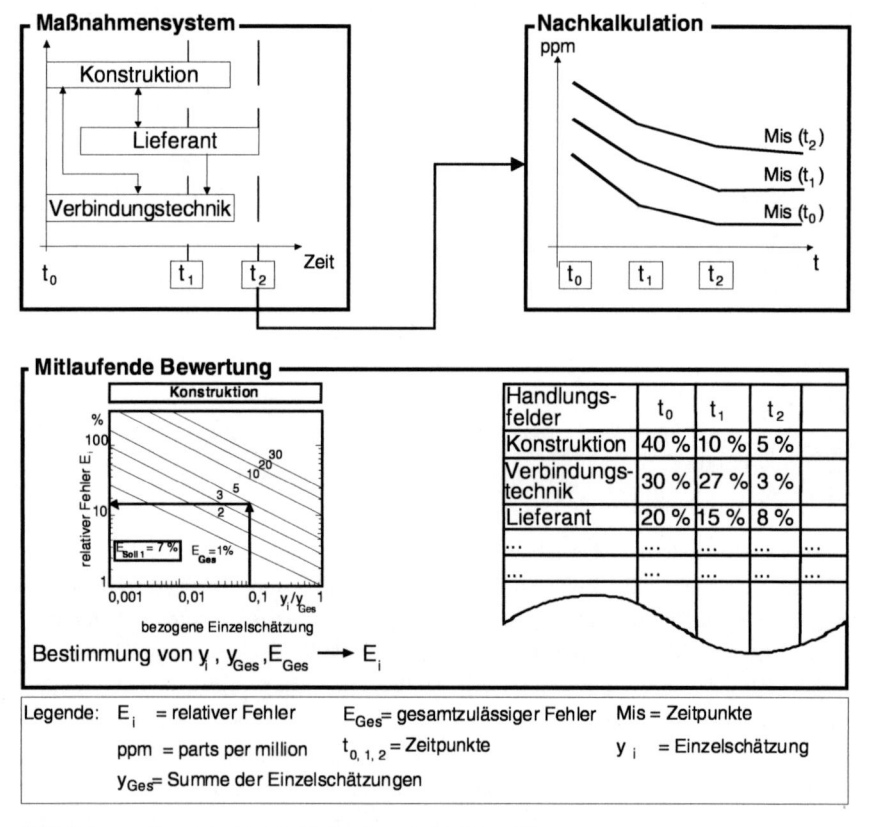

Handlungs-felder	t_0	t_1	t_2
Konstruktion	40 %	10 %	5 %
Verbindungs-technik	30 %	27 %	3 %
Lieferant	20 %	15 %	8 %
...	...	...	...
...	...	...	...

Legende: E_i = relativer Fehler E_{Ges} = gesamtzulässiger Fehler   Mis = Zeitpunkte
ppm = parts per million $t_{0,1,2}$ = Zeitpunkte y_i = Einzelschätzung
y_{Ges} = Summe der Einzelschätzungen

Bild 5-9: Bewertung der Maßnahmen (Heizgerät)

5.3 Anwendungserfahrungen und Fazit

Mit den Ergebnissen aus zwei Fallbeispielen bei verschiedenen Unternehmen der Konsumgüterindustrie wurde die prinzipielle Funktionalität der entwickelten Methodik bestätigt. Parallel zur Anwendung der Methodik wurde überprüft, ob die Methodik unter den in der Einleitung formulierten allgemeinen Trends im Bereich der Konsumgüterindustrie zu

- komplexeren Produkten,
- marktindividuellen Produkten und
- kürzeren Produktlebenszyklen

und den daraus resultierenden Anforderungen nach

- Berücksichtigung der Komplexität,
- Berücksichtigung von Produktvarianten und
- Praktikabilität

sinnvoll zur Erreichung der Zielsetzung eingesetzt werden kann.

Aufgrund der systematischen und strukturierten Abbildung der Produktstruktur im Produktmodell nach vorgebenen Regeln ist die Abbildung von komplexen Strukturen möglich. Durch die anschließende Nutzung dieser vorgeschriebenen Abbildung in den übrigen Modellen kann die Produktkomplexität nachhaltig beherrscht werden. Dies konnte in beiden Fallbeispielen nachgewiesen werden.

Bezüglich des Trends zu kürzeren Produktlebenszyklen und der sich hieraus direkt ergebenden Forderung nach einer zeitoptimalen Anwendung wurde überprüft, ob der benötigte Zeitbedarf für die Anwendung der Methodik innerhalb von üblichen Serienlaufzeiten[50] sinnvoll darstellbar ist.

Im Vorfeld wurden hierbei als potentielle Zeittreiber insbesondere der Datenbedarf und die Datenbereitstellung für die Methodik (hier Potential- und Analysemodell) sowie die Maßnahmenableitung und -umsetzung (hier Handlungs- und Bewertungsmodell) identifiziert.

Bei der Anwendung der Methodik hat sich aber gezeigt, daß ein großer Teil der benötigten Daten grundsätzlich auf EDV-unterstützen Datenträgern (CAP-, PPS-, Kundendienstsoftware etc.) vorhanden ist. Weiterer erforderlicher Datenbedarf, wie z.B. Lebensdauerwerte, konnten, sofern sie nicht schon definiert waren und vorlagen, mit Hilfe der entwickelten Algorithmen auf Basis vorhandener Rohdaten in kurzer Zeit mit Standardsoftware berechnet werden. Nennenswerte Zeitverzögerungen durch die

---

[50] Untersuchungen des VDMA haben ergeben, daß die mittleren Produktlebenszyklen in der Konsumgüterindustrie 8 Jahre betragen [VDMA, 1998: S. 15].

Standardsoftware berechnet werden. Nennenswerte Zeitverzögerungen durch die Bereitstellung des notwendigen Datenbedarfs konnten nicht festgestellt werden.

Die Funktionalität der Maßnahmenableitung konnte wirkungsvoll durch die Nutzung des bereitgestellten Optimierungszyklus unterstützt werden. Insbesondere der Einsatz von Methoden in interdisziplinären Teams konnte den Prozeß der Maßnahmenableitung systematisiert und strukturiert und damit zeitoptimal unterstützen. Den größten Zeitbedarf nahm dagegen die Maßnahmenumsetzung in Anspruch. Der Zeitbedarf für die eigentliche Umsetzung wurde zum einen sehr stark von der Qualität und Quantität der eingesetzten unternehmensinternen und externen Ressourcen[51] beeinflußt. Zum anderen wurde dieser Zeitbedarf aber auch von der Qualität (bezüglich des Zielerreichungsgrades) der geplanten Maßnahmen beeinflußt. Inwieweit tatsächlich geplante Maßnahmen zur Zielerreichung beitrugen, zeigte sich erst in der fortgeschrittenen Konkretisierung. Durch den Einsatz der mitlaufenden Bewertung konnte hier parallel zur weiteren Konkretisierung der Zielerreichungsgrad der Maßnahmen kontrolliert werden und somit frühzeitig korrigierend eingegriffen werden. Das unnötige und damit zeitaufwendige Verfolgen von nicht zielführenden Maßnahmen konnte somit wirkungsvoll verhindert werden.

Die Anwendung der Methodik bei beiden Unternehmen hat gezeigt, daß die Produktqualität in einem Zeithorizont, der deutlich unter der noch verbliebenen Serienrestlaufzeit der betrachteten Produkte lag, verbessert werden konnte.

Die Methodik ist situativ sowohl in der Realisierungs- als auch in der Nutzungsphase von Serienprodukten einsetzbar. Durch die systematische und effiziente Einbindung von unternehmensindividuellen Bedingungen ist der flexible Einsatz in unterschiedlichen Unternehmen der Konsumgüterindustrie gewährleistet.

Die Anwendbarkeit der vorliegenden Methodik unter den formulierten Randbedingungen konnte somit auch in beiden Fallbeispielen nachgewiesen werden. Eine Zusammenfassung der Nutzenpotentiale zeigt abschließend **Bild 5-10**.

---

[51] Die Qualität und Quantität bezüglich des Einsatzes von Ressourcen hängt von unternehmensspezifischen Randbedingungen ab und kann daher durch die Anwendung der Methodik nicht beeinflußt werden.

Partial-Modelle — **Vorgehensmodell**

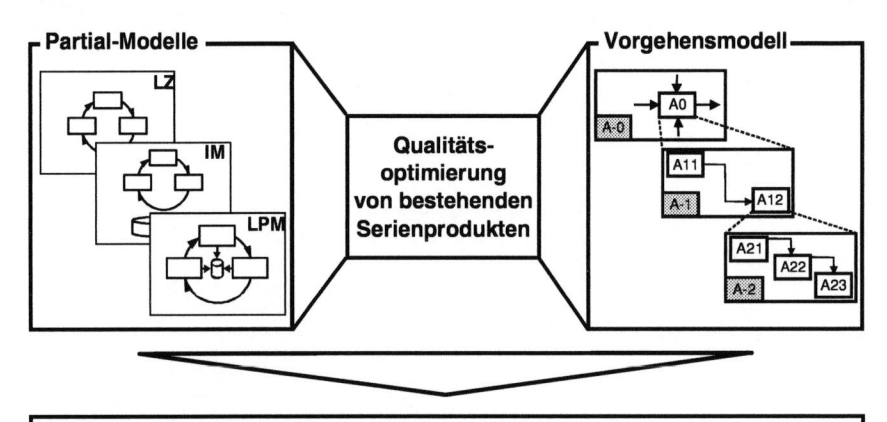

Qualitäts-optimierung von bestehenden Serienprodukten

- strukturierte Bewertung der Fehlleistungen
- Identifizierung von Fehler- und Kostenschwerpunkten
- Erarbeitung und Bewertung von Optimierungsmaßnahmen

→ nachhaltige Optimierung der Produktqualität

Legende: IM = Informationsmodell   LPM = Lebenszyklusorientiertes Produktdatenmodell
         LZ = Lebenszyklus

Bild 5-10: Ergebnisse der Anwendungen

6 Zusammenfassung

Der wirtschaftliche Erfolg eines industriellen Unternehmens hängt u.a. von der Qualität der Produkte ab. Die Qualität der Produkte beeinflußt wiederum direkt die Fehlerkosten der Realisierungs- als auch der Nutzungsphase. Durch eine Verbesserung der Produktqualität kann daher nachhaltig der Unternehmenserfolg für laufende Serien verbessert werden, da die nicht geplanten Fehlerkosten eine Gewinnschmälerung bedeuten.

Zur Unterstützung einer derartigen Verbesserung der Produktqualität wurde im Rahmen dieser Arbeit eine Methodik zur Optimierung der Produktqualität entwickelt. Unter Berücksichtigung der derzeitigen Hemmnisse und Randbedingungen konnte die Aufgabenstellung formuliert werden. Durch eine Anwendung der Methodik sollen:

- Fehler- und Kostenschwerpunkte eines Produktes determiniert,
- Fehler-Ursache-Zusammenhänge identifiziert und
- geeignete Verbesserungsmaßnahmen systematisch erarbeitet und hinsichtlich ihres Zielerfüllungsgrades bewertet werden.

Entsprechend der Forschungsstrategie nach ULRICH wurden im Rahmen des terminologisch-deskriptiven Schrittes hierzu zunächst die wesentlichen Grundbegriffe aus der Aufgabenstellung beschrieben und in den Kontext der Aufgabenstellung gestellt. Im Anschluß an eine Vorstellung bestehender Ansätze zur Optimierung von Produkten wurden die existierenden Forschungsarbeiten untersucht. Aus der Zusammenführung beider Zwischenergebnisse konnte nachgewiesen werden, daß zur Zeit kein existierender Ansatz für die qualitätsorientierte Produktoptimierung genutzt werden kann.

Auf Basis der Randbedingungen, der Problemstellung und der Aufgabenstellung wurden die inhaltlichen, formalen und anwenderorientierten Anforderungen an die Methodik deduktiv abgeleitet. Da auch die spätere Anwendung der Methode unterstützt werden soll, wurde ein modellgestütztes Grobkonzept entwickelt, welches aus jeweils drei Erklärungs- und Entscheidungsmodellen sowie einem Vorgehensmodell besteht.

Zur Abbildung von Produktstrukturen und -varianten wurde das **Produktmodell** entwickelt. Durch die Dekomposition und Abbildung der Struktur bis auf Einzelteilebene wird eine elementespezifische Betrachtung und Zuordnung von Produktinformationen ermöglicht. Durch die konsequente Integration dieses Modells in die weiteren Modelle wurde eine durchgängige elementeorientierte Sichtweise für die Methodik geschaffen. Die Methodik ist damit situativ für jede Ebene der Produktstruktur einsetzbar.

Durch die strukturierte Abbildung von Informationen und Produktdaten aus dem Lebenszyklus der Produkte im **Beschreibungsmodell** wird die notwendige Wissensbasis für eine Produktoptimierung aufgebaut. Durch die phasen- und die produktorientierte Strukturierung und Abbildung der Daten wird eine problemorientierte Auswertung sowie Verdichtung der Produktdaten ermöglicht. Dies ist für die weitere Verarbeitung insbesondere im Potential- und Analysemodell von zentraler Bedeutung.

Zur Bewertung der Produktqualität in den Lebenszyklusphasen Planung und Realisierung wurden Kenngrößen entwickelt, die im **Potentialmodell** für eine wirtschaftliche und technische Bewertung der Fehlleistung genutzt werden. Durch die Anwendung der vorgesehenen Algorithmen zur Abweichungsanalyse wird eine Klassifizierung der Produktstrukturelemente ermöglicht. Die Auswahl der relevanten Produktstrukturelemente für eine Produktoptimierung wird damit wirkungsvoll unterstützt.

Zur weiteren Untersuchung der ausgewählten Produktstrukturelemente wurde das mehrdimensionale **Analysemodell** erarbeitet. Hierbei wurde zwischen einer Daten- und einer Produktanalyse differenziert. Durch die Anwendung der bereitgestellten Algorithmen der multivariaten Datenanalyse zur systematischen und strukturierten Auswertung der Phasendaten können Strukturen in der Gesamtheit aller ausgefallenen Produktstrukturelemente identifiziert werden, die eine genaue Beschreibung der Ausfallsituation aller Produkte zulassen. Die Hilfsmittel zur physischen Analyse der ausgefallenen Produkte ermöglichen durch Einbringen von Expertenwissen einen kognitiven Wissenserwerb über Fehlerarten und -typen.

Durch die Kombination beider Analyseergebnisse ist eine umfassende Darstellung der Problemstruktur im **Handlungsmodell** möglich. Mit der so geschaffenen Wissensbasis stehen die notwendigen Informationen zur Verfügung, um Fehler-Ursache-Zusammenhänge bestimmen und geeignete Optimierungsmaßnahmen ableiten zu können. Zur Unterstützung wurde hierzu ein spezifischer Problemlösungszyklus (Optimierungszyklus) entwickelt. Die hierzu notwendigen kreativen Denkprozesse werden durch die Nutzung von ausgewählten und bewerteten Instrumenten und Hilfsmitteln nachhaltig unterstützt.

Für eine zeitoptimale Umsetzung der Optimierungsmaßnahmen wurde das **Bewertungsmodell** entwickelt. Die mitlaufende Bewertung der Maßnahmen (von der Ableitung über die Konkretisierung bis hin zur Umsetzung) gewährleistet, daß der Zielerreichungsgrad der Maßnahmen kontinuierlich überwacht wird. Unnötige Aufwände und Ressourceneinsätze verursacht durch zusätzliche Iterationsschleifen werden so wirkungsvoll verhindert. Durch die vorgesehene Erfahrungssicherung wird zusätzlich die Wissensbasis für zukünftige Produktoptimierungen geschaffen.

Die Vorgehensweise der Methodik wurde schließlich im **Vorgehensmodell** abgebildet. Die Integration der einzelnen Modelle in das Vorgehensmodell bietet von der Identifizierung bis hin zur Maßnahmenumsetzung eine methodische Unterstützung bei der Verbesserung der Produktqualität.

In zwei praktischen **Fallbeispielen** bei Unternehmen der Konsumgüterindustrie konnte die entwickelte Methodik zur Optimierung der Produktqualität hinsichtlich Funktionalität und Konsistenz sowie situativer Anwendbarkeit nachgewiesen werden. Dabei konnte belegt werden, daß der benötigte Datenbedarf aus den in den Unternehmen etablierten EDV-Systemen abgefragt werden kann. Zur effizienten Handhabung der anfallenden Datenvolumina wurden die entwickelten Algorithmen bei der Anwendung (insbesondere Potential- und Analysemodell) durch den Einsatz von gängiger Standardsoftware EDV-technisch unterstützt. Die Praktikabilität und der universelle Einsatz der Algorithmen konnte somit nachgewiesen werden. Das Nutzenpotential der Optimierungsmethodik konnte anhand der erreichten Ergebnisse in den Fallbeispielen belegt werden.

Durch die strukturierte Wissensbasis und die Algorithmen zur Fehleranalyse sowie die Hilfsmittel zur Maßnahmenableitung und -bewertung wird die Güte von eingeleiteten Optimierungsmaßnahmen maßgeblich positiv beeinflußt. Unnötige und zeitintensive Iterationsschleifen von der Identifizierung der Fehlerursache bis hin zur Umsetzung der Maßnahmen werden durch die Anwendung der Methodik grundsätzlich vermieden. Die Effizienz und Effektivität bei der Umsetzung von Produktänderungen wird damit nachhaltig verbessert. Qualitätsorientierte Produktpotentiale können somit auch innerhalb sehr kurzer Serienlaufzeiten erschlossen werden.

Die Methodik zur qualitätsorientierten Optimierung stellt daher einen wesentlichen Beitrag zum Lebenszyklusmanagement von Produkten der Konsumgüterindustrie dar. Notwendige Voraussetzung für einen Erfolg ist der Einsatz von interdisziplinären Teams insbesondere bei der Ableitung von Optimierungsmaßnahmen. Der Erfolg einer Methodikanwendung stellt sich jedoch nicht automatisch ein, sondern verlangt von allen involvierten Mitarbeiter Ideenreichtum, Kreativität und persönliches Engagement sowie die Bereitschaft zum Überdenken von bisher eingesetzten technischen Lösungen.

7 Literaturverzeichnis

AHRENS, H. J.; LÄUTER J. (1981)
Mehrdimensionale Varianzanalyse, Berlin

AUGE, J. (1989)
Qualitätsregelkreise mit Einbindung indirekter Produktionsbereiche, in: QZ, Heft 12, Nr. 34, S. 639-643

BACKHAUS, K.; ERICHSON, B.; KLINGE, W.; WEIBER, R. (1994)
Multivariate Analysemethoden, Eine anwendungsorientierte Einführung, Berlin, Heidelberg, Springer-Verlag

BEITZ, W. (1990)
Taschenbuch für Maschinenbau, Berlin, Heidelberg, New York, Springer-Verlag

BERTSCHE, B.; LECHNER, G. (1990)
Zuverlässigkeit im Maschinenbau, Ermittlung von Bauteil- und System-Zuverlässigkeiten, Berlin, Heidelberg, Springer-Verlag

BIROLINI, A. (1991)
Qualität und Zuverlässigkeit technischer Systeme, Berlin, Heidelberg, Springer-Verlag

BLEICHER, K. (1995)
Das Konzept Integriertes Management, Das St. Galler Management-Konzept, Frankfurt, Campus-Verlag

BÖS, K. (1994)
Integration der Qualitätsentwicklung in featurebasierte CAD/CAM Prozeßketten, Dissertation TH Karlsruhe, Eigendruck

BONSE, L. (1989)
Systemkonzept für die Integration von Online- und Offline-CAQ-Funktionen über eine gemeinsame Qualitätsdatenbasis, Dissertation RWTH Aachen, Aachen

BORTZ, J. (1993)
Statistik, Berlin, Heidelberg, New York, Springer-Verlag

BOULDING, K.; KUHN, A.; SENESH, L. (1975)
Systemanalyse und ihre Anwendung im Unterricht, Bad Heilbrunn/ OBB, Julius Klinkhardt Verlag

BOUTELLIER, R.; SCHUH; G., SEGHEZZI; H. D. (1997)
Industrielle Produktion und Kundennähe - Ein Wiederspruch? in: Schuh, Günther; Wiendahl, Hans-Peter (Hrsg.), Komplexität und Agilität, Berlin, Heidelberg, New York, Springer-Verlag

BRASSARD, M. (1994)
Memory Jogger, Methuen, GOAL/OPC

BRAUCHLIN, E. (1995)
Problemlösungs- und Entscheidungsfindungsmethodik, Berlin, Haupt

BREIING, A. (1997)
Bewerten technischer Systeme, Theoretische und methodische Grundlagen bewertungstechnischer Entscheidungshilfen, Berlin, Heidelberg, New York, Wien, Springer-Verlag

BRUNNER, F. (1987)
Produktzuverlässigkeit als Unternehmensstrategie, in: QZ, Heft 4, Nr. 32, S. 181-185

BRUNNER, F. (1992)
Wirtschaftlichkeit industrieller Zuverlässigkeitssicherung, Wiesbaden, Gabler

BRUNS, M. (1991)
Systemtechnik, Ingenieurwissenschaftliche Methodik zur interdisziplinären Systementwicklung, Berlin, Heidelberg, New York, Springer-Verlag

BÜNTING, F. (1997)
Stand des Qualitätsmanagements im deutschen Maschinen- und Anlagenbau, Ergebnisse des zwischenbetrieblichen Vergleichs ausgewertet vom Arbeitskreis MQM im FVIT, Frankfurt, VDMA-Verlag

BUGDAHL, V. (1990)
Methoden der Entscheidungsfindung, Würzburg, Vogel

BURGHARDT, M. (1997)
Projektmanagement Leitfaden für die Planung, Überwachung und Steuerung von Entwicklungsprojekten, MCD-Verlag

BUZZELL, R. D.; GALE, B. (1989)
Das PIMS-Programm, Strategien und Unternehmenserfolg, Wiesbaden, Gabler-Verlag

CHEN, P. (1976)
The Entity-Relationship Model-Toward a Unified View of Data, in: ACM TODS, Vol. 1, Nr. 1, S. 9-36

COENENBERG, A.; FISCHER, T.; SCHMITZ, J. (1994)
Target Costing und Product Life Costing als Instrumente des Kostenmanagement, in: Zeitschrift für Planung, 5. Jahrgang, S. 1-38

COENENBERG, A. G.; FISCHER, T. M. (1996)
Qualitätsbezogene Kosten und Kennzahlen, in: Controlling in TQM, Wildemann, Horst, Berlin, Heidelberg, New York, Springer-Verlag

CRAWFORD, C. M. (1992)
Neuprodukt-Management, Frankfurt, Campus

DEWEY, J. (1910)
How we think, Boston, Sekundärzitat, in: Schröder, H. (1995) Kreativitätsorientiertes Forschungs- und Entwicklungs-Management, Tagungsband zum 10. Aachener Stahlkolloquium, Vortrag 7.1, 1995, Aachen

DGQ 11-04, DEUTSCHE GESELLSCHAFT FÜR QUALITÄT (1995)
Begriffe zum Qualitätsmanagement, Berlin, Köln, Beuth Verlag

DGQ 13-11, DEUTSCHE GESELLSCHAFT FÜR QUALITÄT (1993)
Fehlermöglichkeits- und Einflußanalyse, Berlin, Köln, Beuth Verlag

DGQ-SAQ 16-37, DEUTSCHE GESELLSCHAFT FÜR QUALITÄT (1981)
Stichprobenprüfung für kontinuierliche Fertigung anhand qualitativer Merkmale, Berlin, Köln, Beuth Verlag

DGQ 33, DEUTSCHE GESELLSCHAFT FÜR QUALITÄT (1978)
Zuverlässigkeit, Einführung in die Planung und Analyse Berlin, Köln, Beuth Verlag

DIN 199, TEIL 2, DEUTSCHE INDUSTRIE NORM (1977)
Begriffe im Zeichnungs- und Stücklistenwesen, Berlin, Beuth Verlag

DIN 1319, TEIL 3, DEUTSCHE INDUSTRIE NORM (1972)
Grundbegriffe der Meßtechnik, Berlin, Beuth Verlag

DIN 1319, TEIL 4, DEUTSCHE INDUSTRIE NORM (1985)
Grundbegriffe der Meßtechnik, Behandlung von Unsicherheiten, Berlin, Beuth Verlag

DIN 25419, DEUTSCHE INDUSTRIE NORM (1985)
Ereignisablaufanalyse, Berlin, Beuth Verlag

DIN 25424, DEUTSCHE INDUSTRIE NORM (1990)
Fehlerbaumanalyse, Berlin, Köln, Beuth Verlag

DIN 25448, DEUTSCHE INDUSTRIE NORM (1990)
Ausfalleffektanalyse, Berlin, Beuth Verlag

DIN EN ISO 8402, DEUTSCHE INDUSTRIE NORM (1995)
Qualitätsmanagement, Berlin, Köln, Beuth Verlag

DIN 55350, TEIL 11, DEUTSCHE INDUSTRIE NORM (1989)
Begriffe der Qualitätsicherung und Statistik, Berlin, Beuth Verlag

DIN ISO 9004, DEUTSCHE INDUSTRIE NORM (1993)
Qualitätsmanagement und Elemente eines Qualitätsmanagementsystems, Berlin, Köln, Beuth Verlag

DUDEN (1997)
Band 5, Das Fremdwörterbuch, 7. Auflage, Mannheim, Duden-Verlag

DUDEN LEXIKON (1980)
Band 2, 7. Auflage, Mannheim, Duden-Verlag

EBNER, C. (1991)
Ganzheitliches Verfügbarkeits- und Qualitätsmanagement unter Verwendung von Felddaten, Dissertation TU München, Berlin, Springer-Verlag

EHRLENSPIEL, K. (1995)
Integrierte Produktentwicklung, München, Hanser-Verlag

EISENFÜHR, F. (1994)
Rationales Entscheiden, Berlin, Springer-Verlag

ENGLERT, E. (1996)
Qualitätsgerechte Auslegung flexibler Produktionssysteme mit Hilfe von Simulation, Dissertation U Stuttgart, Berlin, Springer-Verlag

EUREKA, W. E. (1988)
The customer-driven company, Managerial perspectives on QFD, USA, ASI Press

EVERSHEIM, W. (1990)
Organisation in der Produktionstechnik, Band 2 Konstruktion, Düsseldorf, VDI-Verlag

EVERSHEIM, W.; WENGLER, M.; OGRODOWSKI, U. (1995)
Qualitätsprobleme wie von selbst gelöst!?, in: QZ, Heft 9, Nr. 40, S. 1050-1056, München, Carl Hanser Verlag

EVERSHEIM, W. (1996)
Organisation in der Produktionstechnik, Band 1 Grundlagen, Düsseldorf, VDI-Verlag

EVERSHEIM, W.; KLOCKE, F.; PFEIFER, T.; WECK, M. (1996a)
Veränderung erfolgreich umsetzen, in: Wettbewerbsfaktor Produktionstechnik, Düsseldorf, VDI-Verlag

EVERSHEIM, W.; KUBIN, G.; MUNZ, M.; PELZER, W.; SCHWEITZER, G. (1997a)
Ganzheitliche Unternehmungsreorganisation, in: VDI-Z, Nr. 7/8, S. 18-25, Düsseldorf, VDI-Verlag

EVERSHEIM, W. (1997b)
„Motion - ein europäischer Veränderungsansatz, in VDI-Z, Nr. 5, S. 8-10, Düsseldorf, VDI-Verlag

EVERSHEIM, W.; HAACKE V., U.; LEITERS, M.; PAFFRATH, U. (1997c)
Controlling von Garantiekosten, in: QZ, Heft 5, Nr. 42, S. 588-590, München, Carl Hanser-Verlag

EVERSHEIM, W.; KERWAT, H.; SCHWEITZER, G. (1998)
Integrierte Produktoptimierung, in: QZ, Heft 6, Nr. 43, S. 723-726, München, Carl Hanser Verlag

FISCHER, J. (1989)
Qualitative Ziele in der Unternehmensplanung, Konzepte zur Verbesserung betriebswirtschaftlicher Problemlösungstechniken, Berlin, Erich Schmidt-Verlag

FRANKE, R.; ZERRES, M. P. (1992)
Planungstechniken, Frankfurt, FAZ-Verlag

FREHR, H.-U. (1994)
Total Quality Management, Unternehmensweite Qualitätsverbesserung, München, Wien, Carl Hanser Verlag

GARVIN, D. A. (1988)
Managing Quality: The strategic and competitive edge, The free press

GESCHKA, H. (1978)
Delphi, in: Bruckmann, G.; Langfristige Prognosen

GIMPEL, B.; HERB, T.; HERB, R. (1998)
Erfinden mit Qualität, in: QZ, Heft 8, Nr. 43, S. 960-964, München, Carl Hanser Verlag

GOGOL, A. (1994)
Die sieben Management-Werkzeuge, in: QZ, Nr. 5, S. 516-521, München, Carl Hanser Verlag

GRABOWSKI, H.; ANDERL, R.; SCHMITT, M. (1989)
STEP - Entwicklung einer Schnittstelle zum Produktdatenaustausch, in: VDI-Z, Nr. 9, S. 68-76, Düsseldorf, VDI-Verlag

GRABOWSKI, H.; ANDERL, R.; SCHMITT, M. (1992)
STEP - Beschreibung von Produktionsstrukturen mit dem Teilmodell PSCM, in: VDI-Z, Nr. 3, S. 51-55, Düsseldorf, VDI-Verlag

GRÄFE, C. (1997)
Kostenmanagement von Produktinnovationen, in: krp-Kostenrechnungspraxis, 41 Jg., Heft 3

GÜTHENKE, G. (1998)
Development of a holistic Controlling concept in: More freshviews on TQM, EFQM (Hrsg.), Brüssel, 1998

HAACKE V., U.-R. (1997)
Controlling von Garantieleistungen, Dissertation RWTH Aachen, Aachen, Shaker-Verlag

HABERFELLNER, R.; NAGEL P.; BECKER, M.; BÜCHEL A.; VON MASSOW, H.(1994)
Systems Engineering, Methodik und Praxis, Daenzer, Walter F.; Huber, F.(Hrsg.), Zürich, Verlag Industrielle Organisation

HASSMANN, V. (1995)
Kundenzufriedenheit, Nur treue Kunden bringen Geld, in: Sales Profi, Nr. 9

HAUFF, W.; PATZSCHKE, C. (1995)
Qualitätskostenrechnung noch in den Kinderschuhen, in: QZ, Heft 9, Nr. 40, S. 23-27, München, Carl Hanser Verlag

HAIST, F.; FROMM, H. J. (1989)
Qualität im Unternehmen: Prinzipien- Methoden- Techniken, München, Wien, Carl Hanser- Verlag

HARTMANN, M. (1993)
Entwicklung eines Kostenmodells für die Montage, Ein Hilfsmittel zur Montageanlagenplanung, Dissertation RWTH Aachen, Aachen, Shaker-Verlag

HARTUNG, J.; ELPELT, B. (1984)
Multivariate Statistik, Lehr- und Handbuch der angewandten Statistik mit zahlreichen vollständig durchgerechneten Beispielen, Oldenbourg Verlag, München, Wien

HEUSER, T. (1995)
Synchronisation auftragsneutraler und auftragsspezifischer Auftragsabwicklung, Dissertation RWTH Aachen, Aachen, Shaker-Verlag

HEINEN, E. (1992)
Einführung in die Betriebswirtschaftslehre, Wiesbaden, Gabler-Verlag

HIGGINS, J. M. (1996)
Innovationsmanagement, Berlin, Springer-Verlag

HOMBURG, C. (1988)
Exploratorische Ansätze der Kausalanalyse als Instrument der Marketingplanung, in: Europäische Hochschulschriften, Reihe 5, Volks- und Betriebswirtschaft, Universität Karlsruhe, Dissertation

HORVATH, P. (1991)
Qualitäts-Controlling, Stuttgart, C.E. Poeschel Verlag

IPT, FRAUNHOFER INSTITUT FÜR PRODUKTIONSTECHNOLOGIE (1993)
Qualitätsmanagement auf der Schwelle zum Europäischen Binnenmarkt, Aachen, Eigendruck

KAHLE, E. (1997)
Betriebliche Entscheidungen, München, Oldenbourg Verlag

KAHLENBERG, R. (1995)
Integrierte Qualitätssicherung in flexiblen Fertigungszellen, Dissertation TU München, Berlin, Springer-Verlag

KAISER, F.-J. (1975)
Systemanalyse und ihre Anwendung im Unterricht, Originaltitel: "System Analysis and its use in the classroom" von Boulding, Kenneth; Kuhn, Alfred; Senesh, Lawrence, Regensburg, Friedrich Pustet

KAMISKE, G. F. (1994)
Hohe Schule des TQM, Berlin, Heidelberg, New York, Springer-Verlag

KARSTEN, W.; GUPTA, C.; SCHRAMM, M., KAISER, A. (1997)
Quality Target Costing in: Prozeßorientiertes Qualitätscontrolling, Eversheim, W. (Hrsg), Berlin, Heidelberg, New York, Springer-Verlag

KIRSCH, H.; SCHMIDT-KOEHL S.; SCHULZ, K.; VÖLZIG, O. (1986)
Fachbegriffe der Geographie A-Z, Frankfurt, Diesterweg

KLEIN, B.; MANNEWITZ, F. (1993)
Statistische Tolerierung, Qualität der konstruktiven Gestaltung, Braunschweig, Wiesbaden, Vieweg

KRAUSE, R. (1996)
Unternehmensressource Kreativität, Köln, Wirtschaftsverlag

KWAM, A. (1996)
Methodik zur Integration der Prüfplanung in die Qualitätsplanung, in: Berichte aus der Produktionstechnik, Dissertation, RWTH Aachen, Aachen, Shaker-Verlag

LADENSACK, K. (1992)
Kreativität im Management, Heidelberg, Sauer-Verlag

LASCHET, A. (1995)
Konzeption eines Fehlerinformations- und Bewertungssystems, Dissertation RWTH Aachen, Aachen, Shaker-Verlag

MANNEWITZ, F. (1997)
Prozeßfähige Tolerierung von Bauteilen und Baugruppen; Ein Lösungsansatz zur Optimierung der Werkstattfertigung im Informationsverbund zwischen CAD und CAQ, Dissertation GH Kassel, Düsseldorf, VDI-Verlag

MASING, W. (1995)
Handbuch der Qualitätsmanagement, München, Wien, Carl Hanser Verlag

MAYERS, B. (1997)
Prozeß-und Produktoptimierung mit Hilfe der statistischen Versuchsmethodik, Dissertation RWTH Aachen, Aachen, Shaker Verlag

MEFFERT, H. (1974)
Interpretation und Aussagewert des Produktlebenszyklus-Konzeptes, in: Neuere Ansätze der Marketingtheorie, Hammann, Peter; Kroeber-Riel, Werner; Meyer, Carl W., Berlin, Duncker & Humbolt

MÜLLER, G. (1993)
Entwicklung einer Systematik zur Analyse und Optimierung eines EDV-Einsatzes im planenden Bereich, Dissertation RWTH Aachen, Aachen, Shaker-Verlag

MÜLLER, M. S. (1998)
Qualitätscontrolling komplexer Serienprodukte, Dissertation RWTH Aachen, Aachen, Shaker-Verlag

ORENDI, G. (1993)
Systemkonzept für die phasenneutrale Fehlerbehandlung als Voraussetzung für den Einsatz präventiver Qualitätssicherungsverfahren, Dissertation RWTH Aachen, Aachen, Shaker-Verlag

PATZAK, G. (1982)
Systemtechnik, Planung komplexer innovativer Systeme, Grundlagen, Methoden, Techniken, New York, Berlin, Heidelberg, Springer-Verlag

PAULI, B.; MEYNA, A. (1998)
Ein praxisorientierter Ansatz zur Bestimmung von kumulierten und durchschnittlichen Ausfallraten

PFEIFER, T.; GROB, R.; KLONARIS, P. (1995)
Informationen verfügbar machen, München, in: QZ, Nr. 40, S. 319-323, Carl Hanser-Verlag

PFEIFER, T. (1996a)
Qualitätsmanagement, Strategien, Methoden, Techniken, München, Carl Hanser-Verlag

PFEIFER, T. (1996b)
Wissensbasierte Systeme in der Qualitätssicherung, München, Carl Hanser-Verlag

PFEIFER, T., KLONARIS, P., LESMEISTER, F. (1998)
Poduktivität erhöhen in: Werkstatttechnik, H. 5 (1998), S. 208-210, Düsseldorf, Springer-Verlag

PHADKE, M. S. (1989)
Quality Engineering, Using Robust Design, Robuste Prozesse durch Quality Engineering, München, gfmt-Verlag

PORTER, M. E. (1992)
Wettbewerbsstrategie, Methoden zur Analyse von Branchen und Konkurrenten, Frankfurt/Main, New York, Campus Verlag

RAUBA, A. (1990)
Planungsmethodik für ein Qualitätskostensystem, Dissertation U Stuttgart, Berlin, Springer-Verlag

REINHART, G.; LINDEMANN, U.; HEINZL, J. (1996)
Qualitätsmanagement, Berlin, Heidelberg, Springer-Verlag

REVENSTORF, D. (1976)
Lehrbuch der Faktoranalyse, Berlin, Köln, Mainz, Kohlhammer

ROMMEL, G. (1995)
Qualität gewinnt, Stutttgart, Schäffer-Poeschel-Verlag

ROPOHL, G. (1974)
Systemtechnik als umfassende Anwendung Kybernetischen Denkens in der Technik, in: Systemtheorie und Systemtechnik, Händle, Frank; Jensen, Stefan, München, Nymphenburger Verlagshandlung

ROSS, D.T. (1977)
Structured Analysis (SA): A Language for Communicating Ideas: in IEEE Transaction on Software Engineering, 3 (1977) Nr.1, S. 6-15

ROSS, P. J. (1988)
Taguchi techniques for quality engineering, USA, McGraw-Hill

SCHÄFER, B. (1989)
Quality engineering using robust design, München, gfmt-Verlag

SCHLICKSUPP, H. (1974)
Kreative Ideenfindung im Unternehmen, Würzburg, Vogel

SCHLICKSUPP, H. (1992)
Innovation, Kreativität und Ideenfindung, Würzburg, Vogel

SCHMIDT, R. (1995)
Marktorientierte Konzeptfindung für langlebige Gebrauchsgüter, Dissertation RWTH Aachen, Aachen, Shaker-Verlag

SCHMITZ, J. W. (1996)
Methodik zur strategischen Planung von Fertigungstechnologien, Dissertation RWTH Aachen, Aachen, Shaker-Verlag

SCHÜRRLE, L.-H. (1996)
Prozeßorientierte Kennzahlen als Analyseinstrument, Dissertation RWTH Aachen, Aachen, Shaker-Verlag

SCHÜTTE, W. (1995)
Methodische Form- und Lagetolerierung; Ein Werkzeug zur qualitätsgerechten Produktbeschreibung, Dissertation GH Paderborn, Eigendruck

SCHUH, G. (1988)
Gestaltung und Bewertung von Produktvarianten, Ein Beitrag zur systematischen Planung von Serienprodukten, in: Fortschritt-Berichte VDI, Reihe 2, Nr. 177, Düsseldorf, VDI-Verlag

SCHULZ, A. (1990)
Softwareentwurf, München, Oldenbourg

SEGHEZZI, H.-D. (1993)
Qualitätsstrategien, Anforderungen an das Qualitätsmanagement der Zukunft München, Carl-Hanser-Verlag

SEGHEZZI, H.-D.; HANSEN, J. R. (1994)
Qualitätsmanagement, Ansatz eines St. Galler Konzepts/ integriertes Qualitätsmanagement, Stuttgart, Schäffer-Poeschel-Verlag

SEGHEZZI, H.-D. (1996)
Integriertes Qualitätsmanagement, Das St. Galler Konzept, Stuttgart, Schäffer-Poeschel-Verlag

SPUR, G. (1996)
Strategisches Produktmanagement, in: ZWF, Nr. 7-8, S. 308-309

STACHOWIAK, H. (1973)
Allgemeine Modelltheorie, Wien, Springer-Verlag

STEPHAN, M. (1996)
Fehlersensitive Produktgestaltung in integrierten Systemarchitekturen, Dissertation TU Berlin, Berlin, Eigendruck

STÜRMER, U. (1990)
Informationsmodell zum Abbilden funktionaler und wirkformaler Zusammenhänge im Maschinenbau, in: Schriftreihe Konstruktionstechnik, Beitz, W. (Hrsg.)

SULLIVAN, L. P. (1986)
Quality Function Deployment, a system to assure that customer needs drive the product design and production process, in: Quality Progress, June

SURGES, H. (1993)
Qualitätsmanagement in der Produktentwicklung als strategischer Erfolgsfaktor, in: Messen und Regeln im CAD-CAM-CAQ-Informationsverbund, Karlsruhe, Eigendruck

TAGUCHI, G. (1986)
Introduction to Quality Engineering. Designing Quality into Products and Processes, Asian Productivity Organization, Tokyo

TEBOUL, J. (1991)
Managing Quality Dynamics, Prentice Hall, New York, London, Toronto, Sydney, Singapure

THEDEN, P. (1997)
Analyse der Rentabilität von Qualitätstechniken, Dissertation TU Berlin, Berlin, Druckhaus-Mitte

THEUERKAUF, I. (1989)
Kundennutzenmessungen mit Conjoint, in Zeitschrift für Betriebswirtschaftslehre, Nr. 7, Juli 1989, Wiesbaden, Betriebswirtschaftlicher Verlag Dr. Th. Gabler GmbH

TOMYS, A.-K. (1994)
Kostenorientiertes Qualitätsmanagement, Dissertation TU Berlin, München, Carl Hanser-Verlag

TRÄNKNER, J.-H. (1990)
Entwicklung eines prozeß- und elementorientierten Modells zur Analyse und Gestaltung der technischen Auftragsabwicklung von komplexen Produkten, Dissertation RWTH Aachen, Aachen

ULRICH, P.; HILL, W. (1976a)
Wissenschaftstheoretische Grundlagen der Betriebswirtschaftslehre (Teil I), in: WiST, Heft 7, S. 304-309

ULRICH, P.; HILL, W. (1976b)
Wissenschaftstheoretische Grundlagen der Betriebswirtschaftslehre (Teil II), in: WiST, Heft 7, S. 345-350

ULRICH, H. (1981)
Betriebswirtschaftslehre als anwendungsorientierte Sozialwissenschaft, in: Geist, M. N. (Hrsg.), Die Führung des Betriebes, Stuttgart, C. E. Poeschel

VDI 2221, VEREIN DEUTSCHER INGENIEURE (1993)
Methodik zum Entwickeln und Konstruieren technischer Systeme und Produkte, Berlin, Köln, Beuth Verlag

VDI 2247, VEREIN DEUTSCHER INGENIEURE (1994)
Qualitätsmanagement in der Produktentwicklung, Berlin, Köln, Beuth Verlag

VDI 3822, VEREIN DEUTSCHER INGENIEURE (1984)
Schadensanalyse, Berlin, Köln, Beuth Verlag

VDI 4004, BLATT 1, VEREIN DEUTSCHER INGENIEURE (1986)
Zuverlässigkeitskenngrößen, Berlin, Köln, Beuth Verlag

VDMA, VEREIN DEUTSCHER MASCHINEN UND ANLAGENBAUER (1996)
Kennzahlen und Informationen zum Qualitätsmanagement, Frankfurt, VDMA Verlag

VDMA, VEREIN DEUTSCHER MASCHINEN UND ANLAGENBAUER (1998)
Kennzahlen und Informationen aus dem Vertriebsbereich, Bwz 69, Ausgaben 1992 bis 1998, Frankfurt, VDMA Verlag

WARNECKE, G. (1997a)
Komplexität und Agilität - Gedanken zur Zukunft und produzierender Unternehmen, in: Schuh, Günther; Wiendahl, Hans-Peter (Hrsg.), Komplexität und Agilität, Berlin, Heidelberg, New York, Springer-Verlag

WARNECKE, G. (1997b)
Kundenorientierung durch externes Fehlermanagement, in: VDI-Z (32), Nr. 10, S. 30-32, Düsseldorf, VDI-Verlag

WENGLER, M. M. (1996)
Methodik für die Qualitätsplanung und -verbesserung in der Keramikindustrie, Fortschrittsberichte, Reihe 2, Fertigungstechnik, Düsseldorf, VDI-Verlag

WESTKÄMPER, E. (1997)
Null-Fehler-Produktion in Prozeßketten, Berlin, Heidelberg, New York, Springer-Verlag

WETTSCHUREK, G. (1974)
Grundlagen der Stichprobenbildung in der demoskopischen Marktforschung, in: Handbuch der Marktforschung, Behrens, K. (Hrsg.), Wiesbaden, Gabler-Verlag

WIBORNY, W. (1991)
Datenmodellierung, CASE Management, Addison-Wesley, Bonn

WIENDAHL, H.-P. (1996)
Veränderung erfolgreich umsetzen, in: Wettbewerbsfaktor Produktionstechnik, Düsseldorf, VDI-Verlag

WILDEMANN, H. (1998)
Die Rechnung schreibt allein der Kunde, in: QZ, Heft 8, Nr. 43, S. 882-884, Carl Hanser-Verlag

WILLI, R. (1989)
Klassifikation und Ordnung, Frankfurt/Main, Indeks-Verlag

WITTIG, K.-J. (1993)
Qualitätsmanagement in der Praxis, Stuttgart, Teubner

WÖHE, G. (1996)
Einführung in die allgemeine Betriebswirtschaft, München, Vahlen

WOLFRUM, B. (1991)
Strategisches Technologiemanagement, Wiesbaden, Gabler

WOLL, R. (1994)
Improving Quality and Productivity in System Development, in: Using the IDEF Methodologies, Micromatch LTD., Crowthome, 1984.

YEOMANS, P. H. (1984)
Nutzwertanalyse in der Systemtechnik, Eine Methodik zur multidimensionalen Bewertung und Auswahl von Projektalternativen, München, Wittemann

ZANGEMEISTER, C. (1976)
Nutzwertanalyse in der Systemtechnik, Eine Methodik zur multidimensionalen Bewertung und Auswahl von Projektalternativen, München, Wittemann

ZEHNDER, C. A. (1985)
Informationssysteme und Datenbanken, Stuttgart, Teuber

Verzeichnis der unveröffentlichten Studien- und Diplomarbeiten die zu dieser Arbeit beigetragen haben

DEGEN, H. (1997)
Konzeption eines merkmalsabhängigen Qualitätskostenmodells für Produkte der Konsumgüterindustrie aus laufenden Serien, Studienarbeit RWTH Aachen

GÜTHENKE, G. (1997)
Entwicklung eines ganzheitlichen Controllingansatzes auf Basis des European Quality Award (EQA), Diplomarbeit RWTH Aachen

LANGE-STALINSKI, T. (1997)
Entwicklung eines Konzeptes zur Identifikation von Rationalisierungspotentialen für bestehende Produkte der Konsumgüterindustrie hinsichtlich Herstell- und Qualitätskosten, Diplomarbeit RWTH Aachen

SCHEERMESSER, S. (1997)
Entwicklung eines qualitätsorientierten Datenmodells für die Fehleranalyse von in der Nutzungsphase ausgefallenen technischen Produkten der Konsumgüterindustrie, Studienarbeit RWTH Aachen

UNLAND, J. (1997)
Entwicklung einer Vorgehensweise zur systematischen Erarbeitung von Qualitätsverbesserungsmaßnahmen für Produktionsprozesse, Diplomarbeit RWTH Aachen

WEBER, P. (1997)
Entwicklung einer Systematik zur qualitäts- und kostenorientierten Optimierung der Prüfstrategie für Produkte aus laufenden Serien auf Basis von Ausfalldaten, Diplomarbeit RWTH Aachen

DJIE, K. (1998)
Entwicklung eines qualitätsorientierten Analysemodells für in der Nutzungsphase ausgefallene Produkte der Konsumgüterindustrie, Diplomarbeit RWTH Aachen

HACHMÜLLER, K. (1998)
Entwicklung einer Systematik zum Umsetzungscontrolling von Verbesserungsmaßnahmen, Diplomarbeit RWTH Aachen

HENGESBACH, T. (1998)
Entwicklung einer Systematik zur Abbildung von Qualitätsprozessen in prozeßorientierten Unternehmensstrukturen, Diplomarbeit RWTH Aachen

SCHEERMESSER, S. (1998)
Entwicklung einer Systematik zur Erarbeitung von qualitätsorientierten Verbesserungsmaßnahmen für bestehende Produkte, Diplomarbeit RWTH Aachen

8 Anhang

Anhang A: Modell der Methodik

Anhang B: Nomogramm

Anhang C: Auswahlmatrizen

Anhang D: Methodendatenblätter

Anhang E: Fallbeispiel I

Anhang F: Fallbeispiel II

Anhang A: Modell der Methodik

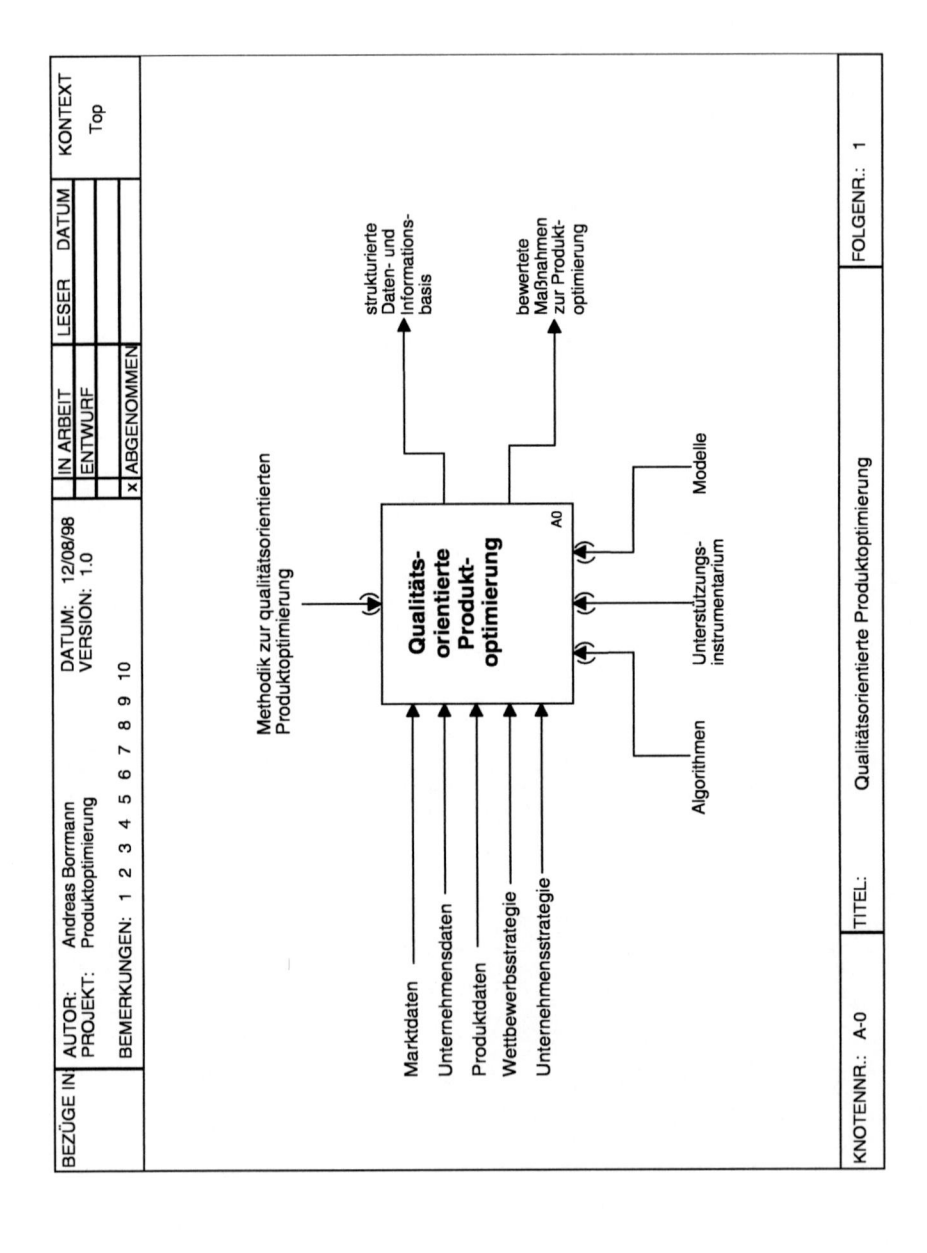

BEZÜGE IN	AUTOR: Andreas Borrmann	DATUM: 12/08/98	IN ARBEIT	LESER	DATUM	KONTEXT
	PROJEKT: Produktoptimierung	VERSION: 1.0	ENTWURF			Top
	BEMERKUNGEN: 1 2 3 4 5 6 7 8 9 10		x ABGENOMMEN			

Eingänge (von links):
- Marktdaten
- Unternehmensdaten
- Produktdaten
- Wettbewerbsstrategie
- Unternehmensstrategie

Steuerung (von oben): Methodik zur qualitätsorientierten Produktoptimierung

Mechanismen (von unten):
- Algorithmen
- Unterstützungsinstrumentarium
- Modelle

Ausgänge (nach rechts):
- strukturierte Daten- und Informationsbasis
- bewertete Maßnahmen zur Produktoptimierung

Aktivität A0: **Qualitätsorientierte Produktoptimierung**

KNOTENNR.: A-0	TITEL: Qualitätsorientierte Produktoptimierung	FOLGENR.: 1

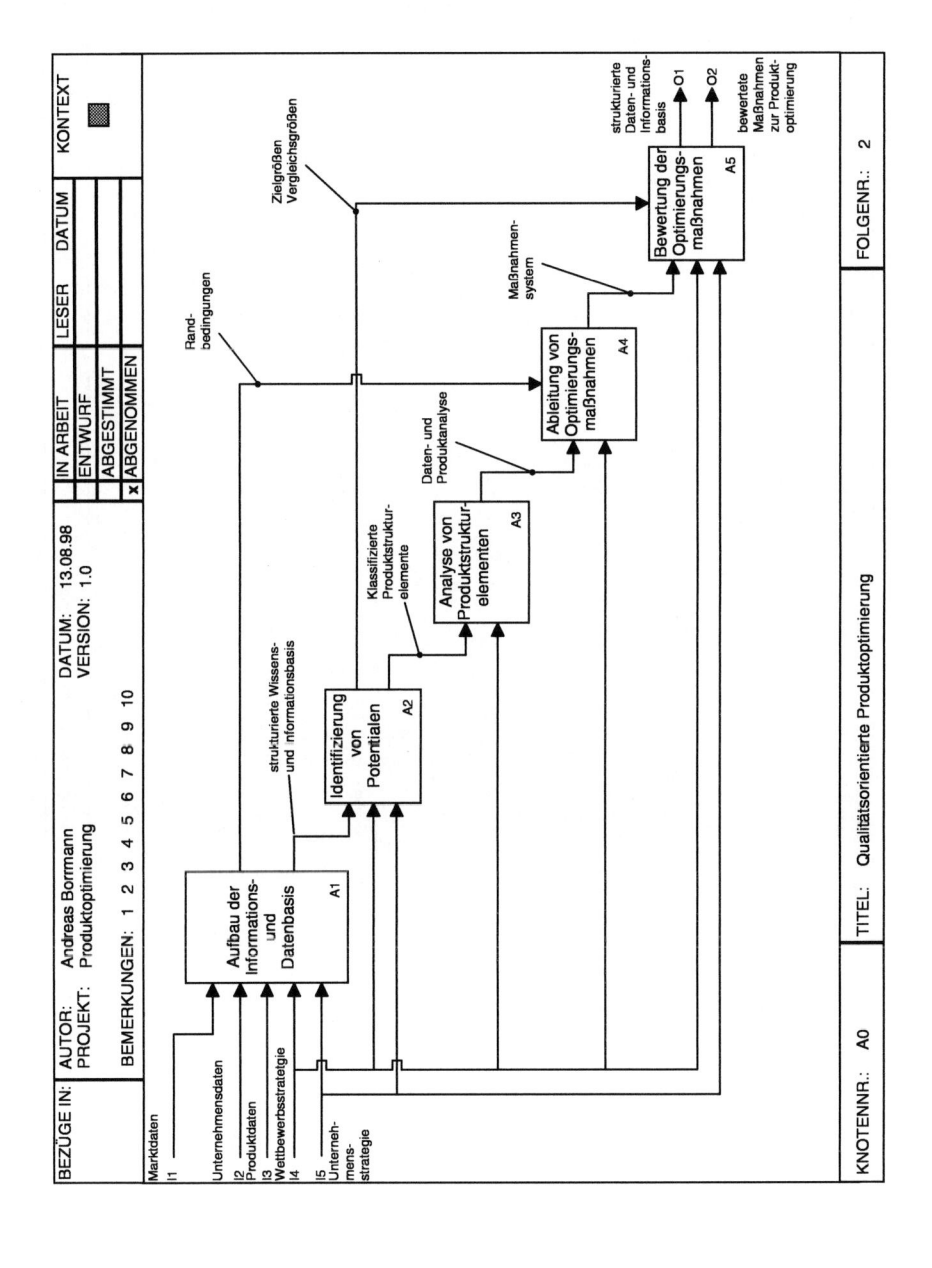

Anhang   Seite XV

BEZÜGE IN:	AUTOR: Andreas Bormann PROJEKT: Produktoptimierung	DATUM: 13.08.98 VERSION: 1.0	IN ARBEIT ENTWURF ABGESTIMMT x ABGENOMMEN	LESER	DATUM	KONTEXT ■
	BEMERKUNGEN: 1 2 3 4 5 6 7 8 9 10					

Eingänge:
- I1 Marktdaten
- I2 Unternehmensdaten
- I3 Produktdaten
- I4 Wettbewerbsstrategie
- I5 Unternehmensstrategie

Aktivitäten:
- A1: Aufbau der Informations- und Datenbasis
- A2: Identifizierung von Potentialen
- A3: Analyse von Produktstrukturelementen
- A4: Ableitung von Optimierungsmaßnahmen
- A5: Bewertung der Optimierungsmaßnahmen

Flüsse:
- strukturierte Wissens- und Informationsbasis (A1 → A2)
- Klassifizierte Produktstrukturelemente (A2 → A3)
- Daten- und Produktanalyse (A3 → A4)
- Maßnahmensystem (A4 → A5)
- Randbedingungen
- Zielgrößen / Vergleichsgrößen

Ausgänge:
- O1 strukturierte Daten- und Informationsbasis
- O2 bewertete Maßnahmen zur Produktoptimierung

KNOTENNR.: A0	TITEL: Qualitätsorientierte Produktoptimierung	FOLGENR.: 2

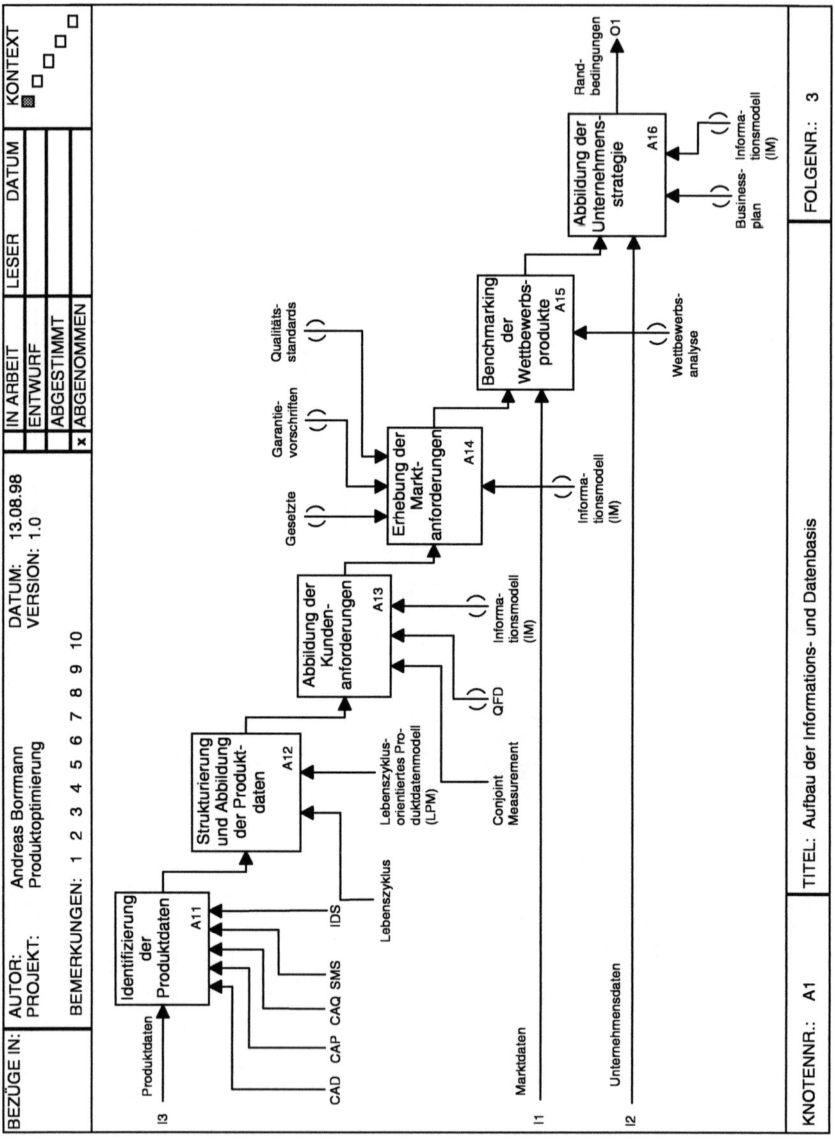
BEZÜGE IN:
AUTOR: Andreas Borrmann
PROJEKT: Produktoptimierung
DATUM: 13.08.98
VERSION: 1.0
BEMERKUNGEN: 1 2 3 4 5 6 7 8 9 10
IN ARBEIT
ENTWURF
ABGESTIMMT
x ABGENOMMEN
LESER
DATUM
KONTEXT
Identifizierung der Produktdaten
A11
Strukturierung und Abbildung der Produktdaten
A12
Abbildung der Kundenanforderungen
A13
Erhebung der Marktanforderungen
A14
Benchmarking der Wettbewerbsprodukte
A15
Abbildung der Unternehmensstrategie
A16
I3
Produktdaten
CAD
CAP
CAQ
SMS
IDS
Lebenszyklus
Lebenszyklusorientiertes Produktdatenmodell (LPM)
Conjoint Measurement
QFD
Informationsmodell (IM)
Gesetzte
Garantievorschriften
Qualitätsstandards
Informationsmodell (IM)
Wettbewerbsanalyse
Businessplan
Informationsmodell (IM)
Randbedingungen
O1
I1
Marktdaten
I2
Unternehmensdaten
KNOTENNR.: A1
TITEL: Aufbau der Informations- und Datenbasis
FOLGENR.: 3

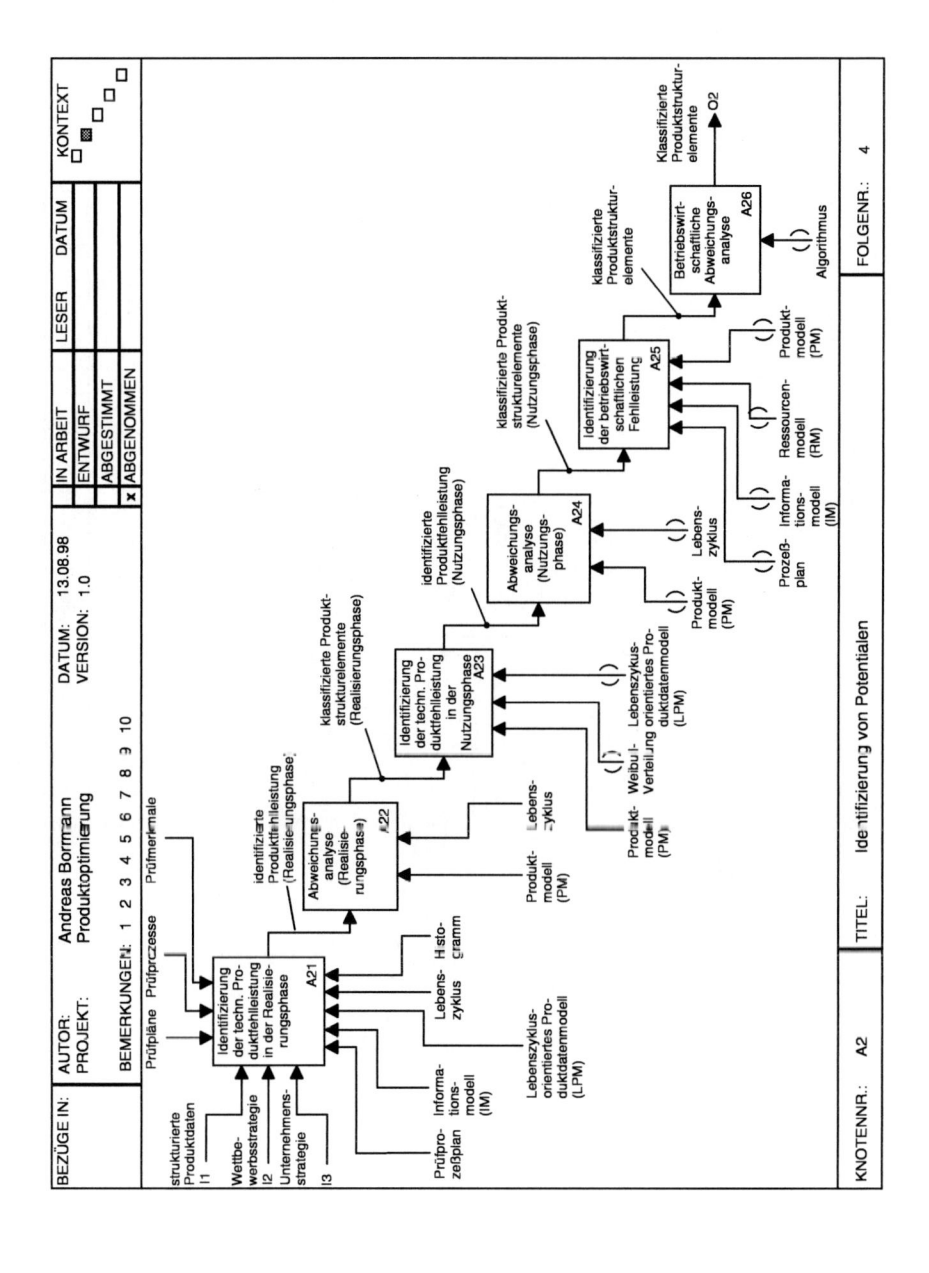

Anhang — Seite XVII

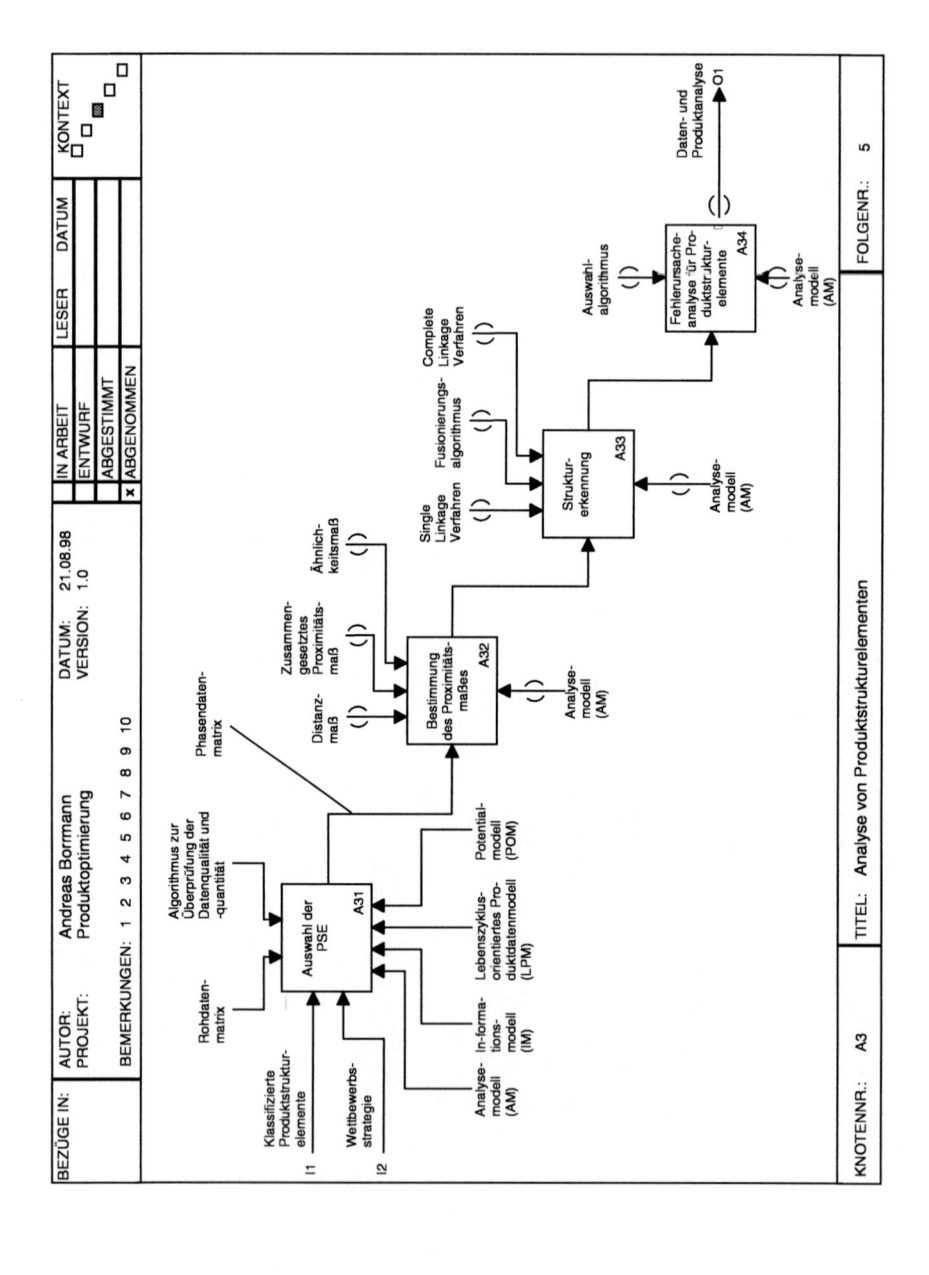

BEZÜGE IN:	AUTOR:	Andreas Borrmann	DATUM:	21.08.98	LESER	DATUM	IN ARBEIT		KONTEXT
	PROJEKT:	Produktoptimierung	VERSION:	1.0			ENTWURF		
							ABGESTIMMT		
	BEMERKUNGEN: 1 2 3 4 5 6 7 8 9 10						x ABGENOMMEN		

Eingänge (von links nach rechts oben): Klassifizierte Produktstrukturelemente (I1), Rohdatenmatrix, Algorithmus zur Überprüfung der Datenqualität und -quantität, Phasendatenmatrix, Analysemodell (AM), Wettbewerbsstrategie (I2), Informationsmodell (IM), Lebenszyklusorientiertes Produktdatenmodell (LPM), Potentialmodell (POM)

A31: Auswahl der PSE
A32: Bestimmung des Proximitätsmaßes — Distanzmaß, Zusammengesetztes Proximitätsmaß, Ähnlichkeitsmaß, Analysemodell (AM)
A33: Strukturerkennung — Single Linkage Verfahren, Fusionierungsalgorithmus, Complete Linkage Verfahren, Analysemodell (AM)
A34: Fehlerursacheanalyse für Produktstrukturelemente — Auswahlalgorithmus, Analysemodell (AM) → Daten- und Produktanalyse (O1)

KNOTENNR.: A3   TITEL: Analyse von Produktstrukturelementen   FOLGENR.: 5

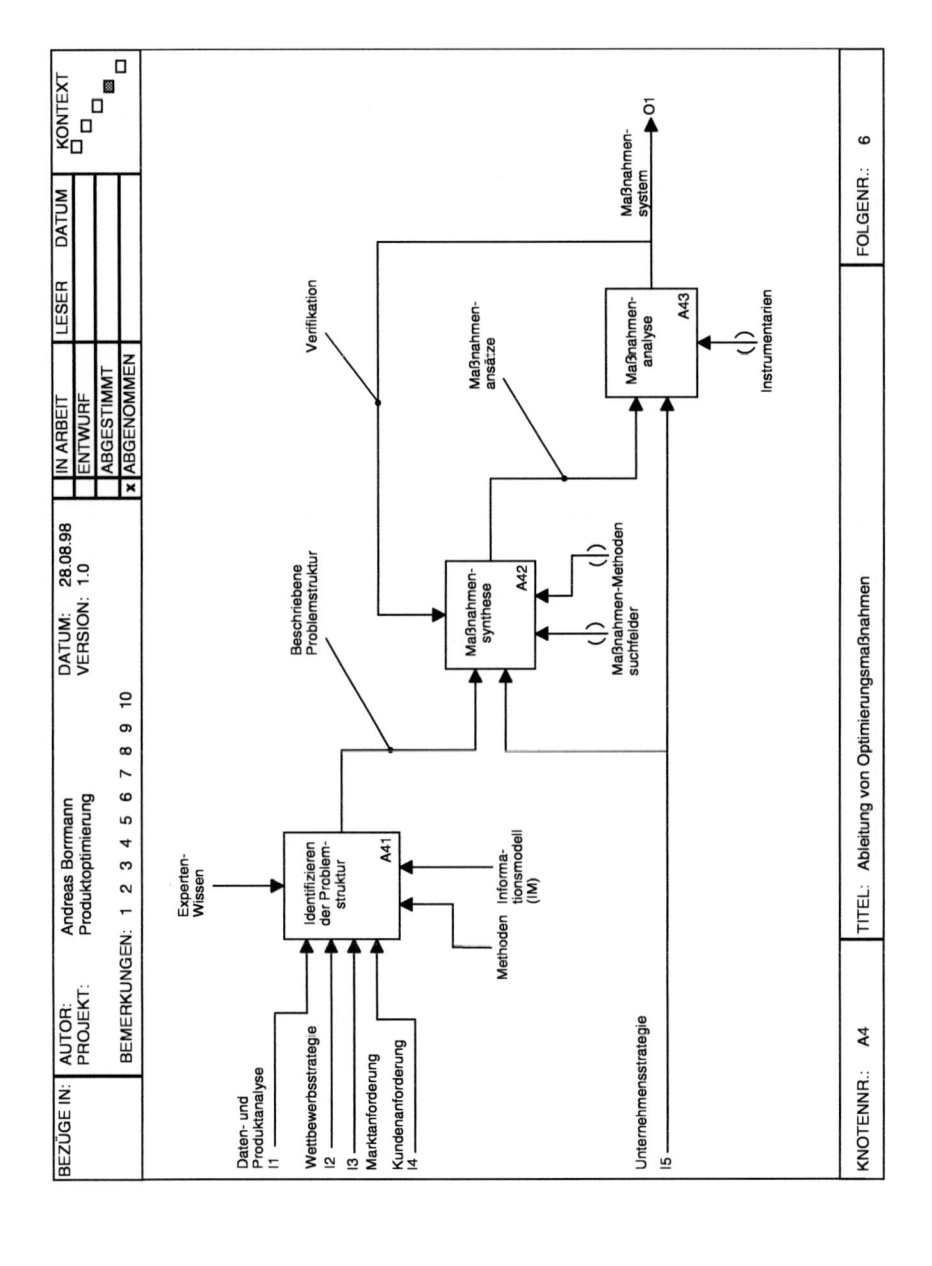

Anhang   Seite XIX

BEZÜGE IN:	AUTOR:	Andreas Bormann	DATUM:	28.08.98	IN ARBEIT		LESER	DATUM	KONTEXT
	PROJEKT:	Produktoptimierung	VERSION:	1.0	ENTWURF				☐ ☐
					ABGESTIMMT				☐ ▨
	BEMERKUNGEN: 1 2 3 4 5 6 7 8 9 10				x ABGENOMMEN				☐

Daten- und Produktanalyse
I1

Experten-Wissen

Wettbewerbsstrategie
I2

Marktanforderung
I3

Kundenanforderung
I4

→ **A41** Identifizieren der Problemstruktur

Methoden Informationsmodell (IM)

Beschriebene Problemstruktur

Verifikation

→ **A42** Maßnahmensynthese

( ) ( )
Maßnahmen-Methoden suchfelder

Maßnahmenansätze

→ **A43** Maßnahmenanalyse

( )
Instrumentarien

Maßnahmensystem → O1

Unternehmensstrategie
I5

| KNOTENNR.: A4 | TITEL: Ableitung von Optimierungsmaßnahmen | FOLGENR.: 6 |

BEZÜGE IN:	AUTOR:	Andreas Borrmann	DATUM:	14.09.98	IN ARBEIT	LESER	DATUM	KONTEXT
	PROJEKT:	Produktoptimierung	VERSION:	1.0	ENTWURF			☐ ☐ ☐ ☐
					ABGESTIMMT			
	BEMERKUNGEN: 1 2 3 4 5 6 7 8 9 10				x ABGENOMMEN			

| KNOTENNR.: | A5 | TITEL: | Bewertung der Optimierungsmaßnahmen | FOLGENR.: | 7 |

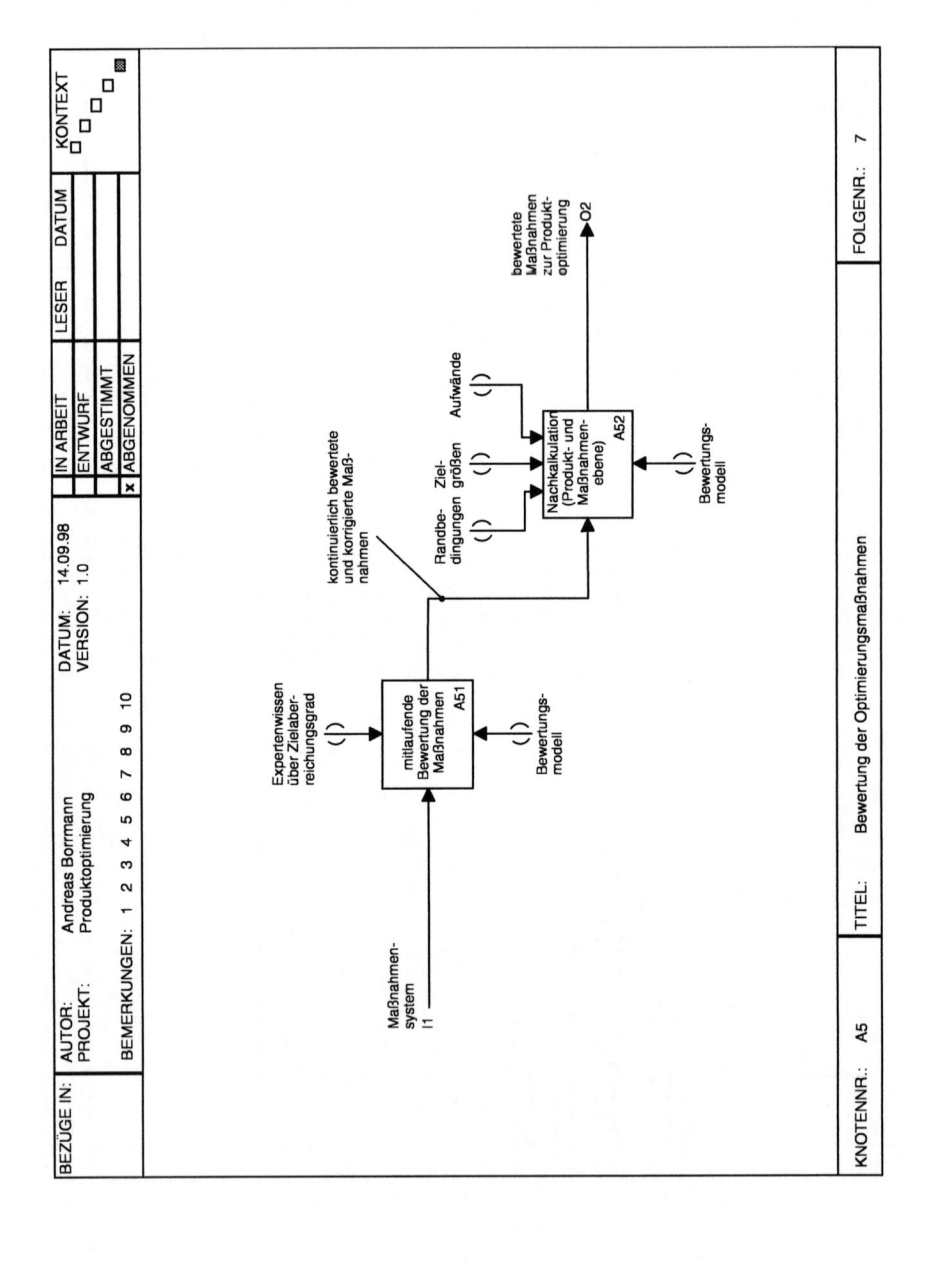

Maßnahmensystem
I1

Expertenwissen über Zielabreichungsgrad
( )

mitlaufende Bewertung der Maßnahmen
A51

Bewertungsmodell
( )

kontinuierlich bewertete und korrigierte Maßnahmen

Randbedingungen ( )
Zielgrößen ( )
Aufwände ( )

Nachkalkulation (Produkt- und Maßnahmenebene)
A52

Bewertungsmodell
( )

bewertete Maßnahmen zur Produktoptimierung
O2

Anhang B: Nomogramm

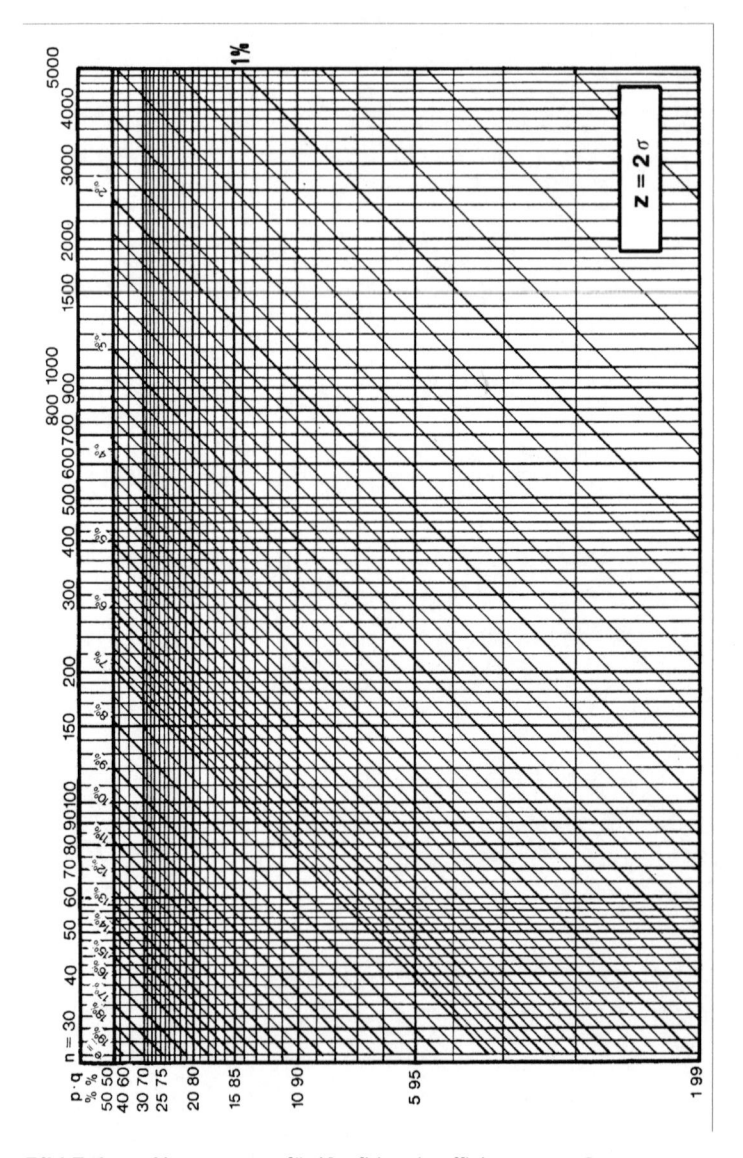

Bild B-1: Nomogramm für Konfidenzkoeffizienten $z = 2\sigma$

Anhang C: Auswahlmatrizen

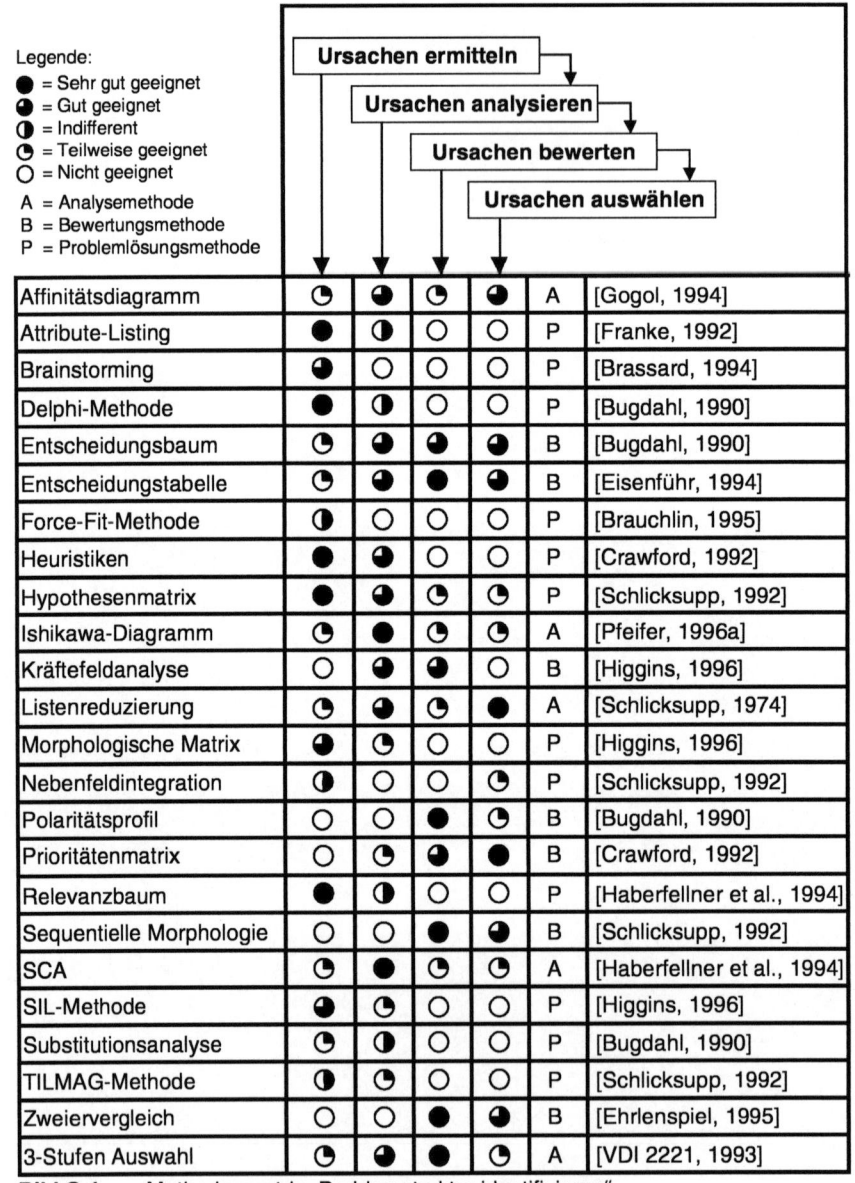

Legende:
- ● = Sehr gut geeignet
- ◐ = Gut geeignet
- ◑ = Indifferent
- ◕ = Teilweise geeignet
- ○ = Nicht geeignet

A = Analysemethode
B = Bewertungsmethode
P = Problemlösungsmethode

Methode	Ursachen ermitteln	Ursachen analysieren	Ursachen bewerten	Ursachen auswählen	Typ	Quelle
Affinitätsdiagramm	◕	◐	◕	◐	A	[Gogol, 1994]
Attribute-Listing	●	◑	○	○	P	[Franke, 1992]
Brainstorming	◐	○	○	○	P	[Brassard, 1994]
Delphi-Methode	●	◑	○	○	P	[Bugdahl, 1990]
Entscheidungsbaum	◕	◐	◐	◐	B	[Bugdahl, 1990]
Entscheidungstabelle	◕	◐	●	◐	B	[Eisenführ, 1994]
Force-Fit-Methode	◑	○	○	○	P	[Brauchlin, 1995]
Heuristiken	●	◐	○	○	P	[Crawford, 1992]
Hypothesenmatrix	●	◐	◕	◕	P	[Schlicksupp, 1992]
Ishikawa-Diagramm	◕	●	◕	◕	A	[Pfeifer, 1996a]
Kräftefeldanalyse	○	◐	◐	○	B	[Higgins, 1996]
Listenreduzierung	◕	◐	◕	●	A	[Schlicksupp, 1974]
Morphologische Matrix	◐	◕	○	○	P	[Higgins, 1996]
Nebenfeldintegration	◑	○	○	◕	P	[Schlicksupp, 1992]
Polaritätsprofil	○	○	●	◕	B	[Bugdahl, 1990]
Prioritätenmatrix	○	◕	◐	●	B	[Crawford, 1992]
Relevanzbaum	●	◑	○	○	P	[Haberfellner et al., 1994]
Sequentielle Morphologie	○	○	●	◐	B	[Schlicksupp, 1992]
SCA	◕	●	◕	◕	A	[Haberfellner et al., 1994]
SIL-Methode	◐	◕	○	○	P	[Higgins, 1996]
Substitutionsanalyse	◕	◑	○	○	P	[Bugdahl, 1990]
TILMAG-Methode	◑	◕	○	○	P	[Schlicksupp, 1992]
Zweiervergleich	○	○	●	◐	B	[Ehrlenspiel, 1995]
3-Stufen Auswahl	◕	◐	●	◕	A	[VDI 2221, 1993]

Bild C-1: Methodenmatrix „Problemstruktur identifizieren"

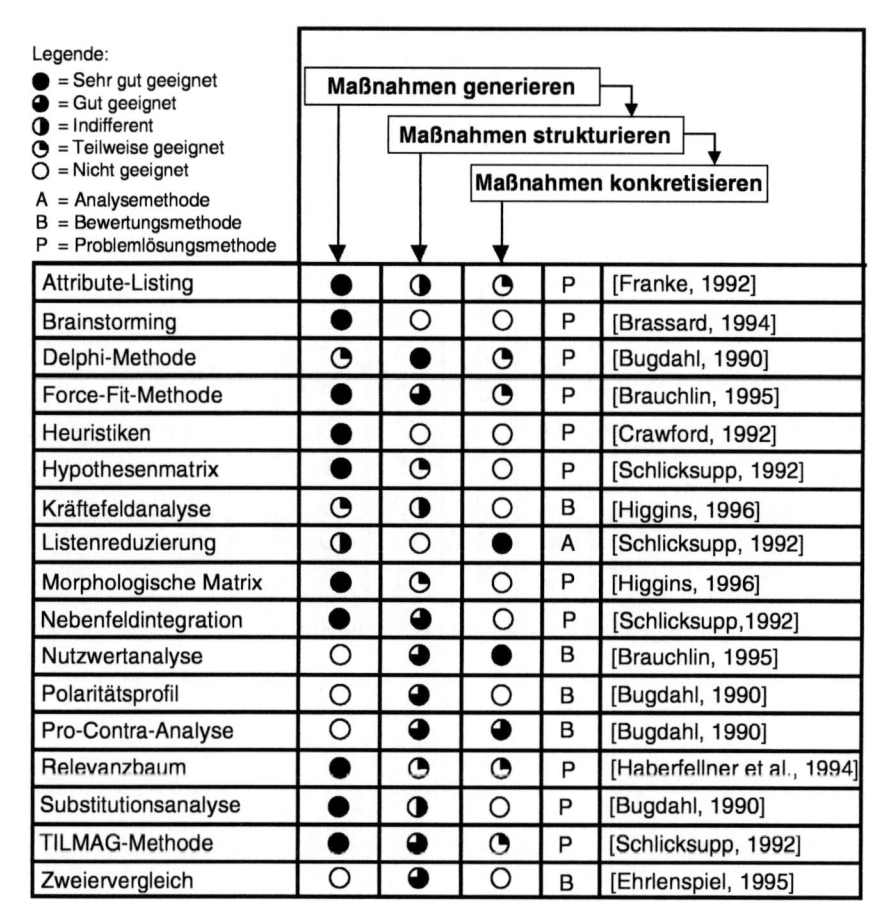

Legende:
- ● = Sehr gut geeignet
- ◐ = Gut geeignet
- ◑ = Indifferent
- ◕ = Teilweise geeignet
- ○ = Nicht geeignet
- A = Analysemethode
- B = Bewertungsmethode
- P = Problemlösungsmethode

	Maßnahmen generieren	Maßnahmen strukturieren	Maßnahmen konkretisieren		
Attribute-Listing	●	◑	◕	P	[Franke, 1992]
Brainstorming	●	○	○	P	[Brassard, 1994]
Delphi-Methode	◕	●	◕	P	[Bugdahl, 1990]
Force-Fit-Methode	●	◐	◕	P	[Brauchlin, 1995]
Heuristiken	●	○	○	P	[Crawford, 1992]
Hypothesenmatrix	●	◕	○	P	[Schlicksupp, 1992]
Kräftefeldanalyse	◕	◑	○	B	[Higgins, 1996]
Listenreduzierung	◑	○	●	A	[Schlicksupp, 1992]
Morphologische Matrix	●	◕	○	P	[Higgins, 1996]
Nebenfeldintegration	●	◐	○	P	[Schlicksupp, 1992]
Nutzwertanalyse	○	◐	●	B	[Brauchlin, 1995]
Polaritätsprofil	○	◐	○	B	[Bugdahl, 1990]
Pro-Contra-Analyse	○	◐	◐	B	[Bugdahl, 1990]
Relevanzbaum	●	◕	◕	P	[Haberfellner et al., 1994]
Substitutionsanalyse	●	◑	○	P	[Bugdahl, 1990]
TILMAG-Methode	●	◐	◕	P	[Schlicksupp, 1992]
Zweiervergleich	○	◐	○	B	[Ehrlenspiel, 1995]

Bild C-2: Methodenmatrix „Synthese von Maßnahmen"

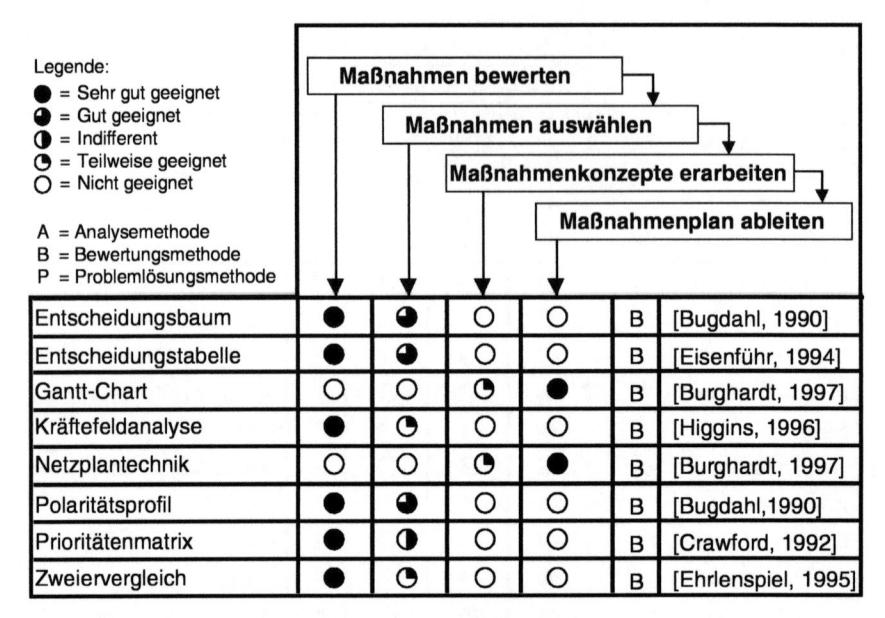

Legende:
- ● = Sehr gut geeignet
- ◕ = Gut geeignet
- ◐ = Indifferent
- ◔ = Teilweise geeignet
- ○ = Nicht geeignet

A = Analysemethode
B = Bewertungsmethode
P = Problemlösungsmethode

Maßnahmen bewerten
Maßnahmen auswählen
Maßnahmenkonzepte erarbeiten
Maßnahmenplan ableiten

Entscheidungsbaum	●	◕	○	○	B	[Bugdahl, 1990]
Entscheidungstabelle	●	◕	○	○	B	[Eisenführ, 1994]
Gantt-Chart	○	○	◔	●	B	[Burghardt, 1997]
Kräftefeldanalyse	●	◔	○	○	B	[Higgins, 1996]
Netzplantechnik	○	○	◔	●	B	[Burghardt, 1997]
Polaritätsprofil	●	◕	○	○	B	[Bugdahl, 1990]
Prioritätenmatrix	●	◐	○	○	B	[Crawford, 1992]
Zweiervergleich	●	◔	○	○	B	[Ehrlenspiel, 1995]

Bild C-3: Methodenmatrix „Analyse von Maßnahmen"

Anhang D: Methodendatenblätter

Problemlösungs- und Kreativitätstechniken

methodisch-intuitive Methoden (für unstrukturierte Probleme):

Datenblatt 1:	Brainstorming
Datenblatt 2:	Force-Fit-Methode
Datenblatt 3:	Nebenfeldintegration
Datenblatt 4:	SIL-Methode
Datenblatt 5:	TILMAG-Methode

systematisch-diskursive Methoden (für strukturierte Probleme):

Datenblatt 6:	Attribute Listing
Datenblatt 7:	Relevanzbaum
Datenblatt 8:	Substitutionsanalyse

heuristisch-diskursive Methoden (für kombinierte Probleme):

Datenblatt 9:	Delphi-Methode
Datenblatt 10:	Heuristiken
Datenblatt 11:	Hypothesenmatrix
Datenblatt 12:	Morphologische Matrix

DB 1	Methodendatenblatt
Methodenname:	Brainstorming
Methodenart:	Kreativitätstechnik
Methodenbegründer:	A. Osborn

Ziel

Schnelles Erarbeiten von einer großen Anzahl potentieller Lösungen

Durchführung

Gruppentechnik: --
Individualtechnik: X

Spontane Einfälle zu einem bestimmten Stichwort oder einer bestimmten Problemstellung werden durch die Gruppe unreflektiert vorgetragen und protokolliert. Erst später werden sie auf ihre Brauchbarkeit und Entwicklungsfähigkeit hin verifiziert.

Brainstormingregeln:
- Keine Vorschläge werden kritisiert
- Alle Ideen werden dokumentiert
- Die Quantität der erarbeiteten Lösungen steht im Vordergrund
- Die Ideen anderer sollen verwertet und kombiniert werden

Vorteile/ Nachteile

Vorteile:
- Umgehen von denkpsychologischen Blockaden
- Förderung der Spontanität und Kreativität
- Vermeidung unnötiger Diskussion

Nachteile:
- Dominierende Persönlichkeiten haben starken Einfluß auf die Gruppendynamik
- Alle Vorschläge müssen in einem anschließen Schritt analysiert und bewertet werden

Methodenvarianten

Visuelles Brainstorming
(Gruppenmitglieder erstellen Zeichnungen von ihren Vorschlägen)
Diskussion 66
(Gruppen mit 6 Mitgliedern diskutieren 6 min lang, danach Synthese der Ideen)

Literatur

| Brassard, M. | Memory Jogger, Methuen: GOAL/OPC 1994 |

DB 2	Methodendatenblatt
Methodenname:	Force-Fit-Methode
Methodenart:	Kreativitätstechnik
Methodenbegründer:	unbekannt

Ziel

Zwei völlig unterschiedliche Begriffe sollen mit Hilfe kreativer Denkprozesse in Zusammenhang gebracht werden. Dadurch können neue Lösungsideen generiert werden.

Durchführung

Gruppentechnik: X
Individualtechnik: --

Die Methode wird als Spiel angewendet, bei dem das Team in zwei Mannschaften eingeteilt wird. Eine Mannschaft gibt der anderen ein möglichst weit von der Problematik entferntes Reizwort vor, aus dem diese in einem vorgegebenen Zeitfenster einen Lösungsansatz erarbeiten muß. Für jeden Lösungsansatz gibt es Punkte. Die erarbeiteten Lösungen werden anschließend auf ihr Problemlösungspotential hin überprüft.

Vorteile/ Nachteile

Vorteile:
- Erarbeitung von ungewöhnlichen Lösungsansätzen und -kombinationen

Nachteile:
- hoher Zeitaufwand bei der Methodenanwendung
- Gruppe/ Team muß sich auf Spielsituation einlassen
- Ergebnisse müssen verifiziert und auf ihr Problemlösungspotential hin überprüft werden

Methodenvarianten

Reizwortanalyse

Literatur

Brauchlin, E.	Problemlösungs- und Entscheidungsmethodik
	Bern, Haupt 1995
Schlicksupp, H.	Innovation, Kreativität und Ideenfindung
	Würzburg, Vogel 1992
Schlicksupp, H.	Kreative Ideenfindung in der Unternehmung
	Würzburg, Vogel 1977

DB 3	Methodendatenblatt
Methodenname:	Nebenfeldintegration
Methodenart:	Kreativitätstechnik
Methodenbegründer:	unbekannt

Ziel

Lösungsansätze zu einem Problem werden unter Berücksichtigung der Umfeld- bzw. Randbedingungen erarbeitet

Durchführung

Gruppentechnik: X
Individualtechnik: --

Dreistufige Vorgehensweise:
- Bestimmung der Nebenfelder (Bereiche der Wechselwirkung) der gesuchten Lösung
- Suche von Elementen (jeweils 5 bis ca. 15) aus den Nebenfeldern durch Assoziation (kreativer Denkprozeß)
- Rückschluß von den in den Nebenfeldern gefundenen Elementen auf die Ausgestaltung der Lösung

Vorteile/ Nachteile

Vorteile:
- Erfolgreiche Methode bei Problemen, die durch Wechselwirkungen mit der Problemfeldumgebung entstehen
- Ganzheitlichere Betrachtungsweise der Problemstellung
- Einbeziehung von Umfeld- und Randbedingungen

Nachteile:
- Rückschlüsse aus den Nebenfeldern auf das Hauptproblem können zu falschen Annahmen führen

Methodenvarianten

nicht bekannt

Literatur

Schlicksupp, H.   Innovation, Kreativität und Ideenfindung, Würzburg, Vogel 1992

DB 4	Methodendatenblatt
Methodenname:	SIL-Methode (Systematische Integration von Lösungselementen)
Methodenart:	Kreativitätstechnik
Methodenbegründer:	Batelle Institut, Frankfurt

Ziel

Einzellösungen sollen in Teamarbeit zu einer Gesamtlösung zusammengeführt werden.

Durchführung

Gruppentechnik: X
Individualtechnik: --

Jedes Gruppenmitglied überlegt sich zu einem definierten Problem eine potentielle Lösung. Zwei Gruppenmitglieder tragen ihre Lösungen vor, die dann von der Gruppe zu einer Gesamtlösung zusammengeführt werden. So wird mit jedem weiteren Lösungsvorschlag verfahren, bis in einer vorgegebenen Zeit eine Gesamtlösung für die vorgegebene Problemstruktur vorhanden ist.

Vorteile/ Nachteile

Vorteile:
- Integration von mehreren Lösungen zu einer Gesamtlösung
- Einbindung von interdisziplinärem Wissen bei der Lösungserarbeitung

Nachteile:
- hoher Zeitaufwand, da Lösungsansätze sequentiell integriert werden
- keine systematische Erarbeitung und Strukturierung der Lösungsansätze

Methodenvarianten

nicht bekannt

Literatur

Higgins, J.	Innovationsmanagement; Berlin: Springer, 1996
Ladensack, K.	Kreativität im Management, Heidelberg: Sauer, 1992
Schlicksupp, H.	Innovation, Kreativität und Ideenfindung, Würzburg: Vogel 1992
Schlicksupp, H.	Kreative Ideenfindung in der Unternehmung, Würzburg: Vogel 1977

DB 5	Methodendatenblatt
Methodenname:	TILMAG-Methode (Transformation idealer Lösungselemente durch Matrizen der Assoziations- und Gemeinsamkeitsbildung)
Methodenart:	Kreativitätstechnik
Methodenbegründer:	Schlicksupp, H.

Ziel

Ermittlung neuer Lösungsideen durch mehrstufigen Assoziationsprozeß.

Durchführung

Gruppentechnik: X
Individualtechnik: --

Die Anwendung der TILMAG-Methode gliedert sich in fünf Stufen:
1. Ermittlung von Merkmalen der idealen Lösung
2. Suche von Assoziationen zu den Merkmalen der idealen Lösung
3. Ableiten von Lösungsmöglichkeiten aus den Assoziationen
4. Gemeinsamkeiten zwischen Assoziationen und Lösungsmöglichkeiten suchen
5. Mittels Force-Fit-Methode (siehe DB 2) Gemeinsamkeiten zu Gesamtlösung verbinden

Vorteile/ Nachteile

Vorteile:
- Zielgerichtete Annäherung an Ideallösung

Nachteile:
- Methode kann nur angewendet werden, wenn die Ideallösung erkennbar ist

Methodenvarianten

nicht bekannt

Literatur

Schlicksupp, H.	Innovation, Kreativität und Ideenfindung, Würzburg: Vogel, 1992
Schlicksupp, H.	Kreative Ideenfindung in der Unternehmung, Würzburg: Vogel, 1977

DB 6	Methodendatenblatt
Methodenname:	Attribute-Listing
Methodenart:	Problemlösungstechnik
Methodenbegründer:	unbekannt

Ziel
Verbesserung bestehender Produkte durch systematische Suche nach Verbesserungspotentialen für die Elemente der Produktstruktur

Durchführung
Gruppentechnik: X
Individualtechnik: X

Zu jeder Eigenschaft (Attribut) eines Produktes wird in einer Matrix aufgelistet, wie diese Eigenschaft im Moment ausgeprägt ist, wie sie im Idealfall ausgeprägt wäre und wie eine mögliche Näherung an diesen Idealfall aussehen könnte. Dadurch wird gewährleistet, daß ein Produkt komplett analysiert wird und alle möglichen Potentiale zur Verbesserung erkannt und die notwendigen Maßnahmen abgeleitet werden.

Vorteile/ Nachteile
Vorteile:
- Systematische Dekompensation der Produktstruktur zur methodischen Lösungsvorbereitung
- Betrachtung der gesamten Produktstruktur

Nachteile:
- hoher Zeitaufwand, da die ganze Produktstruktur analysiert wird
- hohes analytisches Denkvermögen des Teams notwendig

Methodenvarianten
Morphologische Matrix
Funktionsanalyse

Literatur
Brauchlin, E.	Problemlösungs- und Entscheidungsmethodik, Bern: Haupt 1995
Franke, R.	Planungstechniken, Frankfurt: FAZ-Verlag, 1992
Higgins, J.	Innovationsmanagement; Berlin: Springer, 1996

DB 7	Methodendatenblatt
Methodenname:	Relevanzbaum
Methodenart:	Problemlösungstechnik
Methodenbegründer:	unbekannt

Ziel

Graphische Darstellung von komplexen Zusammenhängen und Sachverhalten. Theoretische Alternativen können in verschiedenen Abstraktionsstufen visuell hervorgerufen werden.

Durchführung

Gruppentechnik: X
Individualtechnik: --

Die Vorgehensweise gliedert sich in fünf Schritte:

1. Dekompensation der Problemstruktur

2. Aufbau des Problembaums

3. Definition der relevanten Problempfade

4. Visuelle Übersicht über die Problemstruktur erstellen

5. Dokumentation der Ergebnisse

Vorteile/ Nachteile

Vorteile:
- Visuelle Übersicht über die Problemstruktur
- Strukturierte Dokumentation der Problemstruktur

Nachteile:
- Bei komplexen Problemen sehr aufwendig

Methodenvarianten

nicht bekannt

Literatur

Brassard, M.	Memmory Jogger, Methuen, GOAL/OPC, 1994
Haberfellner, R.	Systems Engineering,
	Zürich, Verlag Industrielle Organisation, 1994
Schlicksupp, H.	Innovation, Kreativität und Ideenfindung
	Würzburg, Vogel 1992
Wolfrum, B.	Strategisches Technologiemanagement
	Wiesbaden, Gabler, 1991

DB 8	Methodendatenblatt
Methodenname:	Substitutionsanalyse
Methodenart:	Problemlösungstechnik
Methodenbegründer:	Miles, L. D.

Ziel

Analyse eines Produktes bezüglich Austauschbarkeit von Elementen, Modulen oder Funktionsprinzipien.

Durchführung

Gruppentechnik: X
Individualtechnik: X

Die Vorgehensweise gliedert sich in vier Schritte:

1. Untersuchung aller Elemente bezüglich der Funktionen und Funktionserfüllung

2. Bestimmung der Bewertungskriterien für die Substitutionsanalyse

3. Erarbeitung von Substitutionslösungen für einzelne Elemente

4. Bewertung der Lösungen

Vorteile/ Nachteile

Vorteile:
- Systematische Dekompensation der Produktstruktur und Erarbeitung von Lösungsansätzen

Nachteile:
- Langwierig, da auch die guten Produkteigenschaften zunächst einmal auf ihre Verbesserungspotentiale untersucht werden.

Methodenvarianten

nicht bekannt

Literatur

Bugdahl, V.	Methoden der Ideenfindung, Würzburg: Vogel, 1990

DB 9	Methodendatenblatt
Methodenname:	Delphi-Methode
Methodenart:	Problemlösungstechnik
Methodenbegründer:	Geschka, H.L.

Ziel

Nutzung von Expertenwissen zur Lösung von Problemen oder zur Erstellung von Prognosen

Durchführung

Gruppentechnik: X
Individualtechnik: --

Vorgehensweise gliedert sich in fünf Schritte:
1. Befragen von internen und externen Experten bezüglich der Lösung für eine identifizierte Problemstruktur

2. Vergleichende Auswertung aller Expertenmeinungen

3. Erstellung einer Zusammenfassung von allen Expertenmeinungen

4. Wiederholte Befragung aller Experten

5. Durchführung weiterer Iterationen, bis alle Experten einen Konsens gefunden haben

Vorteile/ Nachteile

Vorteile:
- Nutzung verteilten Expertenwissens
- Umfassende und vielseitige Betrachtung der Problemstruktur

Nachteile:
- hoher Zeitaufwand, aufgrund der Befragung von externen Experten

Methodenvarianten

nicht bekannt

Literatur

Bugdahl, V.	Methoden der Entscheidungsfindung, Würzburg: Vogel, 1990
Franke, R.	Planungstechniken, Frankfurt: FAZ-Verlag, 1992
Geschka, H.	Delphi, in: Bruckmann, G., Langfristige Prognosen, Würzburg, 1978

DB 10	Methodendatenblatt
Methodenname:	Heuristiken
Methodenart:	Problemlösungstechnik
Methodenbegründer:	unbekannt

Ziel
Unterstützung und Anleitung bei der Suche nach Lösungen auf Basis von heuristischen Prinzipien

Durchführung
Gruppentechnik: X
Individualtechnik: --

Es werden verschiedene sogenannte heuristische Prinzipien angewendet, die den Denkprozeß durch bestimmte Techniken anregen sollen und auf den Zufall bauen.

Beispiele für heuristische Prinzipien:
Weglassen, Umkehren, Hinzufügen, Verkleinern, Vergrößern, Analogie bilden, Kombinieren, Verfremden, Metaphern suchen, Ersetzen, etc.

Die Gruppe versucht durch die gezielte Anwendung einer dieser heuristischen Prinzipien eine Lösung oder einen Lösungsanstoß herbeizuführen.

Vorteile/ Nachteile
Vorteile:
- Denkprozesse können durch gezielte Anwendung der heuristischen Prinzipien angestoßen werden

Nachteile:
- Aufgrund stochastischer Vorgehensweise keine Ergebnisgarantie

Methodenvarianten
verbale Checkliste
Checklisten zur Problemlösung
Reizwortanalyse

Literatur
Crawford, C. M.	Neuprodukt-Management, Frankfurt: Campus, 1992
Higgins, J.	Innovationsmanagement, Berlin: Springer, 1996

DB 11	**Methodendatenblatt**
Methodenname:	Hypothesenmatrix
Methodenart:	Problemlösungstechnik
Methodenbegründer:	Schlicksupp, H.

Ziel

Festellung von Interpendenzen zwischen zwei Objekten

Durchführung

Gruppentechnik: X
Individualtechnik: X

Zwischen zwei Objekten X und Y sollen bisher unbekannte Beziehungen aufgedeckt werden. Dazu werden zu jedem dieser Objekte Aussagen getroffen. Sie können auf gesichertem Wissen beruhen, aber auch hypothetische und spekulative Aussagen sind zulässig. Danach wird mittels einer Matrix jede Aussage des einen Bereichs mit jeder Aussage des anderen Bereichs verglichen und festgestellt, ob ein Zusammenhang besteht. Falls ein Zusammenhang ersichtlich ist, wird dies in der Matrix gekennzeichnet.

Vorteile/ Nachteile

Vorteile:
- Identifizierung von Problemen bzw. Lösungsansätzen, die sich aus den Interdependenzen ergeben

Nachteile:
- hoher Zeitaufwand

Methodenvarianten

Beziehungsmatrix

Literatur

Schlicksupp, H.   Innovation, Kreativität und Ideenfindung
Würzburg, Vogel, 1992

DB 12	Methodendatenblatt
Methodenname:	Morphologische Matrix
Methodenart:	Problemlösungstechnik
Methodenbegründer:	Zwicky, F.

Ziel
Systematische Entwicklung neuer Ideen durch die direkte Konfrontation mit verschiedenen Ausprägungen von Produktattributen

Durchführung
Gruppentechnik: X
Individualtechnik: X

Vorgehensweise:
- Sammlung aller Produktattribute
- Erarbeitung von Modifikationen bzw. Lösungsansätzen für die einzelnen Problemattribute
- Auswahl von geeigneten Modifikationen bzw. Lösungsansätzen für die einzelnen Produktattribute

Vorteile/ Nachteile
Vorteile:
- Erarbeitung einer kompletten Problemstruktur
- hohe Wiederverwendbarkeit der erarbeiteten Matrizen

Nachteile:
- hohe Anzahl von potentiellen Lösungen
- keine Entscheidungsunterstützung bei der Auswahl von Lösungen
- hoher Zeitaufwand bei der Erstellung der Matrix

Methodenvarianten
Morphologischer Kasten (dreidimensionale Matrix)

Literatur
Crawford, C.M.	Neuprodukt-Management Frankfurt, Campus, 1992
Higgins, J.	Innovationsmanagement, Berlin, Springer, 1992
Schlicksupp, H.	Innovation, Kreativität und Ideenfindung, Würzburg, Vogel, 1992

Analysemethoden

Datenblatt 13: Affinitätsdiagramm
Datenblatt 14: Auswahlliste
Datenblatt 15: 3-Stufen-Diagramm
Datenblatt 16: Gantt-Chart
Datenblatt 17: Ishikawa-Diagramm
Datenblatt 18: Listenreduzierung
Datenblatt 19: Netzplantechnik
Datenblatt 20: SCA

DB 13	Methodendatenblatt
Methodenname:	Affinitätsdiagramm
Methodenart:	Analysetechnik
Methodenbegründer:	Shiba, S.

Ziel

Strukturierung und Klassifizierung einer großen Anzahl von Ideen, die z.B. als Ergebnis aus einer Brainstorming-Sitzung hervorgehen

Durchführung

Gruppentechnik: X
Individualtechnik: --

Alle Ideen werden auf jeweils einen Zettel geschrieben. Diese Zettel werden an eine Pinwand geheftet, und es wird versucht, für verschiedene Ideen Oberbegriffe zu finden. Dies wird solange fortgeführt bis alle Ideen in Gruppen und die Gruppen in weitere Obergruppierungen unterteilt sind.

Vorteile/ Nachteile

Vorteile:
- Ideen werden klassifiziert

Nachteile:
- Alleinstehende Hauptlösungen können in ihrer Wichtigkeit verkannt werden, da sie evtl. einer anderen Gruppierung untergeordnet werden

Methodenvarianten

nicht bekannt

Literatur

| Brassard, M. | Memory Jogger, Methuen: GOAL/OPC, 1994 |
| Gogol, A. | Die sieben Management Werkzeuge, in: QZ, 1994 Nr. 5, S. 516 - 521 |

DB 14	Methodendatenblatt
Methodenname:	Auswahlliste
Methodenart:	Analysetechnik
Methodenbegründer:	unbekannt

Ziel

Prüfung der grundsätzlichen Machbarkeit von Lösungen

Durchführung

Gruppentechnik: X
Individualtechnik: X

Die erarbeiteten Lösungsalternativen werden einer Checkliste von Grundsatzfragen unterzogen. Diese Fragen sollten lauten:

1. Erfüllt die Lösung die angestrebten Anforderungen und Intentionen?
2. Ist die Verträglichkeit mit angrenzenden Lösungen gegeben?

(Wenn eine dieser beiden Fragen mit nein beantwortet wurde, scheidet die Lösung grundsätzlich aus)

3. Ist die Lösung grundsätzlich realisierbar?
4. Ist der Aufwand zulässig?
5. Ist die unmittelbare Sicherheit gegeben?
6. Ist die Lösung terminlich machbar?
7. Ist genügend Know-How vorhanden?

Je mehr von den Fragen 3 - 7 positiv beantwortet werden können, desto eher ist diese Lösung durchführbar.

Vorteile/ Nachteile

Vorteile:
- systematische und strukturierte Bewertung von Lösungsalternativen
- schnelle Bewertung der Lösungen aufgrund standardisierten Vorgehens

Methodenvarianten

nicht bekannt

Literatur

Ehrlenspiel, K.	Integrierte Produktentwicklung, München: Hanser, 1995
Pahl, G.; Beitz, W.	Konstruktionslehre, Berlin: Springer, 1993

DB 15	Methodendatenblatt
Methodenname:	3-Stufen-Auswahl
Methodenart:	Analysetechnik
Methodenbegründer:	unbekannt

Ziel
Strukturierte Lösungsauswahl

Durchführung
Gruppentechnik: X
Individualtechnik: --

Jede einzelne Lösungsalternative wird von einem interdisziplinären Team in einer der drei Stufen: geeignet, vielleicht geeignet und nicht geeignet eingeordnet. Für die Stufe mit den meisten Teamstimmen wird entschieden. Bei Gleichstand von zwei Stufen wird zwischen diesen beiden abgestimmt.

Vorteile/ Nachteile
Vorteile:
- schnelle Grobsortierung der erabeiteten Lösungen

Nachteile:
- Bewertung beruht auf subjektiven Empfindungen der Teammitglieder
- grobe Klassifizierung der Lösungsalternativen

Methodenvarianten
nicht bekannt

Literatur
Schlicksupp, H.	Ideenfindung, Würzburg: Vogel, 1980
VDI Richtlinie 2221	Methodik zum Entwicklungen und Konstruieren technischer Systeme und Produkte, Verein Deutscher Ingenieure

DB 16	Methodendatenblatt
Methodenname:	Gantt-Chart
Methodenart:	Analysetechnik
Methodenbegründer:	unbekannt

Ziel

Balkendiagramm zur Darstellung der Laufzeit und der zeitlichen Anordnung von Vorgängen

Durchführung

Gruppentechnik:	X
Individualtechnik:	X

In einem zweiachsigen Diagramm werden auf der senkrechten Achse die durchzuführenden Tätigkeiten und auf der waagerechten Achse die Zeit abgetragen. Zu den Tätigkeiten werden Balken gezeichnet, die den Anfang und das Ende der Tätigkeit genau kennzeichnen.

Vorteile/ Nachteile

Vorteile:
- systematische Planung von Tätigkeiten
- übersichtliche Darstellungsform der Tätigkeiten

Nachteile:
- gegenseitige Abhängigkeiten von Vorgängen sind aus der Darstellung nicht unmittelbar erkennbar

Methodenvarianten

nicht bekannt

Literatur

Brauchlin, E.	Problemlösungs- und Entscheidungsmethodik, Bern: Haupt, 1995
Haberfellner, R.	Systems Engineering, Zürich: Verlag Industrielle Organisation, 1994

DB 17	Methodendatenblatt
Methodenname:	Ishikawa-Diagramm (Fischgrätdiagramm)
Methodenart:	Analysetechnik
Methodenbegründer:	Ishikawa, K:

Ziel

Strukturierte graphische Gesamtdarstellung aller Haupt- und Nebenaspekte, die zu einem Problem führen und es beinflussen

Durchführung

Gruppentechnik: X
Individualtechnik: --

- Top-Down-Auflösung einer Problemstruktur in Hauptursachen
- Dekompensation der Hauptursachen in weitere Einzelursachen
- Darstellung der Ursachen in einem Fischgrätendiagramm

Vorteile/ Nachteile

Vorteile:
- strukturierte Betrachtung aller Ursachen
- übersichtliche visuelle Darstellung der Problemstruktur

Methodenvarianten

nicht bekannt

Literatur

Brassard, M.	Memory Jogger, Methuen: GOAL/OPC, 1994
Higgins, J.	Innovationsmanagement, Berlin: Springer, 1996
Krause, R.	Unternehmensressource Kreativität,
	Köln: Wirtschaftsverlag Bachem, 1996
Pfeifer, T:	Qualitätsmanagement, München: Hanser, 1996

DB 18	Methodendatenblatt
Methodenname:	Listenreduzierung
Methodenart:	Analysetechnik
Methodenbegründer:	unbekannt

Ziel
Reduzierung einer hohen Anzahl von Lösungsvorschlägen auf eine handhabbare Anzahl

Durchführung
Gruppentechnik: X
Individualtechnik: --

Um eine hohe Anzahl von Vorschlägen z.B. als Ergebnis einer Brainstormingsitzung auf ein sinnvolles Maß zu reduzieren, wird mit dieser Technik über jeden Vorschlag einzeln abgestimmt. Jedes Gruppenmitglied hat pro Vorschlag eine Stimme. Über jeden Lösungsvorschlag wird einzeln abgestimmt. Ein Lösungsvorschlag muß daher eine vorher festgelegte Anzahl von Stimmen erhalten, damit er auf der Liste bleiben kann.

Vorteile/ Nachteile
Vorteile:
- Schnelle und grobe Analyse der erarbeiteten Lösungsalternativen

Nachteile:
- Lösungsalternativen können unterbewertet werden

Methodenvarianten
nicht bekannt

Literatur
Schlicksupp, H.   Kreative Ideenfindung in der Unternehmung, Würzburg: Vogel, 1977

DB 19	Datenblätter für die Methoden
Methodenname:	Netzplantechnik
Methodenart:	Analysetechnik
Methodenbegründer:	unbekannt

Ziel
Graphische Darstellung von Abläufen und Abhängigkeiten

Durchführung
Gruppentechnik: X
Individualtechnik: X

Vorgangsknoten-Netzpläne:
- Vorgänge stehen in den Knoten, Reihenfolge und Struktur wird durch die Pfeile gekennzeichnet, z.b. bei MPM

Vorgangspfeil-Netzpläne:
- Vorgänge werden durch Pfeile gekennzeichnet, z.b. bei CPM

Ereignisknotennetzpläne:
- Projektzustände und deren zeitlichen Abstände werden dargestellt, z.B. bei PERT

Vorteile/ Nachteile
Vorteile:
- systematische Planung der Vorgänge
- Kritische Vorgänge können identifiziert werden
- Auswirkungen von kritischen Vorgängen auf die Termineinhaltung sind ersichtlich

Methodenvarianten
Critical Path Method (CPM)
Programm Evaluation and Review Technique (PERT)
Metra-Potential-Methode (MPM)

Literatur
Bugdahl, V.　　Methoden der Entscheidungsfindung, Würzburg: Vogel, 1990

DB 20	Methodendatenblatt
Methodenname:	SCA (Sneek Circuit Analysis)
Methodenart:	Analysetechnik
Methodenbegründer:	unbekannt

Ziel

Ermittlung von unerwarteten Wirkungspfaden und Informationsflüssen

Durchführung

Gruppentechnik: X
Individualtechnik: X

Es werden mögliche unerwünschte Informationsweiterleitungsbedingungen und daraus folgende unerwünschte Funktionen analysiert.

Vorteile/ Nachteile

Vorteile:
- Identifizierung von Fehlern/Problemen, die sich nicht aus dem System selbst, sondern aus Nachbarsystemen ergeben

Nachteile:
- Sehr aufwendige Analyse, die gutes Systemwissen und ein sehr spezielles und konkretes Produkt erfordert. Methode kann nur schwer abgewandelt werden

Methodenvarianten

nicht bekannt

Literatur

Haberfellner, R.	Systems Engineering, Zürich: Verlag Industrielle Organisation, 1994

Bewertungs- und Entscheidungsmethoden

Datenblatt 21:   Entscheidungsbaum
Datenblatt 22:   Entscheidungstabelle
Datenblatt 23:   Kräftefeld-Analyse
Datenblatt 24:   Polaritätsprofil
Datenblatt 25:   Prioritätenmatrix
Datenblatt 26:   Zweiervergleich

DB 21	Methodendatenblatt
Methodenname:	Entscheidungsbaum
Methodenart:	Entscheidungsmethode
Methodenbegründer:	unbekannt

Ziel

Erarbeitung einer systematischen Darstellung bei komplexen Entscheidungssituationen durch mehrstufige Visualisierung des Problems unter Einbeziehung der möglichen äußeren Einflüsse

Durchführung

Gruppentechnik: X
Individualtechnik: X

Entscheidungsfindung unter Zuhilfenahme einer Baumstruktur, wobei jeder Lösung ein zusammenhängender Streckenzug bis zur untersten Ebene zuzuordnen ist.
- Entscheidungsknoten:
  Punkt, an dem Entscheidungsträger sich für eine der möglichen Alternativen entscheidet.
- Zufallsknoten:
  Punkt, an dem die "Welt einen Zug ausführt", der als Zufallsereignis interpretiert wird.
- Endknoten:
  Punkt, an dem die Betrachtung abgebrochen wird.
- Entscheidungsäste: In Betracht gezogene Altenativen
- Zufallsäste:
  In Betracht gezogene Zufälle

Vorteile/ Nachteile

Vorteile:
- Systematische Ermittlung der besten Lösung unter Berücksichtigung aller Lösungsvarianten

Nachteile:
- Äußere Einflüsse lassen sich schwer komplett vorhersagen

Methodenvarianten

Entscheidungstabellen

Literatur

Bugdahl, V.	Methoden der Entscheidungsfindung, Würzburg: Vogel, 1990

DB 22	Methodendatenblatt
Methodenname:	Entscheidungstabellen
Methodenart:	Entscheidungsmethode
Methodenbegründer:	unbekannt

Ziel

Darstellung von Entscheidungssituationen in Form von einer Tabelle zur Verbesserung des Überblicks bei komplexen Entscheidungssituationen

Durchführung

Gruppentechnik: X
Individualtechnik: X

In einer Tabelle werden Bedingungen (wenn) und Aktionen (dann) mit klaren Entscheidungsregeln verbunden. Es können dabei alle denkbaren Situationen berücksichtigt werden oder Abhängigkeiten von quantitativen Bedingungen dargestellt werden. Als Hilfsmittel dienen zahlreiche zu dieser Methode vorhandenen Formblätter.

Vorteile/ Nachteile

Vorteile:
- Es entsteht eine klare Übersicht über die Entscheidungssituation

Nachteile:
- Es können nur Wenn-Dann-Entscheidungen berücksichtigt werden

Methodenvarianten

Entscheidungmatrix

Literatur

Eisenführ, F.	Rationales Entscheiden, Berlin: Springer, 1994
Franke, R.	Planungstechniken, Frankfurt: FAZ-Verlag, 1992
Haberfellner, R.	Systems Engineering, Zürich: Verlag Industrielle Organisation, 1994

DB 23	Methodendatenblatt
Methodenname:	Kräftefeld-Analyse
Methodenart:	Bewertungsmethode
Methodenbegründer:	Lewin, K.

Ziel

Ermittlung von unterstützenden und behindernden Einflußfaktoren auf eine Problemlösung, so daß unterstützende Einflußfaktoren verstärkt und behindernde abgeschwächt werden können.

Durchführung

Gruppentechnik: X
Individualtechnik: X

In einem Diagramm werden auf der einen Seite eines Balkens alle Einflüsse und Kräfte aufgeführt, die eine Lösung vorantreiben oder sich in irgendeiner gearteten Weise positiv auf die Lösung auswirken. Auf die andere Seite des Balkens werden alle negativen Kräfte geschrieben. Unter Umständen können die Kräfte und Einflüsse je nach ihrer Stärke gewichtet und in eine Rangfolge gebracht werden.

Vorteile/ Nachteile

Vorteile:
- Strukturierte Übersicht der Einflußfaktoren
- Vergleich über die Problemlösungskraft verschiedener Lösungsansätze

Nachteile:
- Problemlösungskraft ist als alleiniges Kriterium zur Entscheidungsvorbereitung nicht immer ausreichend

Methodenvarianten

nicht bekannt

Literatur

Brassard, M.	Memmory Jogger, Methuen, GOAL/OPC, 1994
Higgins, J.	Innovationsmanagement, Berlin, Springer, 1996

DB 24	Methodendatenblatt
Methodenname:	Polaritätsprofil
Methodenart:	Bewertungsmethode
Methodenbegründer:	unbekannt

Ziel

Anschauliche Darstellung von mehreren Alternativen bezüglich der Erfüllung der Kriterien zur Vorbereitung von Entscheidungen

Durchführung

Gruppentechnik: X
Individualtechnik: X

Für jede Lösungsalternative werden bestimmte Eigenschaften und Kriterien nach einem Notenschlüssel beurteilt und die Ergebnisse auf einer Skala eingetragen. Die Skalenpunkte der einzelnen Kriterien werden verbunden und ergeben so ein Beurteilungsprofil. Die Beurteilungsprofile der Lösungsalternativen können leicht optisch verglichen werden.

Vorteile/ Nachteile

Vorteile:
- Gute grafische Vergleichsmöglichkeiten der verschiedenen Lösungsansätze

Nachteile:
- Bei vielen Lösungsansätzen hoher Zeitaufwand

Methodenvarianten

Polarprofile (es werden keine parallelen Skalen, sondern Polarkoordinaten verwendet)

Literatur

Brassard, M.	Memory Jogger, Methuen: GOAL/OPC, 1994
Bugdahl, V.	Methoden der Entscheidungsfindung, Würzburg: Vogel, 1990
Haberfellner, R.	Systems Engineering, Zürich: Verlag Industrielle Organisation, 1994

DB 25	Methodendatenblätter
Methodenname:	Prioritätenmatrix
Methodenart:	Entscheidungsmethode
Methodenbegründer:	Marjano, S.

Ziel
Entscheidungsfindung bei weniger als zehn Alternativen

Durchführung
Gruppentechnik: X
Individualtechnik: X

In einer zweidimensionalen Matrix werden mehrere Lösungsalternativen mittels gewichteter Kriterien bewertet. Für jede Alternative gibt es eine Gesamtpunktebewertung, die als Entscheidungsgrundlage herangezogen werden kann.

Vorteile/ Nachteile
Vorteile:
- Übersichtliche Entscheidungsgrundlage, die durch die Kriteriengewichtung zu ausgewogenen Entscheidungen führt

Nachteile:
- Bei mehr als zehn Alternativen wird die Matrix unübersichtlich

Methodenvarianten
nicht bekannt

Literatur
Brassard, M.	Memory Jogger, Methuen: GOAL/OPC, 1994
Higgins, J.	Innovationsmanagement, Berlin: Springer, 1996
Crawford, C.M.	Neuproduktmanagement
	Frankfurt: Campus, 1992

DB 26	Methodendatenblatt
Methodenname:	Zweiervergleich
Methodenart:	Entscheidungsmethode
Methodenbegründer:	unbekannt

Ziel
Bei gleichwertig erscheinenden Alternativen wird eine Entscheidung ausgewählt

Durchführung
Gruppentechnik: X
Individualtechnik: --

In einer Matrix wird jede Lösungsalternative mit jeder anderen Lösungsalternative verglichen und es muß entschieden werden, welche der beiden im Sinne der Gesamtlösung besser geeignet ist. Anschließend werden alle positiven Entscheidungen jeder Lösungsaltenative addiert. Die Auswahl fällt auf die Lösung mit den meisten positiven Entscheidungen.

Vorteile/ Nachteile
Vorteile:
- Es wird in jedem Fall eine Entscheidung getroffen
- Wenn Lösungseigenschaften eher qualitativ statt quantitativ sind, wird die Entscheidung erleichtert

Nachteile:
- Bei einer großen Anzahl potentieller Lösungen kann der Vergleichsprozeß sehr lange dauern

Methodenvarianten
nicht bekannt

Literatur
Bugdahl, V.	Methoden der Entscheidungsfindung, Würzburg: Vogel, 1990
Ehrlenspiel, K.	Integrierte Produktentwicklung, München: Hanser, 1995
Eisenführ, F.	Rationales Entscheiden, Berlin: Springer, 1994

Anhang E: Fallbeispiel I

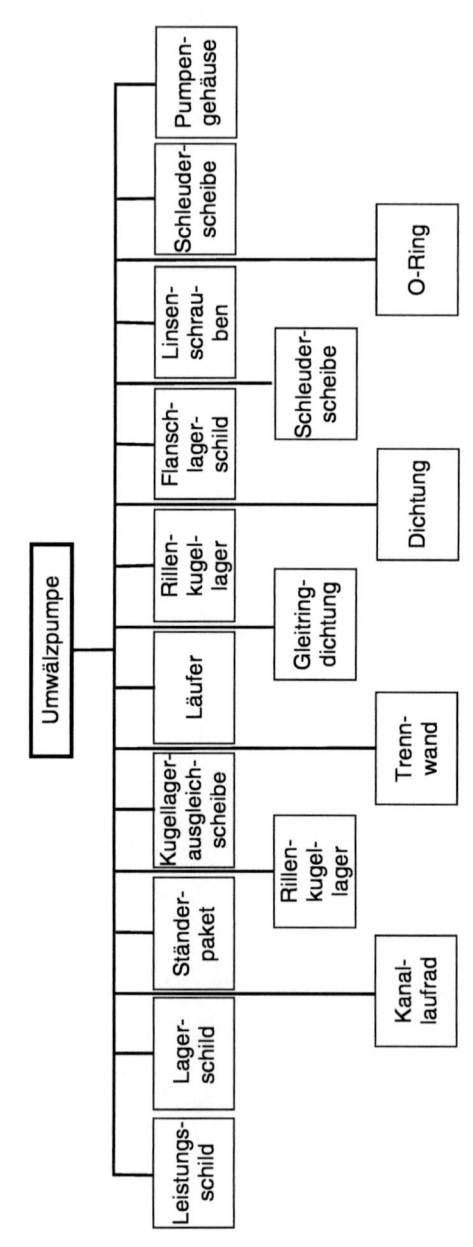

Bild E-1: Produktstrukturmodell für Umwälzpumpe

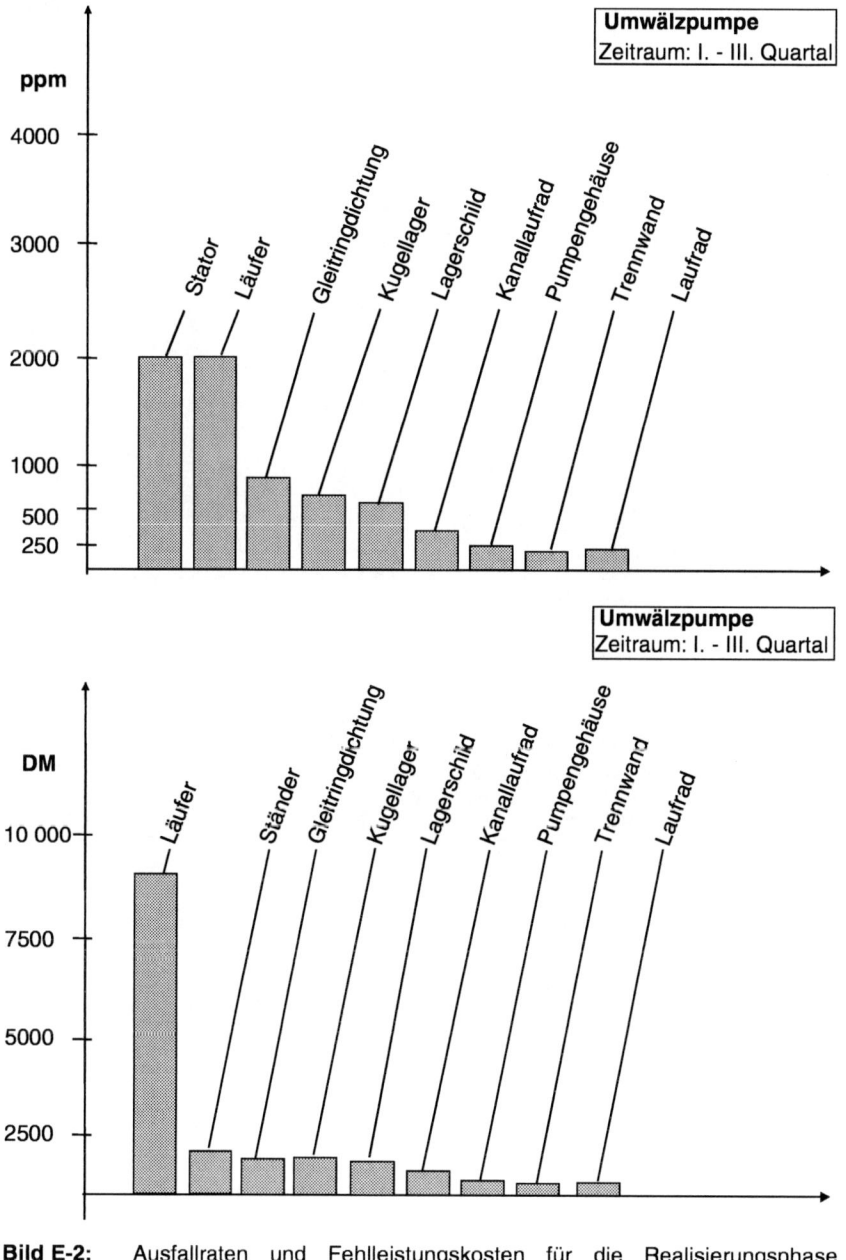

Bild E-2: Ausfallraten und Fehlleistungskosten für die Realisierungsphase (Umwälzpumpe)

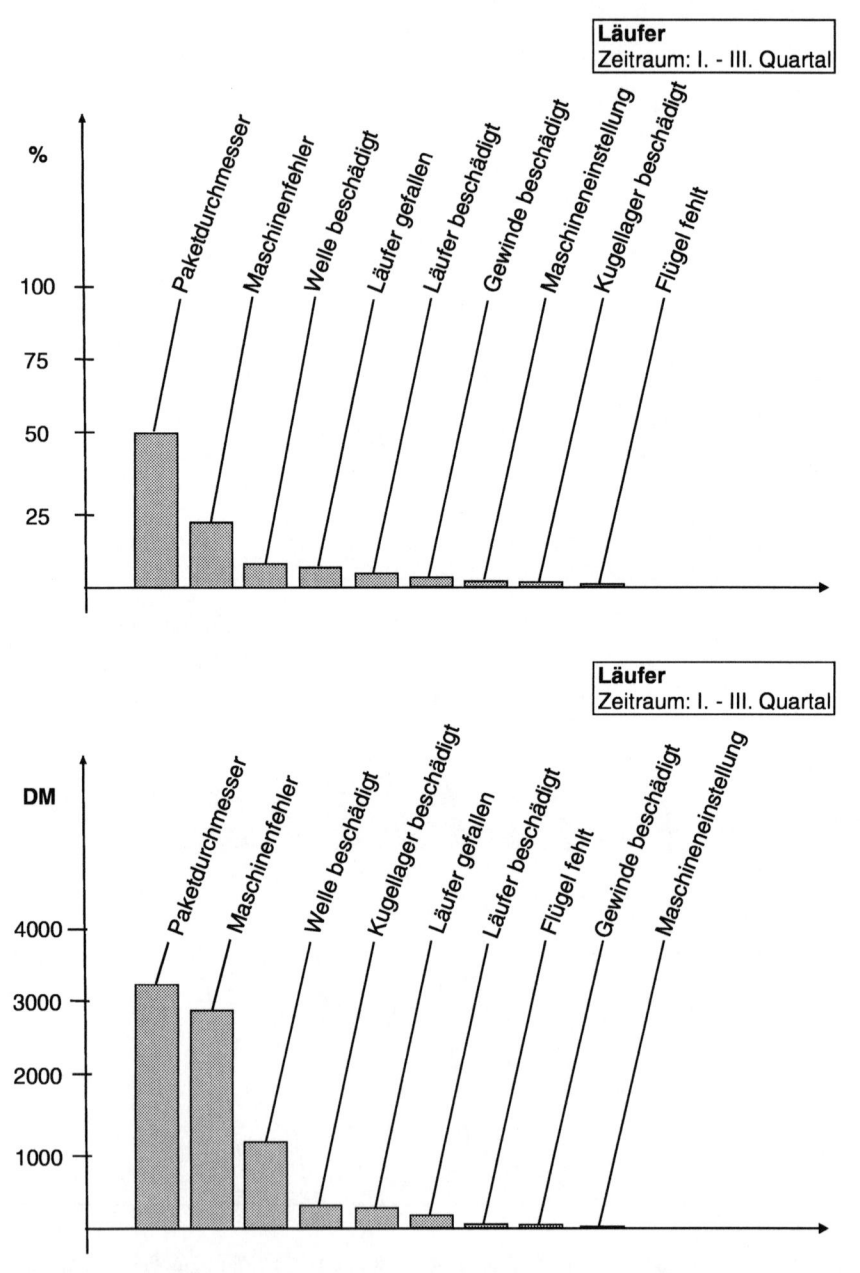

Bild E-3: Ausfallraten und Fehlleistungskosten für die Realisierungsphase (Läufer)

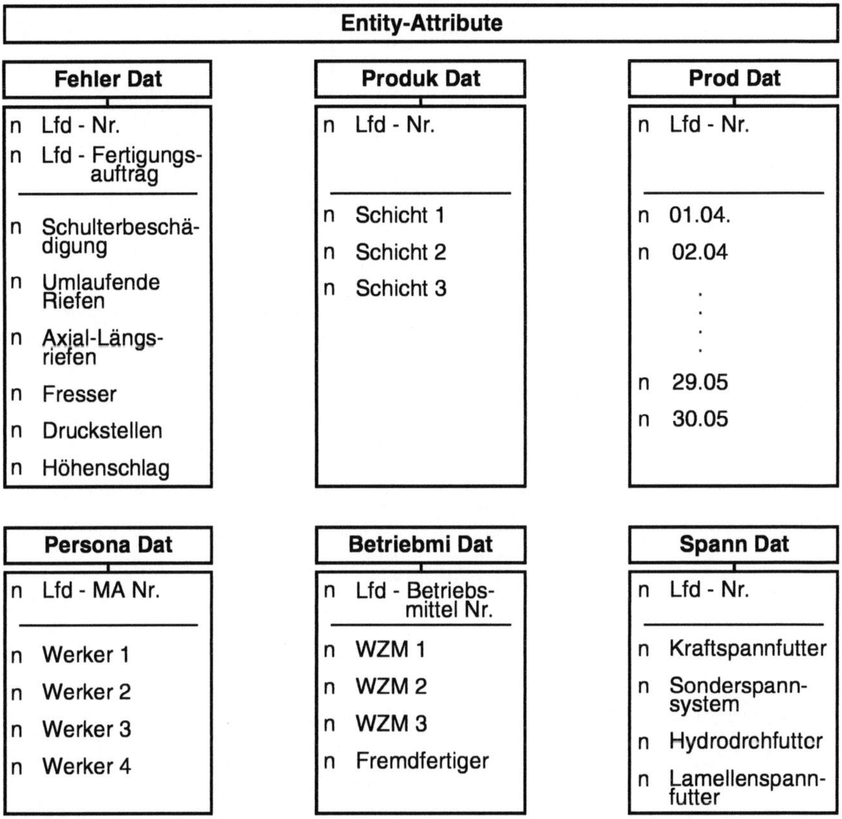

Entity-Attribute

Fehler Dat
- n Lfd - Nr.
- n Lfd - Fertigungs-
     auftrag

- n Schulterbeschä-
     digung
- n Umlaufende
     Riefen
- n Axial-Längs-
     riefen
- n Fresser
- n Druckstellen
- n Höhenschlag

Produk Dat
- n Lfd - Nr.

- n Schicht 1
- n Schicht 2
- n Schicht 3

Prod Dat
- n Lfd - Nr.

- n 01.04.
- n 02.04
   .
   .
   .
- n 29.05
- n 30.05

Persona Dat
- n Lfd - MA Nr.

- n Werker 1
- n Werker 2
- n Werker 3
- n Werker 4

Betriebmi Dat
- n Lfd - Betriebs-
     mittel Nr.

- n WZM 1
- n WZM 2
- n WZM 3
- n Fremdfertiger

Spann Dat
- n Lfd - Nr.

- n Kraftspannfutter
- n Sonderspann-
     system
- n Hydrodrehfutter
- n Lamellenspann-
     futter

Bild E-4:   Datenmodell für Fehleranalyse

Druckstellen (Ishikawa-Diagramm)

Rohteilzustand
- Späne an der Welle
- Macken auf der Zylinderfläche
  - unsachgemäße Behandlung
  - Welle in Blechpaket eingedrückt
  - fehlerhaftes Be- und Entladen der Druckgußmaschine
  - nicht sachgerechte Transportmittel

Spannzange
- offene Schlitze
- Späne in der Spannzange
- Materialaufbau in der Spannzange

→ **Druckstellen**

Höhenschlag (Ishikawa-Diagramm)

Werkzeugmaschine
- Genauigkeit

Spannzange
- beschädigte Spannzange
- Materialaufbau in der Spannzange
- Genauigkeit des Spannsystems (3/ 100)
- Späne in der Spannzange
- offene Schlitze

Werker
- unsachgemäßes Einrichten der Maschine

→ **Höhenschlag**

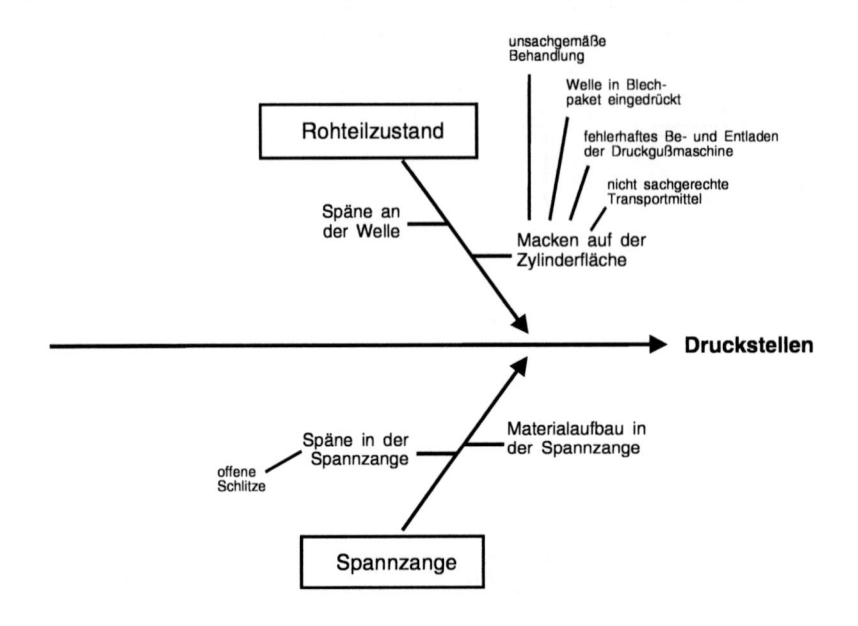

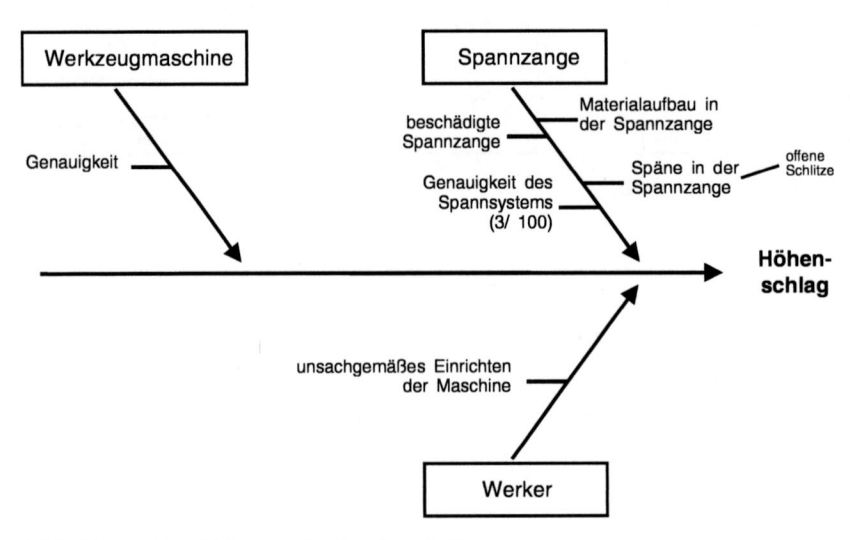

Bild E-5: Identifizierung der Problemstruktur I

Ishikawa-Diagramm 1: Axial-Längsriefen

Rohteilzustand:
- unsaubere Teile
- fehlerhaftes Be- und Entladen der Druckgußmaschine

Positionierung des Einzelteils vor dem Greifer:
- Auflage
- Taktposition des Bandes
- Werker

Spannzange:
- offene Schlitze
- Späne in der Spannzange
- Materialaufbau in der Spannzange
- Spannzange nicht gut vorbereitet
- zu scharfkantig
- ungünstige Geometrie
- Reitstockseite öffnet nicht

Greifer:
- Führungsgenauigkeit des Arms
- Präzision der Zange
- Greifgeometrie

→ **Axial-Längsriefen**

Ishikawa-Diagramm 2: Fresser durch Stillstand der Welle + umlaufende Riefen durch Schlupf

Spannzange:
- Spannkraft zu gering

Prozeßparameter:
- Vorschub zu hoch

Rohteilzustand:
- Position des Läuferpakets/der Welle fehlerhaft (hohe Spantiefe)
- Spannkraft zu gering

Werkzeug:
- Spandruck zu hoch
- Schneidgeometrie
- Schneidwerkzeuge verschlissen
- Schneidwerkstoff

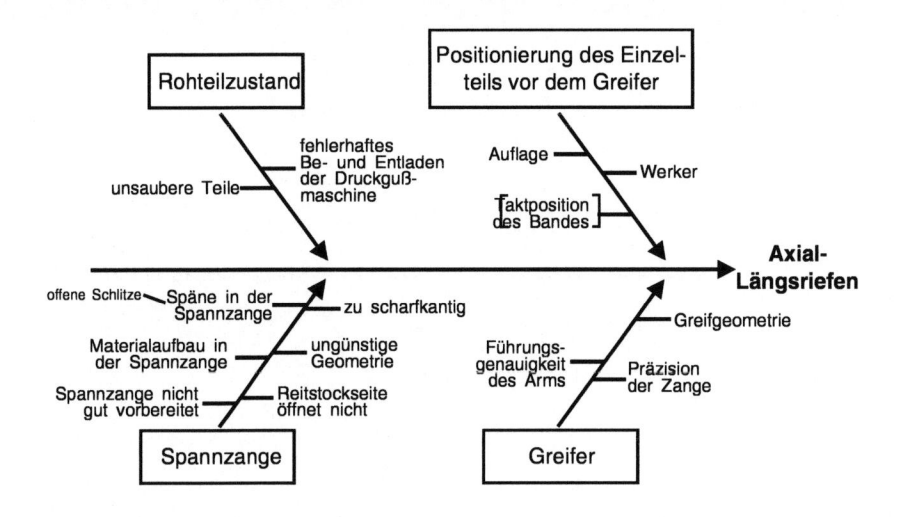

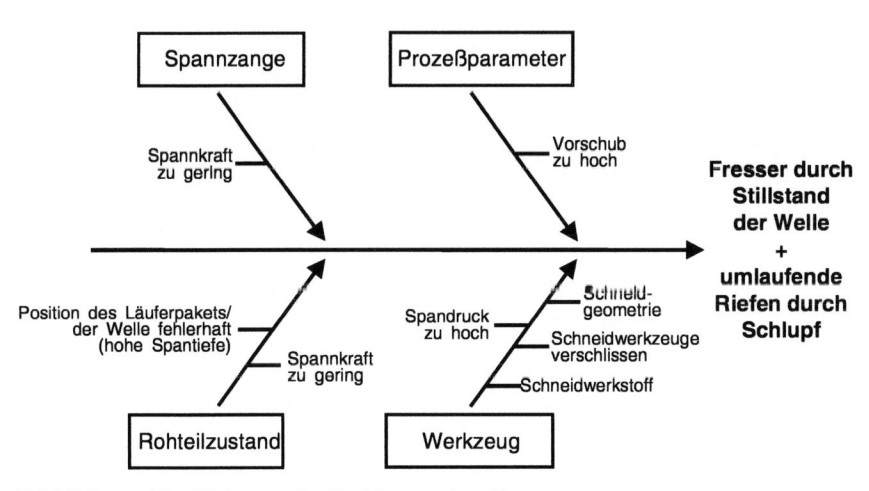

→ **Fresser durch Stillstand der Welle + umlaufende Riefen durch Schlupf**

Bild E-6: Identifizierung der Problemstruktur II

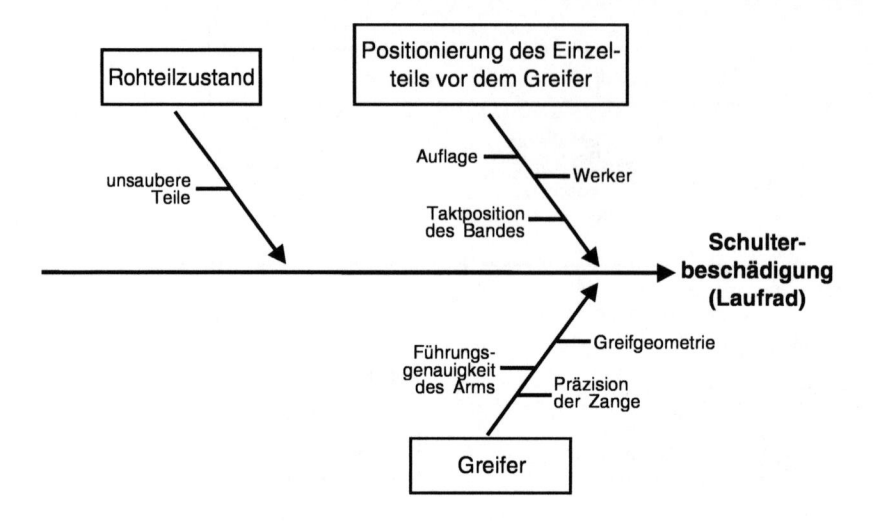

Bild E-7: Identifizierung der Problemstruktur III

Anhang   Seite LXV

Beziehungsmatrix: Beschädigung an der Welle	Schulterbeschädigung	umlaufende Riefen und Fresser	Axial-Längsriefen	Druckstellen	Höhenschlag
Spannzange					
zu scharfkantig					
Späne in Spannzange			X	X	X
offene Schlitze			X	X	X
Materialaufbau in Spannzange			X	X	X
ungünstige Geometrie			X		
Spannzange nicht gut vorbereitet			X		
Reitstockseite öffnet nicht			X		
Spannkraft zu gering		X			
beschädigte Spannzange					X
Genauigkeit des Spannsystems (3/100)					X
Werkzeug					
Schneidgeometrie		X			
Schneidwerkzeuge verschlissen		X			
Schneidwerkzeug		X			
Spandruck zu hoch		X			
Prozeßparameter					
Vorschub zu hoch		X			
Werkzeugmaschine					
Genauigkeit				X	
Mitarbeiter/ Werker					
unsachgemäßes Einrichten der Maschine					X

Bild E-8: Beziehungsmatrix I

Beziehungsmatrix: Beschädigung an der Welle	Schulterbe-schädigung	umlaufende Riefen und Fresser	Axial-Längsriefen	Druck-stellen	Höhen-schlag
Rohteilzustand					
Position des Läuferpaketes/ der Welle fehlerhaft		x			
fehlerhaftes Be- und Entladen der Druckgußmaschine			x		
unsaubere Teile	x		x		
Späne an Welle				x	
Macken auf Zylinderfläche				x	
unsachgemäße Behandlung				x	
Welle in Blechpaket gedrückt				x	
fehlerhaftes Be- und Entladen der Druckgußmaschine				x	
nicht sachgerechte Transportmittel				x	
Spannkraft zu gering		x			
Positionierung des Einzelteils vor dem Greifer					
Auflage	x		x		
Werker	x		x		
Taktposition des Bandes	x		[x]		
Greifer					
Greifgeometrie	x		x		
Führungsgenauigkeit des Arms	x		x		
Präzision der Zange	x		x		

Bild E-9: Beziehungsmatrix II

Suchfeld	Maßnahmen	
Mitarbeiter/ Werker	Schulung der Mitarbeiter	- mündlich -> Gespräche - schriftlich -> Arbeitshinweise - visuell -> Fotos, Bauteile - Mitarbeiter einbeziehen (Änderungswünsche)
	Problembewußtsein schulen	
	Transparenz schaffen	
	Kostenbewußtsein erzeugen	
	Arbeitsablauf optimieren (Werkzeugabkühlung/ Poka-Yoke)	
Werkzeugmaschine	Maschine + Peripherie vermessen	
	Systeme vermessen	
	Systeme/ vorhandene Maschinen überarbeiten	
	neue Werkzeugmaschine	
Werkzeug/ Prozeßparameter	Titanbeschichtetes Werkzeug	
	Versuchsstrategie -> Fa. Fuchs	
	Vorschläge IPT	
Spannzange	Analyse System	- Spanndruck über Drehzahl ermitteln - Spannzange vermessen (Verschleiß)
	Alternative Spannsysteme	- Kraftspannfutter - Sonderspannsystem (MIELE-spezifisch) - Präzisionsspannfutter - Hydrodrehfutter - Lamellenspannfutter - Reitstockseite an Fase zentrieren
	Optimierung der Spannzange	- Rubberflex - Spannzangenabstützung auf Blechpaket - Spannsystem formschlüssig und kraftschlüssig - Anschlag an Konus statt an Schulter - Druckluftausblasung - Schutzhaube über Spannzange - Zwangsöffnung der Reitstockseite
Greifer	Analyse System -> Vermessen	
	Optimierung des vorh. Greifsystems	- Austausch der Lager/ Gelenke
	Alternative Greifersysteme	- andere Greifposition - andere Greifergeometrie - anderes Greifprinzip - Hubprisma - Magazinzuführung von oben
Positionierung der Einzelteile	Prisma	
	Ausrichtung durch Positionierungszylinder	
	Neues Band -> Bosch-Band (Palettensystem)	

Bild E-10: Synthese von Optimierungsmaßnahmen

Listenreduzierung Werkzeugmaschine

	Kosten	Problem-lösung	Realisier-barkeit
Vermessen	Ja	Ja/ Nein	Ja
System überarbeiten	Ja/ Nein	Ja/ Nein	Ja
Neue Maschine	Ja	Ja	Ja

Listenreduzierung Rohteilzustand

	Kosten	Problem-lösung	Realisier-barkeit
Konstruktive Änderung	Ja	Ja/ Nein	Ja/ Nein
Optimierung Herstellprozeß	Ja/ Nein	Ja	Ja/ Nein
Transport/Handling/ Sauberkeit	Ja	Ja	Ja
Mitarbeiter	Ja	Ja	Ja

Listenreduzierung Werkzeug/ Prozeßparameter

	Kosten	Problem-lösung	Realisier-barkeit
Prozeßparameter	Ja	Ja/ Nein	Ja

Bild E-11: Analyse von Maßnahmen I

Listenreduzierung Spannzange

	Kosten	Problem-lösung	Realisier-barkeit
Analyse Spannsystem	Ja	Ja/ Nein	Ja
Optimierung des Spannsystems	Ja	Ja/ Nein	Ja
Neues System alte Maschine neue Maschine	Nein Ja	Ja Ja	Ja Ja

Listenreduzierung Positionierung der Einzelteile

	Kosten	Problem-lösung	Realisier-barkeit
Prisma	Ja	Nein	Ja
Band	Nein	Nein	Nein
Positionierungs-zylinder	Ja	Ja	Ja

Listenreduzierung Mitarbeiter/ Werker

	Kosten	Problem-lösung	Realisier-barkeit
Schulung	Ja	Ja	Ja
Arbeitsablauf	Ja	Ja	Ja

Bild E-12: Analyse von Maßnahmen II

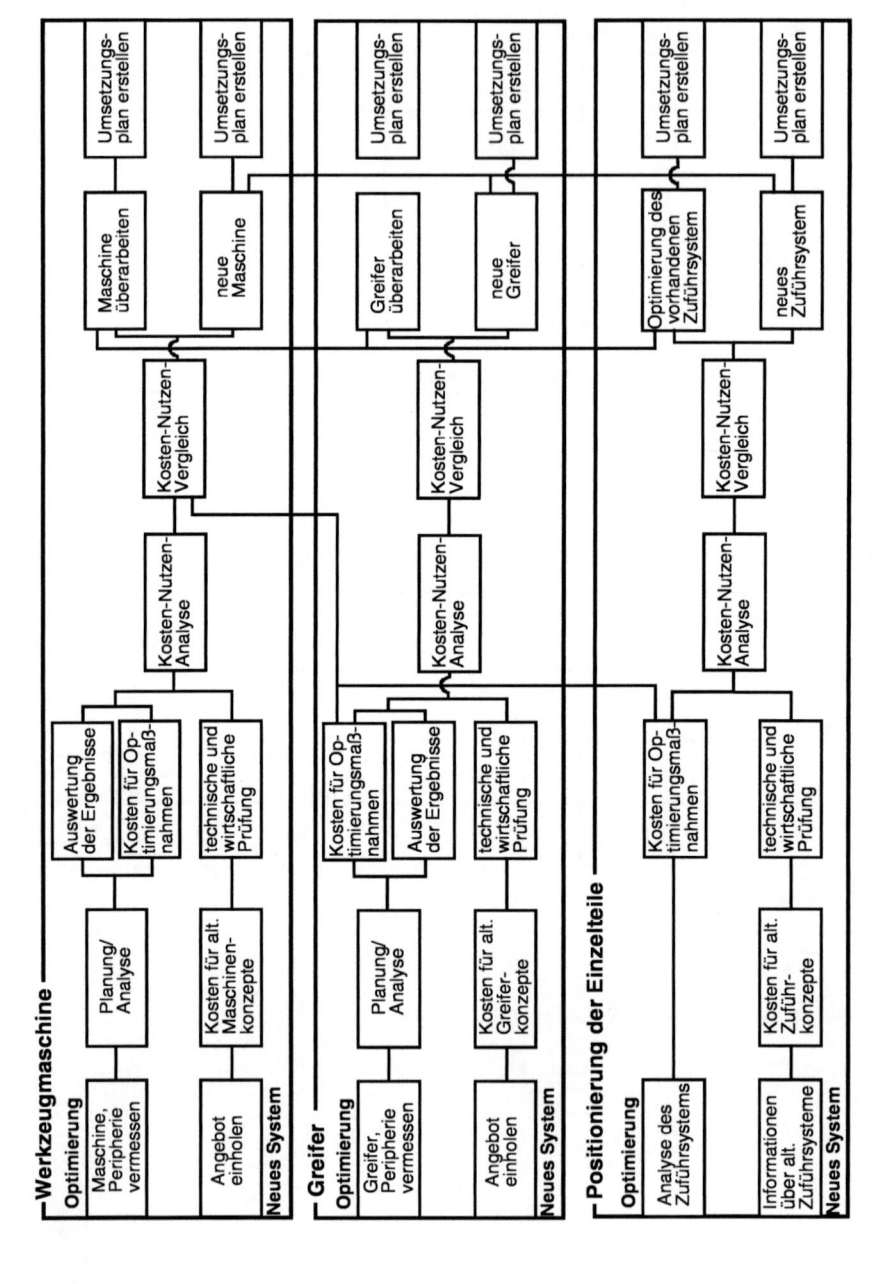

Bild E-13: Maßnahmensystem I

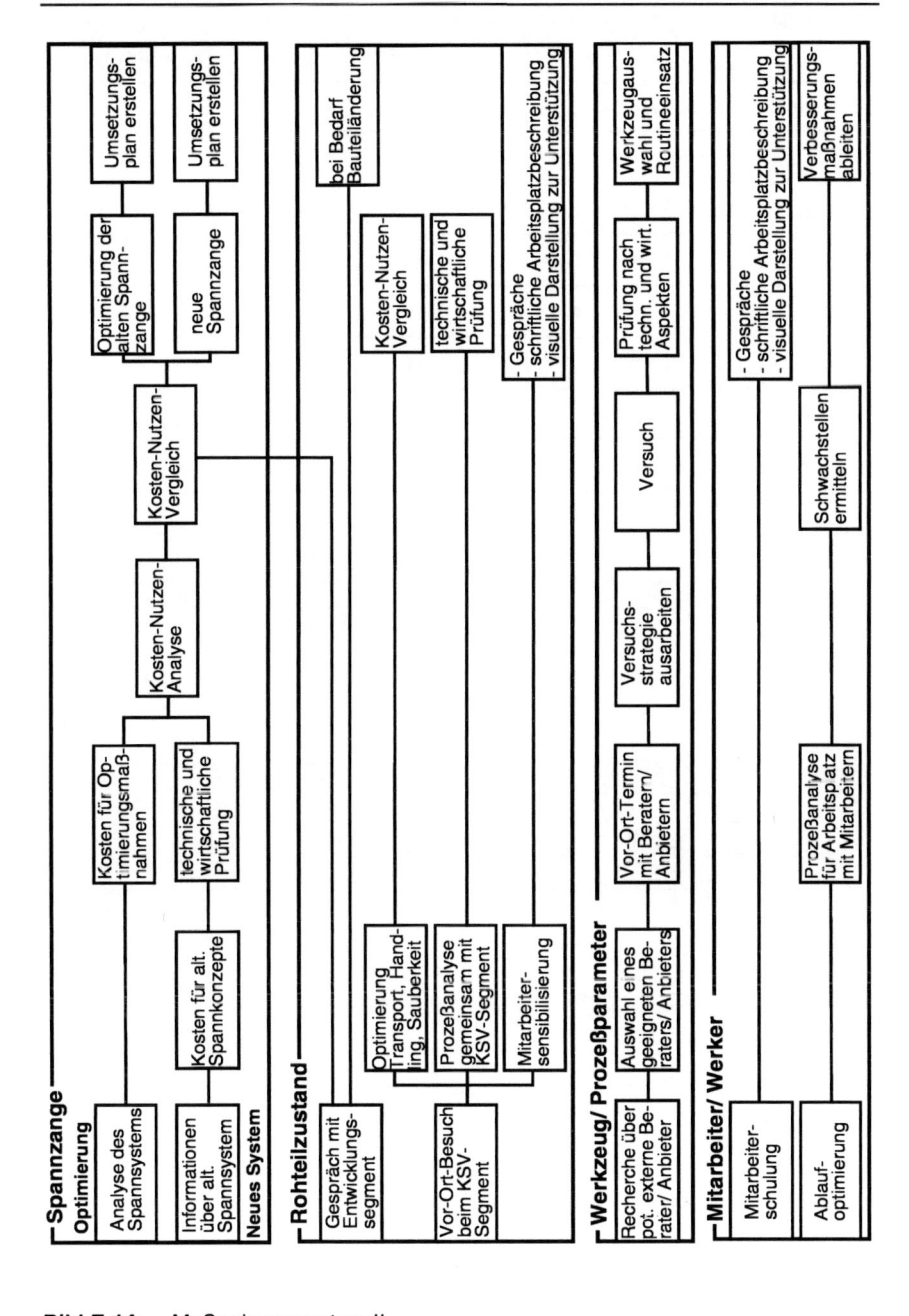

Bild E-14: Maßnahmensystem II

Einzelmaßnahme	Zeitpunkt t_0		Zeitpunkt t_1		Zeitpunkt t_1^*		Zeitpunkt t_2	
	$y_i(t_0)$	$\frac{y_i(t_0)}{y_{Ges}}$	$E_{Soll\,1}$	$E_{Ist\,1}$	$y_i(t_2)$	$\frac{y_i(t_2)}{y_{Ges}}$	$E_{Soll\,2}$	$E_{Ist\,2}$
Werkzeugmaschine	40%	0,4	8%	11%*	30%	0,3	9%	10%
Greifer	10%	0,1	17%	20%*	20%	0,2	11%	16%
Spannzange	25%	0,25	10%	15%*	30%	0,3	9%	9%
Positionierung	10%	0,1	17%	23%*	20%	0,2	11%	9%
Rohteilzustand	5%	0,05	26%	30%*	10%	0,1	17%	16%
Mitarbeiter	6%	0,06	23%	40%*	4%	0,04	28%	28%
Prozeßparameter	4%	0,04	28%	35%*	6%	0,06	29%	29%

* = Maßnahmenkorrektur

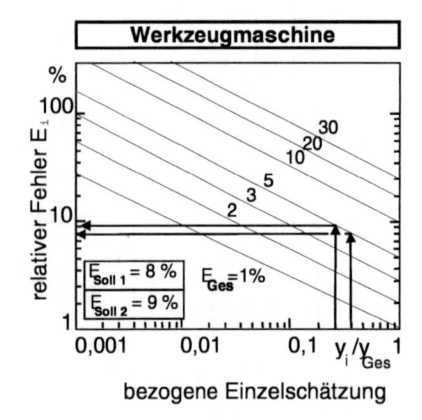

Bild E-15: Mitlaufende Bewertung I

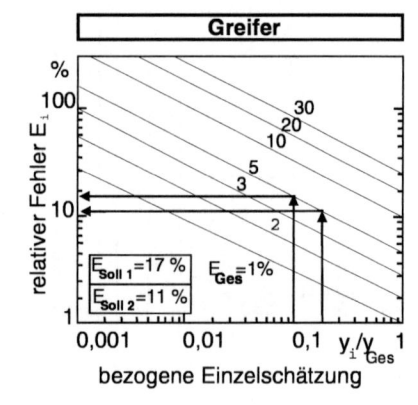

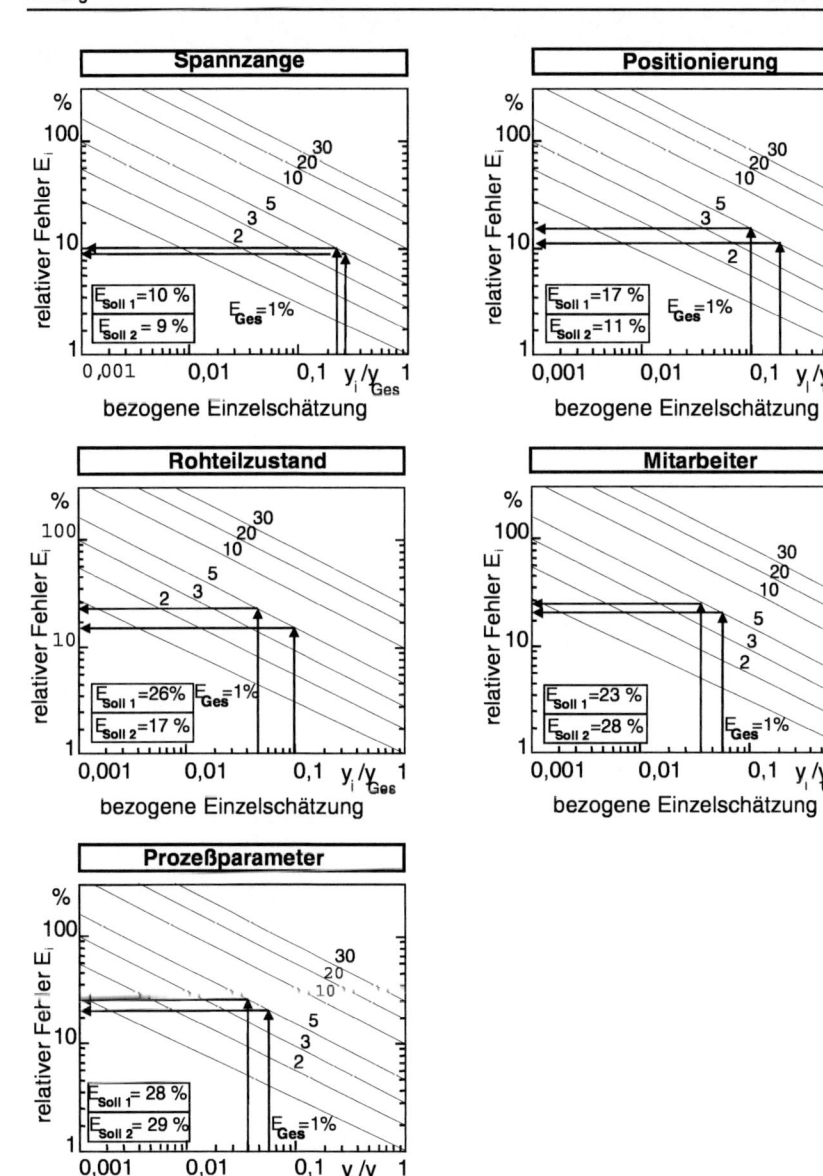

Bild E-16: Mitlaufende Bewertung II

Anhang F: Fallbeispiel II

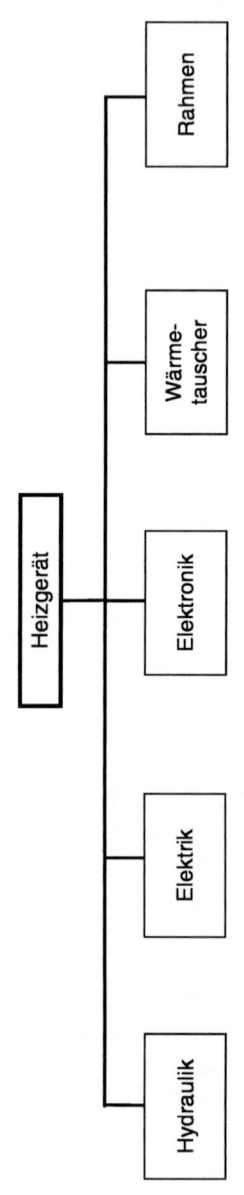

Bild F-1: Produktstrukturmodell für Heizgerät

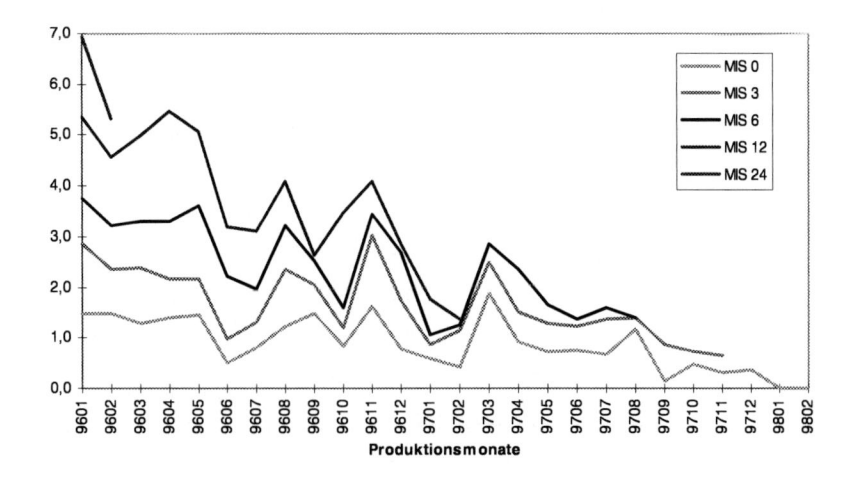

Bild F-2: Mop/ Mis-Diagramm für ausgewählten Repräsentanten

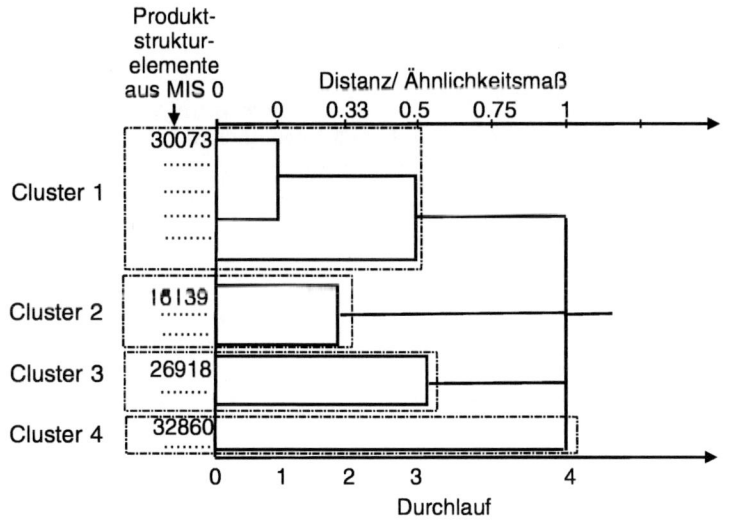

Bild F-3: Dendogramm für PSE aus MIS 0

Konstruktion

Konstruktion-Messinganschluß

undicht am Messinganschluß

Verbindungstechnik

Loctite
Dichtung

wasserseitig undicht zwischen Stahl und MS-Muffe

Zulieferer

Mutter entspricht nicht Qualitältsanforderungen

wasserseitig am Knoten undicht

Zulieferer

MS-Späne
Lackreste
Lackschäden
Pappreste

wasserseitig undicht durch Veschmutzung

Fehlendes Fett

Montage

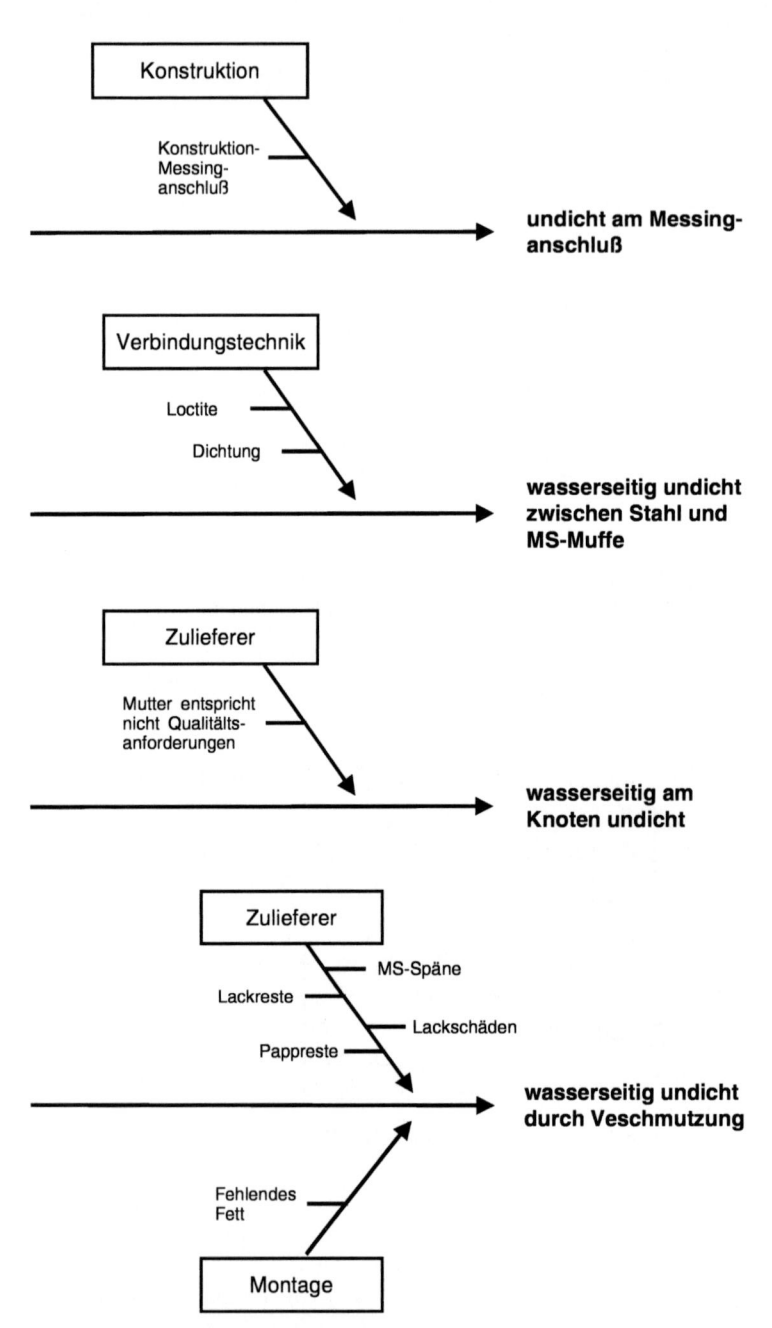

Bild F-4: Identifizierung der Problemstruktur (Lieferant)

Suchfeld	Maßnahmen	
Konstruktion	konstruktive Änderung des Messinganschlußes	
Verbindungstechnik	alternative Verbindung ohne Loctite	100 Muster
	Flachdichtung	Nachweiß der Prozeßfähigkeit
		Dauertest
		Freigabe
		Einführung
Zulieferer	Sublieferant für Mutter wechseln	
	Verminderung der Lackreste in der Abdeckklappe	
	Verpackung prüfen auf Pappreste	
	Silikon-Abstandshalter in der Verpackung	Test
		Umsetzung
Montage	einteilige Muffe	
	Montagetest	

Bild F-5: Synthese von Optimierungsmaßnahmen

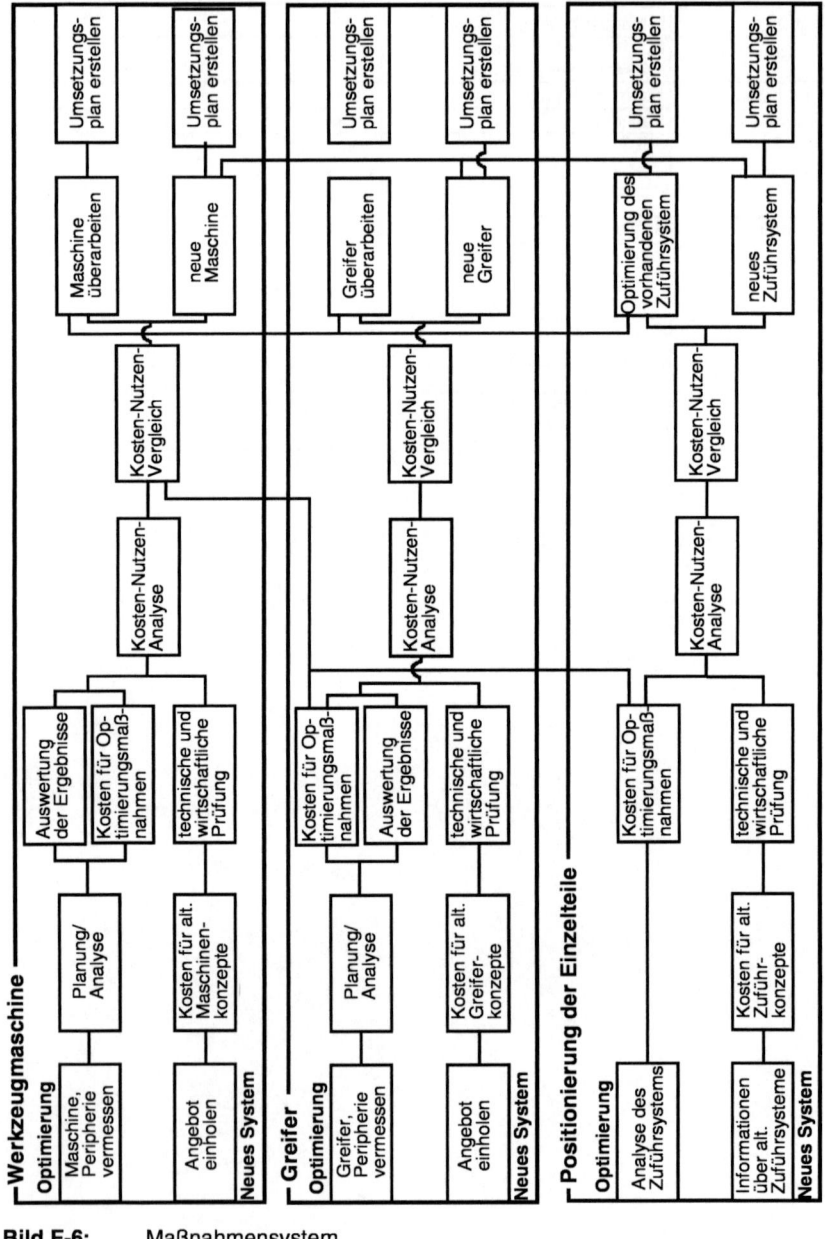

Bild F-6: Maßnahmensystem

Einzelmaßnahme	Zeitpunkt t_0		Zeitpunkt t_1	
	$y_i(t_0)$	$\frac{y_i(t_0)}{y_{Ges}}$	$E_{Soll\,1}$	$E_{Ist\,1}$
Konstruktion	10%	0,1	7%	10%*
Zulieferer	40%	0,4	8%	15%*
Verbindungstechnik	40%	0,4	8%	15%*
Montage	10%	0,1	7%	20%*

* = Maßnahmenkorrektur

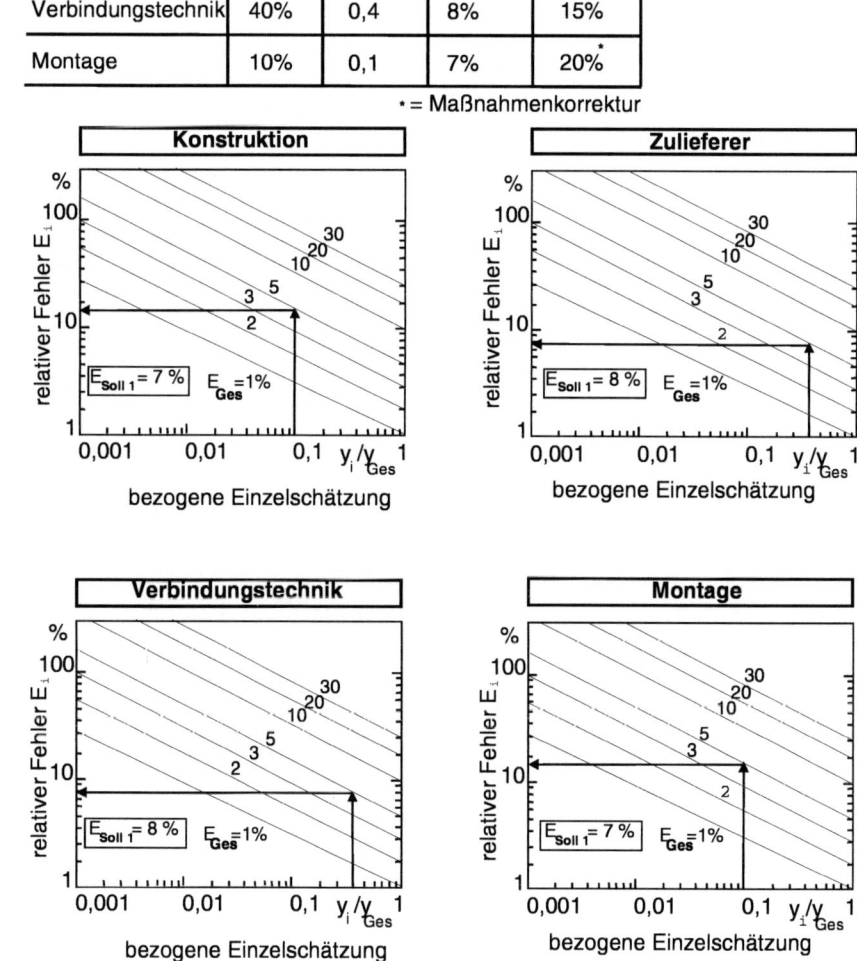

Bild F-7: Mitlaufende Bewertung

Lebenslauf

Persönliches: <u>Hans</u> Kristian Gustav Hermann Kerwat
geboren am 08. Juli 1967 in Essen
Staatsangehörigkeit: deutsch
Eltern: Ministerialrat a. D. Peter Kerwat
Assessorin jur. Beatrix Kerwat
Geschwister: Dr.-med. Klaus Kerwat
Familienstand: ledig

Schulbildung: 1973 - 1974 Grundschule Neu-Karthause, Koblenz
1974 - 1977 Kath. Grundschule, Rheinbach
1977 - 1986 Städt. Gymnasium, Rheinbach

Bundeswehr: 1986 - 1988 Reserveoffizierslaufbahn der Instand-
setzungstruppe
Dienstgrad: Leutnant d. R.

Studium: Wintersemester 1988 - Sommersemester 1995
Maschinenbau, Fachrichtung Fertigungstechnik, RWTH Aachen

Oktober 1994 - März 1995 Studienaufenthalt am
Industrial Technology Research Institute, Hsinchu, Taiwan
Flexible Manufacture Machinery Division

Diplomzeugnis vom 29. Juni 1995

Berufstätigkeit: 26 Wochen Praktikum in verschiedenen Industrieunternehmen

Tätigkeiten am Fraunhofer-Institut für Produktionstechnologie (IPT)
Abteilung Planung und Organisation
Abteilungsleiter: Prof. Dr.-Ing. Dr. h.c. Prof. h.c.
Dipl.-Wirt.-Ing. Walter Eversheim

seit Juni 1993 studentische Hilfskraft
seit Juli 1995 wissenschaftlicher Mitarbeiter